藏书家

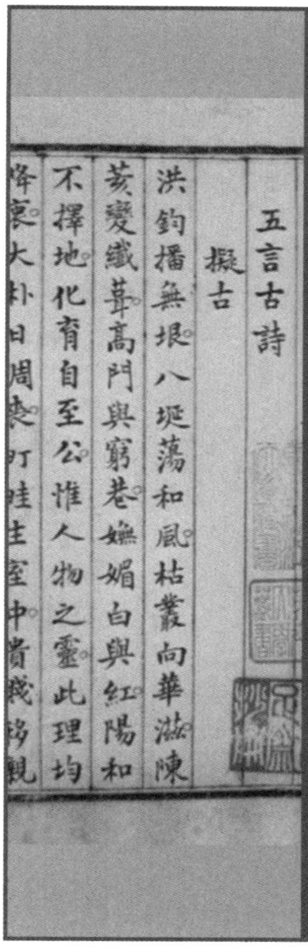

第21辑

主编 昝亮

齊魯書社

印谱：余事见文心
——从吴中王氏槐荫层晖庐旧藏印谱说起

陈灿峰

如果仔细观察明末以来艺术的发展，可以发现以下两种有趣现象：一是艺术趣味的商品化与个性化竟然并行不悖，二是艺术创作的大型化与精细化得以相得益彰。一言以蔽之，这段时间以来的中国艺术，在跟随社会经济结构与生活方式共同转变的同时，因为有了文人的主动介入而未尝失去其传统的品质，甚至逐渐形成了一种兼具文化品味与艺术趣味的形式——这便是后世所谓的“文人艺术”。

印谱的产生，正缘起于明末以来金石学的发展，尤其是文人篆刻的兴起。彼时碑刻、吉金文字实物不断发现出土，玺印收藏成一时风尚，文人纷纷景从，借以研讨小学，甚而亲自操刀，乃有此后五百年金石篆刻艺术的大发展。印谱的制作与收藏，也从此为文人所尚。

文人制谱，往大了说当然是保存金石，研讨小学，征文考献，为古人的心血之作留一可供后人领略的档案。往小了说，印谱的形式或为书籍，或为册页卷轴，无非是文人书斋中终日相对的伴侣，是青灯下的古卷，长案上的风景。因此，印谱的制作、收藏实际上也是文人生活的重要部分，如明代张灏，清代汪启淑、陈介祺，近代丁仁、葛昌楹、张鲁盦等历代藏家印人皆好此道，每有所聚，便择机钤拓成谱，在供同好赏玩交流的同时，展现的也是收藏者的好古之心与志趣所寄，是物与人特殊关系的忠实记录。

高野侯先生在《丁丑劫馀印存》前言中有云：

> 夫刻印为文人馀艺耳，搜集旧印，则又为鉴藏家之馀事耳，而乃为自来学者所珍视，非无故也。规模秦汉，上通古籀，其文字有可以订补许氏六书者，则为研讨小学之馀助；征文考献，有可以证补记载之阙失者，则

又为香辑史事之馀资。至秦朱汉白，徽派浙宗，家数渊源，寻究刀法，则徒为艺事之馀技，而其人性情之醇驳，学问之浅深，尤可于此窥测焉。是故谱录旧印，以及一家之专谱，夙为藏书家所征采志艺文者所著录，岂偶然也耶？

可见，治印拓谱与印谱收藏，表面上看似乎是“文人馀艺”与“藏家馀事”，实际上却关乎学问与性情的传达，是文人艺术的精华所在，亦是几百年来我国艺术发展的方向所在。然从来说印谱者偏重说印，不重说谱，偏重版本之考证对比，不重形式的欣赏品评。与深刻的艺术、学术研究相比，印谱的形式之美或许只是不值一提的小趣味，然而，这点小趣味也正可见印人之学问性情，虽幽微，却生动。从函套到装订，从封面到题签，从内页到题跋，印谱之美自外而内，而其多样的形式之美透露的正是深厚的文化之美。

吴中王哲言先生为沪上著名印人，藏谱大家。相较于篆刻创作，先生的收藏是另一个世界，闻者虽有，见者寥寥。笔者因参与中国嘉德推出的“印林锦囊——吴中王氏槐荫层晖庐藏明清印谱”专场的征集及宣传活动，有幸得以领略先生旧藏之琳琅风貌，并为这批印谱撰写材料，考订版本及题跋，因思这批印谱虽为个人珍藏，然其规模之宏大当世罕见，若择其要者，稍加介绍，或可展现我国印谱文化美学之一二。

王哲言先生

综观槐荫层晖庐所藏印谱，旧拓本、新拓本、批注本、自辑本乃至影印本，兼收并蓄，琳琅如印林之锦囊；其收藏范围则几乎涵盖整个篆刻史的发展历程：明、清、民国，直至新中国成立后的珍稀善本、名家名谱，无论古玺还是流派，几乎都能其中觅得踪迹，且不乏难得一见的孤本。这批印谱既是哲言先生一生的志趣所在，也是其艺术的取法之源。其师黄葆戉先生在为其所藏的《淡园古铜印存》中曾题曰：“治印必宗汉法，凡印人无异辞。顾当时关河阻隔，得一二方汉印不轻示人，拓分交亲，视同瑰宝。迩者南北通达，地不爱宝，时时出现；且影印之术日精，流传益广，如十钟山房、窸斋澂秋馆，各家裒然成帙，合共以数万方计，人人皆得执一卷，心摹手追，印学日益昌明。此十六册淡园原印，钤集有二千多方，哲言仁弟得此，于印学日增精进，盖原拓究与影印不同，晨夕观摩，可贵也。”可谓道出印谱收藏尤其是原拓印谱对于一个篆刻家的重要意义。

槐荫层晖庐藏谱中，明代印谱有四种，分别是张灏所辑的《学山堂印谱》一册、《承清馆印谱》一部，以及罗王常的《秦汉印统》和苏宣的《苏氏印略》各一部。这四部印谱在篆刻史上可谓赫赫有名，张灏的《承清馆印谱》是考察明代众多印人风貌的重要依据，亦是合数十名手之作于一谱的首创；而《学山堂印谱》更是三堂印谱之一，虽非全本，原拓亦属难得。《苏氏印略》为明末著名篆刻大家苏宣印谱，收苏氏篆刻 537 方，封面所用粉红乾隆洒金蜡笺靓丽堂皇，虽历经几百年时光而风采依然。明季乃篆刻艺术的发轫期，亦是印谱制作的萌芽期，明代原拓印谱流传至今者甚为稀见，名谱更是寥若晨星，其在篆刻学、版本学乃至社会学方面的研究价值，实非一般印谱可比拟。

篆刻艺术真正进入大发展乃在清季，大量金石文字资料的出土让清人眼界大开，金石学研究进入一个全新境界，治印拓谱，成为文人间一时之风尚。清人印谱，最重要者有两大类：一为古玺印谱，二为名家及流派印谱。槐荫层晖庐所藏古玺印谱中，有翁方纲旧藏的《松崖藏印》，王福厂题签、耕息老农和黄葆戉题跋的《淡园古铜印存》，被罗振玉称为古来印谱之最精者的《双虞壶

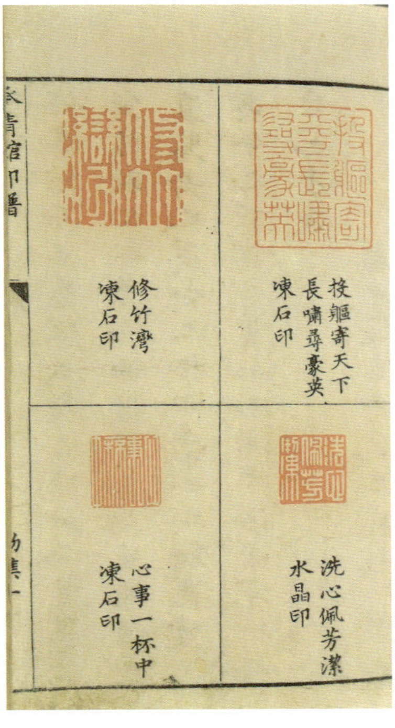

《承清馆印谱》明万历四十五年(1617)钤拓本

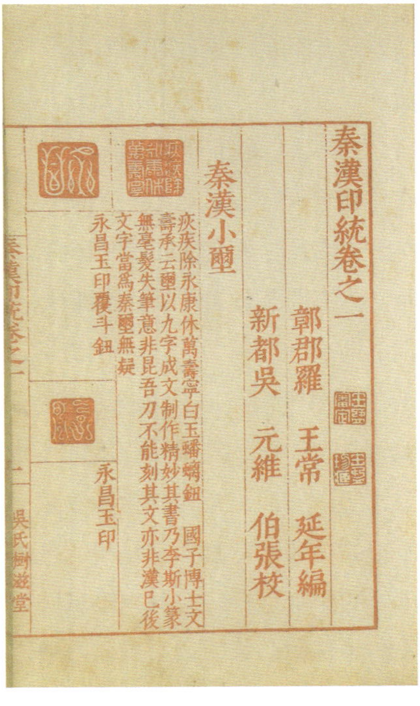

《秦汉印统》明万历三十四年(1606)刊本

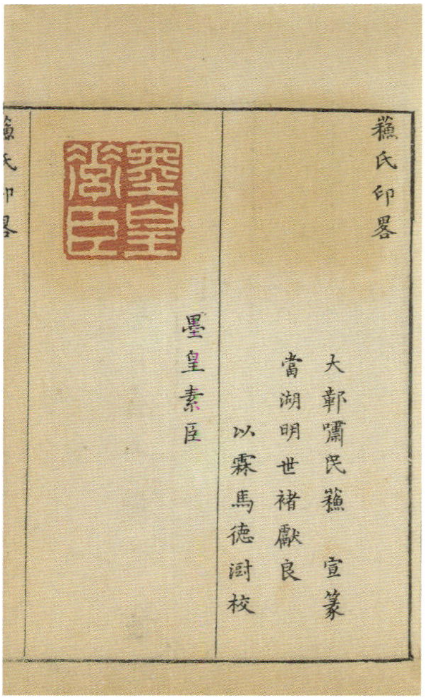

《苏氏印略》明万历四十五年（1617）钤拓本

斋印存》，以及《齐鲁古印攈》《续齐鲁古印攈》《二百兰亭斋古铜印存》《共墨斋藏古玺印谱》《铜鼓书堂藏印》《翰墨因缘馆印存》《伏庐玺印》等多部重量级名谱。这些印谱无论是收录古玺印的数量、质量，还是编辑者的水准，均达到新的历史高度，在印学史上享有极高的盛誉。而其制作时间横跨清中期与民国，亦可见古玺印收藏的源流不断。

名家及流派印谱则是文人篆刻艺术最重要的载体，亦是几百年来篆刻艺术的精髓所在。如刊于康熙四十三年的《张氏印谱》，便是清初齐鲁印派重镇张氏家族张在辛、张在戊、张在乙三兄弟辑自刻作品而成，也即著名的《相印轩藏印谱》。林皋的《宝砚斋印谱》则刊于康熙五十年，林氏传世印谱素来稀见，此谱对于研究莆田派与清初印风无疑具有重要参考作用。而乾隆年间的《西京职官印录》《广韵斋印薮》，则能让我们领略清代早期篆刻的另一面。尤其《广韵斋印薮》此前未见著录，谱前有作者何天泽友人余敬手书长序，更是研究何氏生活及时人交往的罕见资料。

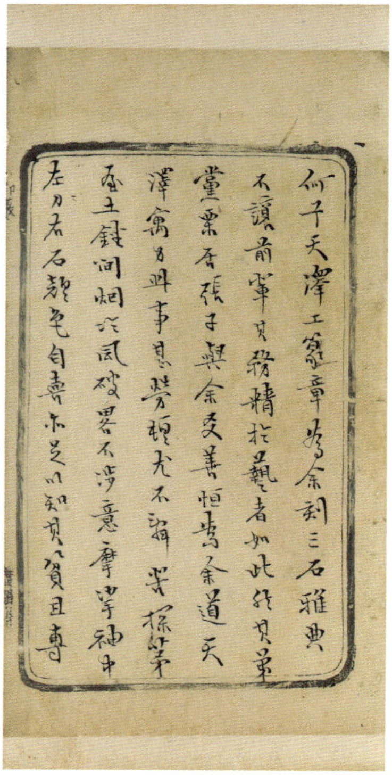
何子天澤工篆章為余刻三石雅典

《广韵斋印薮》序

而自清中期邓石如开篆刻之新风，皖派、浙派相继而起，名家辈出，名作纷呈，此时的印谱在艺术趣味上几乎达到历史的顶点，无论编辑还是钤拓，其精致程度前所未有。名家个人印谱方面，哲言先生的收藏中有葛昌楹所辑的《邓印存真》，是研究邓石如篆刻最重要的印谱之一；有郭宗泰辑陈曼生篆刻而成的《种榆仙馆印谱》二函八册，同样是陈氏最经典的印谱；还有赵之琛的《补罗迦室印谱》、吴让之的《晋铜鼓斋印谱》、赵之谦的《二金蝶堂印谱》，都是其人最具代表性的作品集，而方节厂所辑的《苦铁印选》，则更是公认吴昌硕最全、最佳的印谱。在合集方面，槐荫层晖庐更是几乎囊括了近代浙西四大藏印家所辑的多部著名珍本：葛昌楹所辑的《吴赵印存》第一次钤印本、《传朴堂藏印菁华》各一部；丁仁所辑的《西泠八家印选》四册本（泓字部）和三十册本各一部；高络园所辑的《乐只室印选》一部，是难得稿本，谱前有高氏手绘自画像及集印图；俞序文所辑《荔盦印选》一部；葛昌楹、胡淦合辑的《明清名人刻印汇存》一部；张鲁盦所辑《慈溪张氏鲁盦印选》一部。这些印谱的大名在近现代印林中如雷贯耳，所收名家作品之夥，鉴别之严，拓制之精，足以流传千古。

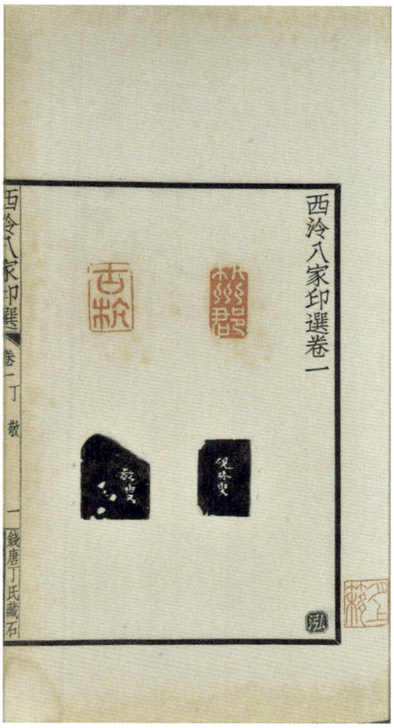

《西泠八家印选》民国十五年（1926）钤拓本

如果说这些著名的印谱能让我们纵览篆刻历史的层层蜕变和篆刻艺术的惊人魅力，那其中的一些题跋本，则更多了几分优雅的人文趣味。如《池上印稿》中，作者许兆熊不仅亲手题跋，并且还在每一页中都作了详细批注；褚德彝题跋的《缶庐印存》，则是吴昌硕亲手钤拓，褚德彝不仅题了封面，还在内页中作了品评；吴湖帆题赠赵叔孺的《梅景书屋印选》仅制作十部，赵叔孺还亲手题了函套书签，喜爱之情可见一斑。

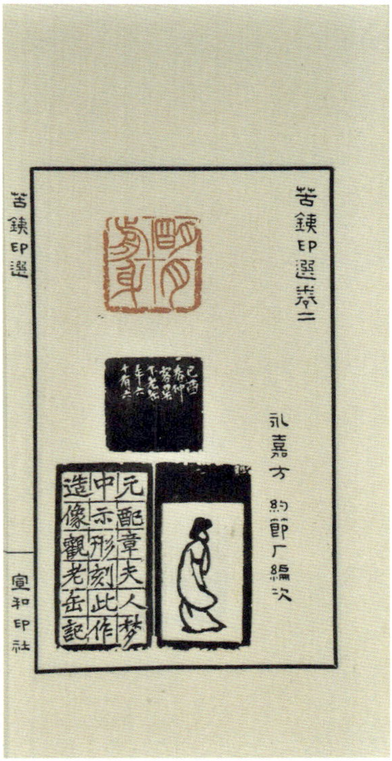

《苦铁印选》1950 年钤拓本

还有另外一种题跋，读之则能让我们更为直接地了解当时人的人生际遇和微妙心境。如在《淡园古铜印存》中，耕息老农就有“物聚于所好也，印则椟也，得其珠矣，藏椟奚为”的题跋，实在是一段奇论，然细细想来，又自有其道理。在《订石交集》的

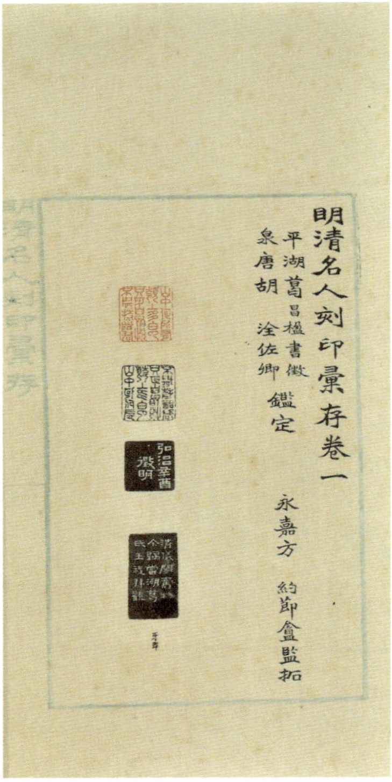

《明清名人刻印汇存》民国三十三年（1944）钤拓本

书首题跋中，顾千里提到他和黄易在客途中相识，与小松（黄易号小松）一起论艺赏会，然因一时找不到石头而没有向他求印，没想到一别之后小松已归道山，在看到这册小松印谱时，真是一肚子惆怅：“回首卅年，畴昔辈流零落竟尽，又安能无抚景感怀欤。”这样的酸辛滋味，到了哲言先生的师友、近代常熟金石家庞士龙先生这里，则变成了拿印谱换米的唏嘘。在那部《赵古泥先生晚年刻印遗稿》中，庞士龙写道：近以愁困交迫，以之易米。最后他只能以一句“因思物常聚于所好，但求保藏得人，余亦可无负于此书也”来疏解自己的无可奈何。一段题跋有时候就是一个故事，一种心境，甚至是一段历史。长篇大论，是感慨良多，而三言两语，也意味深长。

收藏亦是如此。搜罗名品，有赖于鉴赏之功，当规模初具，则必有所抉择，方成系统，而日久年深，则无非以藏养心，娱己娱人——收藏，实际藏的是自己的一生际遇。在王哲言先生所藏印谱中，我们可以看到很多黄葆戉、庞士龙和来楚生题写的书签，那是因为他们或是他敬重的师长，或是他敬重的艺术家，体现的是先生一生的交游；而那些各种不同版本的吴昌硕、赵古泥印谱，究其原由，无非是自己喜欢，有时一种印谱购买多册，也是打算把他所喜欢的印谱赠送他人，流露的是他的个人心性。至于从历代珍本到近代名谱再到普通影印本的不择细流，则是他作为一个艺术家，在收藏与创作、创作与研究方面的系统考量，简而言之，也就是他的追求所在。

收藏一道，聚散乃是常事，人事多变，世道沧桑，身前身后是两个完全不同的世界，谁都无法控制藏品的流转迁徙甚至消失。尤其印章，形制微小，易遗失，易损坏，而文人有惜物之意，钤拓印谱记录的至少是一时之胜，足慰彼心。当动乱之时，藏品星散，一份忠实可观的收藏记录是给予后之来者的珍贵馈赠，让我们得以时时领略前人不灭的风采。印谱已然成为收藏文化中一种固有的存在，在历代文人苦心孤诣的经营之下，其艺术的趣味早已沉淀成更为深厚的文化的意味，在今天更加展现出其在宏大文化叙事中的独特地位。藏

这柬儿权作言儿代

——集藏旧笺纸老信封

胡桂林

回想我们“生在新中国，长在红旗下”，在“三大革命”中锻炼成长的一代人，过去哪里听说过、见过什么笺纸，在那些岁月里，老一辈文化人的信札都是用常见的信纸甚或是小学生作文本裁下的散叶。带有趣味性的笺纸，是没落地主阶级的闲情逸致，是“封资修”的“四旧”之物，毁之唯恐不及。时移则事异，进入 20 世纪 80 年代，思想解放，社会生活多样化了，工作之余，跑跑旧书摊，顺手也买回了一些旧日老笺纸老信封来，对于这些来于遥远的“旧社会”的东西，我感到很震惊，原来我们中国人的生活是那样的雅致，斗争的哲学不是我们民族的传统。我就更喜欢上了这些承载着旧日文化的老笺纸老信封了。

现在赏玩收藏旧笺纸，甚至有人用传统方法自制笺纸，已在一些人群中很受追捧，笺纸更是拍卖会上热门货，每每要拍出大价来，商品味越来越浓了。世事无常，只能笑对。

尝读民国老一辈人的淘书文章，那种负手对冷摊的意趣，令人低回不已。20 世纪 80 年代开办的琉璃厂古籍书市，散布在京城各处新兴的旧书市场的出现（其实是复兴），恍如时光倒转，好像回到了那些

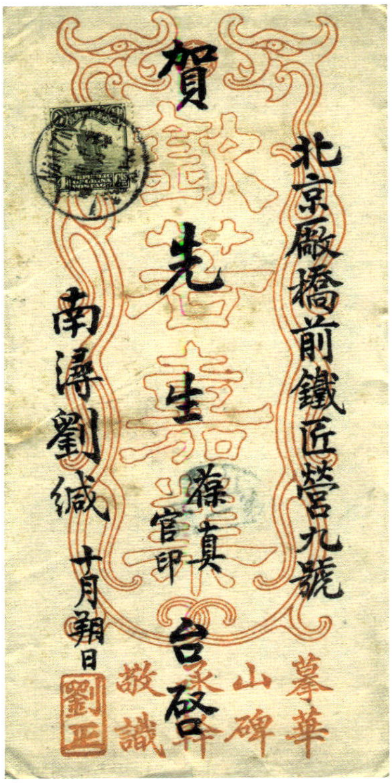

老民国人物的淘书文章中去了，我有幸厕身其中过了一把淘书瘾。说实话，我逛摊阅肆是漫无目的的，喜欢的不单是古籍旧书，其他杂项包括笺纸老信封旧邮等，都是集藏的对象。本着趣味第一，见好就收的原则。幸亏我动手较早，没刻意追，没花大代价，基本是“搂草打兔子”捎带手，也积存了一些。郑振铎“访笺杂记”的时代，已经过去，作为“四旧”的劫余之物，往往混迹于荒摊冷肆中，逛摊就要眼到、手到、腿到，不经意间往往就有意外的收获。我所收藏的这些精美老笺纸老信封，都是那些年淘书之余，觉得好玩买下的，所谓“偶得”之乐，此之谓也。

未使用过的空白古旧信封信笺，它们多用传统的饾版拱花技法印刷，是我国传统版画艺术的一种表现形式。郑振铎先生说：“我国彩色木刻画具浓厚之民族形式，作风康健、晴明，或恬静若夕阳之明水，或疏朗开阔若秋日之晴空，或清丽若云林之拳石小景，或精致细腻若天方建筑之图饰，隽逸深远，温柔敦厚，而备具古典美之特色。”笺纸信封上图案丰富，有山水花鸟人物、吉祥词句等，汉瓦周壶铭文者，古色生香，从中可见古人生活的意趣。欣赏这样的老信封，看取的是封面上的精美图案，静静领略旧时月色的沧桑。

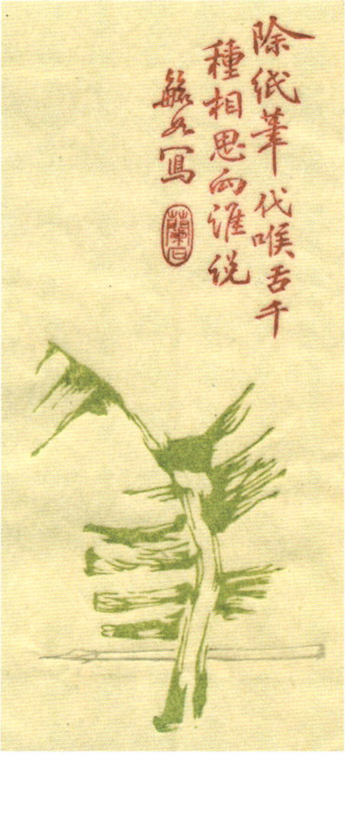

所谓大幅为纸，小幅为笺。笺纸是以传统的雕版印刷方法，在宣纸上印以精美浅淡的图饰，主要用作文人雅士题写传抄诗作，或书札往来的纸张，以收赏心悦目、图文并茂之效。传统信笺纸有“彩笺”“花笺”“锦笺”等美名，在上面写诗，就是诗笺，而以之写信，则谓之书笺。把写好的信，放入信封内，就是完整书信或称信件。我国传统社会有书、简、笺、牍、札、素、函等称谓。在现代拍卖场上，有着古版画之美的笺纸信封，多归属于古籍善本类。

我收藏的木刻古信封中，有的封面上是一句平实而真情的话，如“除纸笔代喉舌千种相思向谁说”“这柬儿权作言儿代”“尺素书”“开封见喜”“宜子孙”等，很有古典美的韵味，道出了书信的作用和意义。“烽火连三月，家书抵万金。”承平时代的人们很难体会个中滋味。

在纸还没有发明前，古人的书信常用白绢来写，长约一尺左右，称为“尺素”，所以书信又称“尺素书”。家书又称为尺牍、尺素、书札、书牍、简札等。古人除了用绢、布写信外，还把信写在竹、木片上。因为竹片称为“简”，木片称为“札”或“牍”，所以书信又称“书简”“书札”“书牍”“简札”“简牍”。“简札”的长度和素绢一样，都取一尺，因而书信亦称“尺牍”“尺牒”“尺书”。岑参诗云：“相思难见面，时展尺书看。”白居易诗云：“白日里胥方到门，手持尺牒榜乡村。”

相传，三国吴人葛玄与河伯书信往还，就令鲤鱼充信使，然后烹鱼得书。汉代乐府诗歌《饮马长城窟行》，曰：“客从远方来，遗我双鲤鱼。呼儿烹鲤鱼，中有尺素书。长跪读素书，书中竟何如？上言加餐饭，下言长相忆。”唐人孟浩然的诗说得更明白：“尺书如不吝，还望鲤鱼传。”所以，因这首烹鱼得书的乐府诗歌，铺衍出了鲤鱼传书的故事。

烹鲤鱼是古人用比兴的手法，对拆书函的形象描绘。远古的这种信封，用两块鱼形木板做成，解绳开函，便可看到用素帛写的书信。这种鲤鱼形的木板信封沿袭很久，一直到唐代还有仿制。后来开始出现厚茧纸制作的信函，据说也是形若鲤鱼，两面俱画鳞甲，腹中可以放书信，名曰“鲤鱼函”。因之，信函在诗文中往往被雅称为“鱼函”“鲤封”。书信也叫“鱼书”，信使也被称之为“鱼雁”。唐代诗人王昌龄有诗曰：“手携双鲤鱼，目送千里雁。”这里说的“双鲤鱼”，并非真是手握两条鲤鱼，呆看大雁，而是形若鲤鱼的信函，在此用鱼雁以代称书信，有怀人相思之意。李商隐有诗曰：“嵩云秦树久离居，双鲤迢迢一纸书。”这里的“双鲤”，也是指的信函。

在古人的传说中，不但鲤鱼能传书，大雁也传书。故信使又被雅称为“鱼

雁”“鸿鳞”。鸿雁传书的故事，典出《汉书·苏武传》。据载，苏武出使匈奴19年不得归。匈奴人诡称苏武已死。汉使至匈奴，探得苏武消息，往见单于，称天子射猎长安上林苑，得一雁，足系苏武带去的帛书，知苏武尚在人间。京剧《武家坡》中薛仁贵也是射下了大雁，才看到了三姐带去的思念。宋人秦观有“驿寄梅花，鱼传尺素，砌成此恨无重数。郴江幸自绕郴山，为谁流下潇湘去？”的词句，再如，清纳兰性德《采桑子·九日》：“残更目断传书雁，尺素还稀。一味相思，准拟相看似旧时。”这样缠绵悱恻的词句，来源于美好浪漫的传说，产生出千古传咏的心灵感应。如果不了解鱼雁故事，也就无法解读欣赏了。

清朝末年我国仿效西方现代邮政制度，创办国家邮政，发行的第一套正式邮票中，角数面值的邮票是鲤鱼图案，元数面值的是飞雁。这也是来源于“鱼雁传书”的故事。书信曾经是人们情感联系的寄托。现在互联网的大发展，书信形式已在人们的生活中日渐式微了，思之，不无感叹。

笺纸虽尺幅不大，却集诗词、书法、绘画、篆刻于一体，具有国画的韵味，或清新淡雅，或古朴凝重，使得人们在阅读诗词或书信的同时得到一种视觉上的美感，因此，备受旧时文人雅士的喜爱。早在明末就有人将没有使用过的空白笺纸，汇印成《萝轩变古笺谱》和《十竹斋笺谱》。

郑振铎先生在荣宝斋复刻《十竹斋笺谱》前言中说：“中国木刻画始见于八六八年，较欧洲早五百四十馀年。彩色木刻画则于十六世纪末已流行于世，至十七世纪而大为发达，饾板、拱花之术相继发明，亦有先以墨色线条勾勒人物、山水、花卉之轮廓，而复套印彩色者，但总以仿北宋人没骨画法者为主，雅丽工致，旷古无伦，与当时之绘画作风血脉相通。十竹斋所镌《画谱》《笺谱》尤为集其大成，臻彩色木刻画最精至美之境。十竹斋主人为徽人胡正言，正言字曰从，流寓金陵，以制笺、篆印为业，时亦出版他种图籍，寿至九十以上。《笺谱》印行于明崇祯十七年，即公元一六四四年，迄今三百馀载，传本至为罕见，予尝于王孝慈先生许一遇之，时方与鲁迅先生编《北平笺谱》，知燕京刻工足胜复印之责，遂假得之付荣宝斋重刻，时历七载，乃克毕功，鲁迅、孝慈二先生均不及见其成矣。”郑振铎先生是我素所尊崇的前辈，是他经过不懈的努力，将不被传统社会所重的版画，提升到艺术和学术高度。我有幸保存有他 1958 年去世当年，“得于东安市场旧书摊”的签名本。这是我几十年淘书生涯的很好纪念。

从 20 世纪 80 年代末京城复兴的旧书摊，也是百货杂集，逛摊的人各有其目标。集邮朋友追捧的那种老实寄信封，是围绕着邮政展开的，要求票封戳完整，邮路特殊等。空白信封则往往轻视之，所以，如果机缘泊凑，花费不多，从集邮市场中更能找到机会，我许多漂亮的古老饾版空白信封，就是这样得来的。

我的一位从前一起逛摊淘书的朋友吴立新，在报国寺文化市场一个专卖集邮品的摊上，以每张两元的低价，买到过几十张俞平伯先生手书实寄明信片，就是因为都是普通的普九邮政片，集邮朋友觉得意思不大，吴立新才得以捡漏获宝。我另一位书友柯卫东兄闻讯，第二个星期四再探报国寺集邮摊，功夫不负有心人，也得到了两枚漏网之鱼。柯兄在《冷摊夺魂记》中有很传神的记述：“星期四抱着希望和失望一早就去了，在后殿前空场各摊中寻了很久，最后终于找到了，那是个三十来岁的外地摊贩，经常在报国寺摆摊。在摊上东翻西找，没有一片是俞平伯的，只有章元善和其他什么人的。这时胡兄也来了，两人蹲在摊前，嘀嘀咕咕，摊主则目光闪烁。没奈何，最后只好各挑了一两张，所谓遮遮眼，聊胜于无。付完很少的钱，起来要走的时候，摊主忽然说：这里还有两张，要不要？我赶紧接过来看，这回两张都是俞平伯的。”这两位书友得宝捡漏，我都是亲历者，岁月如流，不觉已是二十年前的往事了。

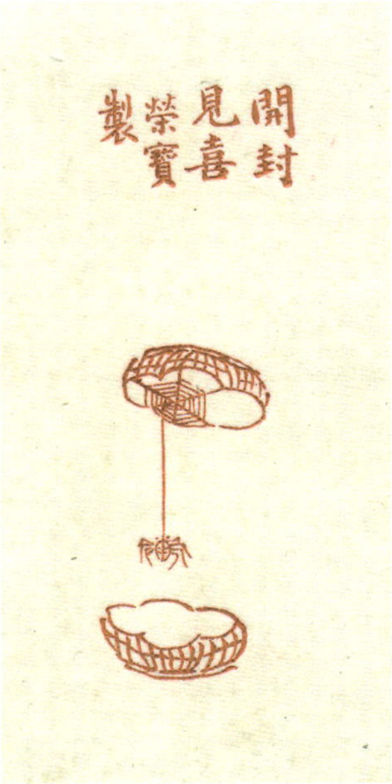

柯兄所得，其中有一张是俞平伯先生八十四岁自作诗稿，是作者对自己一生的概括，诗不见著录，从中可见前辈学人的风范，价值极高值得再抄录一过：“窃谓儒门首句一语尽之，不必更有自传矣。”“儒门弟子僧坊育，（儿时寄名于苏州塔倪巷宝积寺日福庆。）四夏三冬勤苦读。（坐书房七年。）人天道理都难讲，（《牡丹亭）句。）衰梦魔君唤我叔。（《论语》：‘甚矣，吾衰也，吾不复梦见周公，久矣。’魔云，是个熟熟，熟熟叔叔，南音宛然在耳，可异。）”

说了别人的收获，再说说我买到的有意思的

东西，如近代著名藏书家刘承幹，在民国十六年，寄给贺葆真的实寄信封。这件信封从集邮角度看价值不大，是常见的贴帆船票，南浔到北平的普通实寄封，收寄戳投递戳都不清楚。所以能让我以几十元的价格，从报国寺一个专营集邮品的店铺中得来。再换个角度看，就很有意思了，刘承幹使用的是自制的木刻信封，封面有“钦若嘉业”四字，这源于清废帝宣统所颁赠的匾额，刘承幹故以嘉业堂名其藏书楼。收信人贺葆真，是晚清古文大家贺涛之子。民国“武强贺氏”的刊本，藏书者都不会陌生，就是此人所刊刻。河北武强县贺氏家族，从清乾隆年开始到民国时期，是一直绵延不断的世家大族，可谓书香继世长。从贺葆真祖父贺锡璜开始，迁居河北故城县，在此置业生活了四代人，贺氏家族从贺锡璜开始，有三代人去世后，都埋葬在故城县尹里村。所以，说他为故城人也不为过。贺葆真有两个侄子非常著名，哥哥贺翊新，老北大出身，1949 年后，东渡台湾教书育人，担任台北“建国”中学校长，北大精神得以薪火相传。弟弟贺培新，以书法篆刻名世，留在北京，1949 年 3 月将其家族几世累积的图书文物捐献给新政权，有“新中国捐献第一人”之称。然而，在新中国成立不久后的镇反运动中，贺培新被迫自杀，迟至 90 年代才勉强平反。

故城县是我的祖籍，买到贺葆真的实寄封，想到他与故城扯不断的关系，不免有乡曲之见，感到很亲切，自然也就很喜欢。藏海无涯而钱有限，收藏常常要节衣缩食，生活上只能顾此失彼，其茹苦含辛，冷暖自知。周作人先生《药堂语录·后记》中说：“近数年来多读旧书，取其较易得，价亦较西书为稍廉耳。至其用处则不甚庄严，大抵只以代博弈，或当做纸烟，聊以遣时日而已。”周作人先生是谦虚豁达之词，我不敢妄攀前贤，“聊遣时日”对我而言，确是写实之词。

回想那些年逛摊生涯，仍然感到那么有趣。那时年轻体力壮，四六城跑转一圈，买到可意的书或喜欢的旧信笺，回到家中，便迫不及待地打开书本，看目录，翻序跋，找材料，探究竟，直到夜阑人静，也不罢手，只觉疲倦尽失，灯火可亲。回想起来并不感觉到苦，虽然眼力和财力决定了我买到的不会有多少好货色，但自有一种乐趣在。岁月不居，似水流年，不觉老之将至，终于是老大无成，不复有当年意兴了。藏

旧尘里定缘，新语中谈往

——记周叔弢先生旧藏《前尘梦影录》

沈 津

乙未深秋，津有北京之行，其间在孟繁之兄的带领下，拜见了住在北大的周景良先生。景良先生为周叔弢先生第七子，雍容大雅，受家庭熏陶和影响，虚怀若谷，不露锋芒。对新科技、新事物，他又表现出浓厚的兴趣，能与时俱进；而对于版本目录、金石书画、国粹京戏等，他方寸海纳，休闲时则以此为乐。是一位上交不谄，下交不骄的纯正长者。那次见面，景良先生嘱繁之兄将顾师廷龙先生早年过录前人批注的《前尘梦影录》光碟寄我，希望我写一篇“读后记”之类的小文。回广州不到三天，我就收到了繁之兄发来的快递。

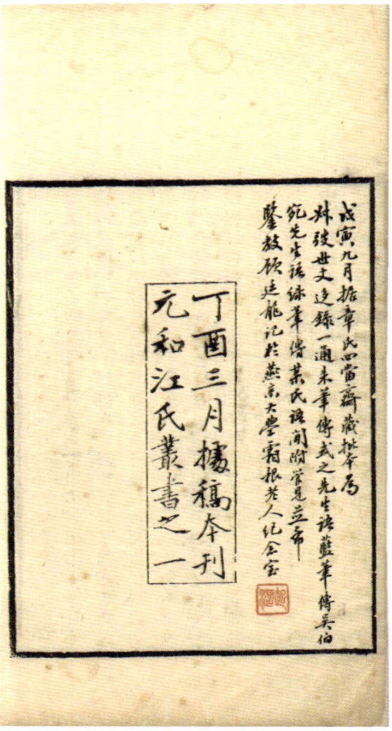

《前尘梦影录》是一部记录文房珍品、金石书画的书，涉及旧墨古纸、砚石碑拓、古铜玉器、牙牌铜牌、书法刻石、古籍绣像、泥封以及杂件等，也记程瑶田、姜埰、汪启淑、许梿、伊秉绶、董洵及汲古阁毛晋等人物琐事。还记得四十多年前，因为想要弄明白元代刻书字体是怎么回事，我即注意到这部在清末民初比较有名的书并去查核过。

《梦影录》的作者徐康是一个没有什么功名的读书人，生于嘉庆十九年（1814），约卒于光绪十四年（1888），寿七十五岁上下。康，字子晋，号窳叟，别署玉蟾馆主，江苏苏州人。博雅嗜古，精鉴赏，世擅岐黄，擅书法，尤工篆隶。除《梦影录》外，还撰有《虚字浅说》一卷、《古人别号录》两册，可惜的是，在太平天国战争中，家中书籍文物荡然无存，此两种书亦一同付诸劫灰。

据《梦影录》自序，可知此书为徐康随忆随录吴地所见古籍、书画、文物等的记载。序云："蘧园主人属记所见古今隃麋，卒卒尠暇。客夏养疴虞阳旧山楼，地邻北麓，几研无俗尘扰，遂日忆疏录，得数十则，牵连及文房纸砚、法书、名画、书籍。忆昔在道光壬辰冬，于破书堆中买不全《书影》二本，读之爱不释手，余之嗜书籍古董即于是年始。"旧山楼为清末赵宗建藏书处，赵为江苏常熟人，字次侯，号非昔居士。居县城北门外报慈桥东之半亩园，藏金石图史甚富。半亩园明代天顺间为南京左副都御史吴讷所有，在虞山北麓之破山寺前，有思庵郊居、乐宾堂、贞寿堂、东小楼等，宗建重为修葺，并颜其东小楼为"旧山楼"。是书当为光绪十一年（1885）徐康养疴旧山楼时所写，其时徐氏七十二岁。壬辰，为道光十二年（1832）。《书影》者，即周亮工之《因树屋书影》。

此书名"前尘梦影"，盖因"考因树屋斋名，为栎园先生在请室中，庭有大树，随笔记忆而无伦类，以携无编籍可核稽也。余于先生无能为役，然随忆

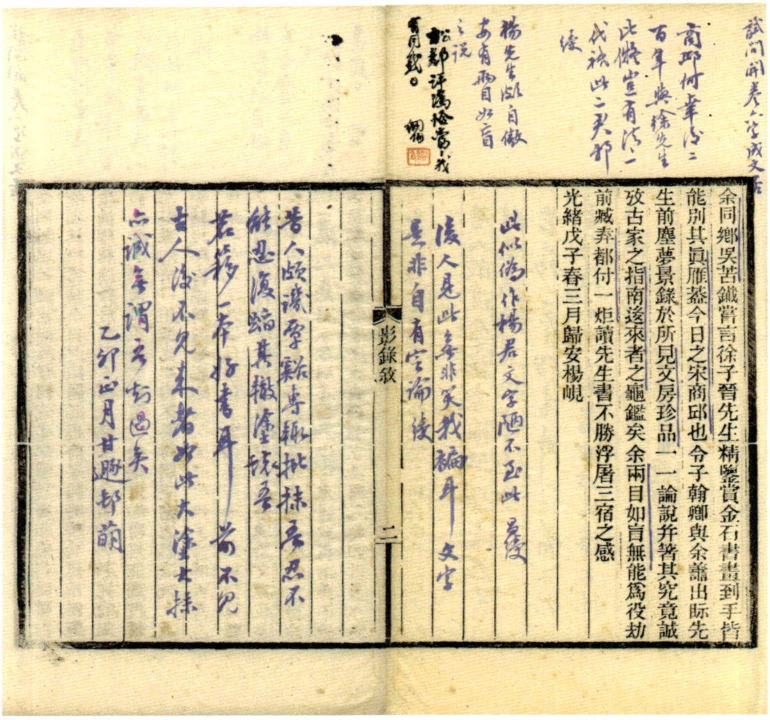
余同鄉吳苦鐵嘗言徐子晉先生精鑒賞金石書畫到手皆能別其眞贋蓋今日之宋商邱也令子翰卿與余齋出睎先生前塵夢景錄於所見文房珍品一一論說并著其究竟誠攷古家之指南遂來者之龜鑑矣余兩目如盲無能爲役刦前臧弆都付一炬讀先生書不勝浮屠三宿之感
光緒戊子春三月歸安楊峴

影錄敘 二

随录，则同前尘梦影”。按：“前尘”者，佛教称色、声、香、味、触、法为六尘，认为当前之境界乃由六尘构成，都为虚幻，所以称之“前尘”。今指从前的或过去经历之事。“梦影”，犹幻影。不同的是，周亮工的《书影》是在其蒙难囹圄时写成，而此《梦影录》则完成于香雪成海，暗香疏影，风景这边独好的旧山楼。

《梦影录》，计二卷，卷上一百十九则，卷下一百零三则，共二百二十二则，三万七千余字。光绪二十三年（1897）江标任湖南学政时刻于湖南使院，并入《灵鹣阁丛书》中。《丛书》共六集五十六种，此在第四集。江标，字建霞，号师鄦，江苏元和人。光绪十四年（1888）举人，翌年成进士，授翰林院编修，戊戌变法失败后革职永不叙用。江标最初见到徐康，是在苏州玄妙观世经堂书肆中，那时标仅十六七岁，他对徐康的印象是“非寻常古董家”。

江标是据徐氏稿本而刊刻的，并作序云：“方今事事崇新学，而于金石、书画、图籍一切好古之事，恐二十年后无有知之者矣！”作序时江标三十七岁，后三年即卒去，年仅四十，也正是他学养功深之时，可惜天厄贤人。除了江标，《梦影录》中还有杨岘、李芝绶序，于徐氏之说如见如闻，赞誉有加。杨岘云：徐氏“精鉴赏，金石书画，到手皆能别其真赝，盖今日之宋商邱（荦）也……于所见文房珍品，一一论说，并着其究竟，诚考古家之指南，后来者之龟鉴矣”。李芝绶亦云：“凡书籍字画、古器奇珍，一入其目，真赝立辨，盖阅历深也……壮岁得周栎园《书影》残帙，因仿其意，追忆劫前所见文房珍品，以类相从，著为论说，以示来兹。”

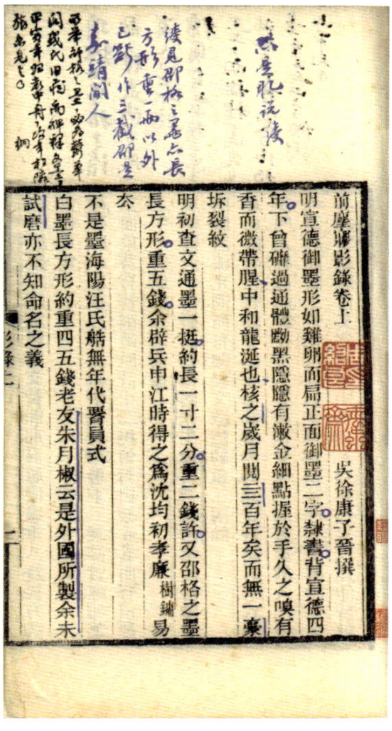
前塵夢影錄卷上　吳徐康子晉撰
明宣德御墨形如雞卵而扁正面御墨二字隸書背宣德四
年下曾礴過通體斷紋隱隱有潑金細點握於手久之嗅有
香而微帶腥中和龍涎也核之歲月閱三百年矣而無一毫
坼裂紋
明初查文通墨一挺約長一寸二分重二錢許又邵格之墨
長方形重五錢余辟兵申江時得之爲沈均初孝廉樹鏞易
去
不是墨海陽汪氏鮨無年代署員式
白墨長方形約重四五錢老友朱月椒云是外國所製余未
試磨亦不知命名之義

打开《梦影录》的光碟，图片清晰之极，与原件几无差别，展页重观，细读先师手迹，老泪滂沱，竟有恍如隔世之感。五十六年前，津追随丈履，重忆旧游，坠雨飘风，零落都尽。如今先师墓有宿草，人天永隔，余亦晚景侵寻，非复昔年胜概，念此为之怃然。这是江标刻的《灵鹣阁丛书》本，顾先生在1938年9月为周叔弢先生迻录前人批注的《梦影录》文字，扉页上书：“戊寅九月，据章氏四当斋藏批本，为叔弢世丈迻录一通。朱笔传式之先生语，蓝笔传吴伯宛先生语，绿笔传某氏语。间附管见，并希鉴教。顾廷龙记于燕京大学霜根老人纪念室。”按：戊寅，为1938年；式之，为章钰；吴伯宛，即吴昌绶。

章钰，字式之，又字坚孟、茗理，别署霜根老人等，江苏长洲人。生于同治四年（1865），卒于民国二十六年（1937），享年七十三。光绪二十九年（1903）为进士，以主事用，签分刑部湖广清吏司行走，三十三年（1907）入两江总督端方幕。宣统元年（1909）入京供职吏部，调外务部，充一等秘书、庶务司主稿兼京师图书馆编修。辛亥后退居天津北郊求是里，食贫沽上，却扫杜门，校书遣日。晚年移居北平。平生治学，尤长于金石目录及乙部掌故之学，晚年积书至百六十箧。章氏有书癖，尝以南宋尤袤嗜书有“饥当肉，寒当裘，孤寂当友朋，幽忧当金石琴瑟”语，将读书处名曰“四当斋”。

吴昌绶，字印臣，又字伯宛，号甘遁，别号松邻、甘遁村萌，浙江仁和人。吴焯之后裔。光绪二十三年（1897）举人，官内阁中书，尝佐尚书吕海寰、侍郎吴重熹幕。熟于目录学，尤究心典故名物，为人俶傥不羁，与章钰交谊之笃数十年如一日，通借往还甚密，章氏四当斋之书多有吴氏手批题识。好刻书，有《松邻丛书》，又影刻双照楼《宋金元明词》十七种。殁后，章氏代其女吴蕊圆辑有《松邻遗集》十卷。顾先生又搜得其零稿编成《吴伯宛先生遗墨》。又有《定盦年谱》等。

早在1931年秋，顾先生始识章氏，据顾先生云：“辛未季秋，龙来燕京大学肄业，时先生亦方自津步就养旧都，始克以年家后进登堂展谒，获聆绪论。”章氏亦云：“年家子顾子起潜，修业燕京大学，时过余织女桥僦舍，讨论金石文字及乡邦掌故，至相得也。”章顾为忘年之交，开始交往时，章六十七岁，顾二十八岁。顾先生自1933年7月在北平燕京大学图书馆工作，任中文采访主任。1938年2月，先生编《章氏四当斋藏书目》，费时四月，日坐霜根老人纪念室中；9月，《藏书目》出版，先生为周叔弢迻录《前尘梦影录》中之批语也是此时完成。如今，燕大藏书早已并入北京大学图书馆，纪念室也成幻梦之影了。

吴昌绶是在1915年从章钰处借观，并注“后二十年乙卯岁，从茗簃先生借观，小有签记，殆所谓强不知以为知者”。“徐叟文字，颇有市气，中多耳食。然老辈见闻赅洽，终不可及，循玩数过，以鄙说附著简耑，俟二十年后人批抹。”“昔人颇讥覃谿专辄批抹，吾忍不能忍，复蹈其辙，涂坏吾茗簃一本好书耳。前不见古人，后不见来者，如此大涂大抹，亦诚无谓吾对过矣。”

此本又有张絅伯及周叔弢批注。絅伯，名晋，字絅伯，号千笏居士，浙江宁波人。1885 年生，二十三岁在上海南洋公学毕业后赴日本留学，读商科一年。回国后在宁波任教员。1921 年供职哈尔滨盐务稽核所，越二年在青岛筹设明华商业储蓄银行分行，任经理。后至上海，任总经理兼青岛分行经理。抗战胜利后，参加爱国民主运动，加入中国民主建国会。1946 年 6 月 23 日，被上海各界人民团体推举为和平请愿团十一名代表之一，与马叙伦等赴南京请愿。新中国成立后历任第一、二届全国政协委员，第一、二、三届全国人民代表大会代表，政务院外交部条约司专门委员。1969 年病逝于北京。余暇致力于研究徽墨、古钱币，收藏颇富，为当时钱币收藏界知名人士。著有《四家藏墨图录》等。

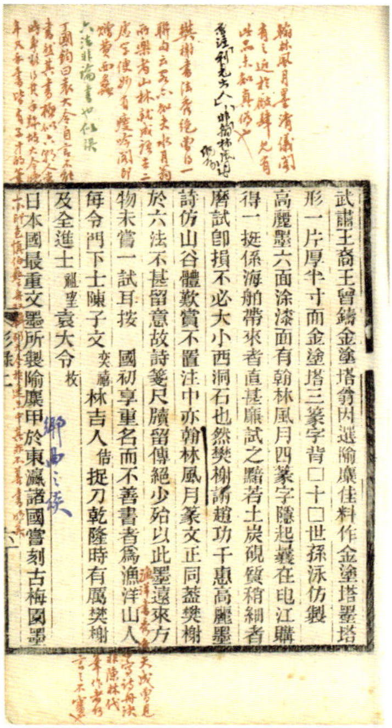
武肅王裔王曾鑄金塗塔翁因選隃麋佳料作金塗塔墨塔
形一片厚半寸而金塗塔三篆字背□十□世孫泳仿製
高麗墨六面涂漆面有翰林風月四篆字隱起纍在乪江購
得一挺係海舶帶來者直甚廉試之黯若土炭硯質稍細者
磨試卽損不必大小西洞石也然樊榭詠趙功千惠高麗墨
詩仿山谷體歎賞不置注中亦翰林風月篆文正同蓋樊榭
於六法不甚留意故詩箋尺牘留傳絕少殆以此墨遠來方
物未嘗一試耳按　國初享重名而不善書者爲漁洋山人
每令門下士陳子文奕禧林吉人佶捉刀乾隆時有厲樊榭
及全進士祖望袁大令枚
日本國最重文墨所製隃麋甲於東瀛諸國嘗刻古梅園墨

张䌹伯批注中对徐氏所作颇有微词，认为其叙事往往张冠李戴，且有耳食之谈，不诚不实。如：“松邻评注作于 1915 年，距今逾五十寒暑。顷又假读一过，徐叟不仅文字多市气，录中所托古今隃糜，综计四十七则，序次凌乱，时代颠倒，稽诸载籍，考之实物，谬讹百出，鱼龙杂糅，无多取焉。”“《程氏墨苑》《方氏墨谱》，徐叟殆未见原书，妄加肊测，以致谬讹百出。”“徐叟叙事颇多不符事实，论断亦欠恰当，松邻批注评点中时露不满，我有同感。”“徐叟对古泉是门外汉。”张䌹伯曾参加各种泉币学社，并参与创办《泉币》杂志，对钱币学、钱币史及钱币的考据均有研究，提倡“凡创一议，立一说，必本诸货币原理，史志依据，实事求是，言之有物，力避穿凿”，颇多真知酌见。

周叔弢，又名暹，字叔弢，以字行，晚号弢翁，安徽至德人。早年为华新纱厂常务董事，又为启新洋灰公司董事长、开滦煤矿公司代理董事长。新中国成立以后，历任全国政协副主席、全国人大常委、天津市副市长、全国工商联副主席等职。富藏书，精鉴别，藏书均献于各图书馆。有《自庄严堪善本书目》。据周景良书中所志：“此册乃亡兄珏良故物，盖受之先父者也。其上卷之第十、十二、十八、二十四、二十八、二十九各叶，及下卷之第一、二、三、四、五、六、七、九、十一、十七、十八、二十二各叶诸墨批，是先父叔弢公手迹，而皆未署名，因书此以志之。一九九九年七月十一日，周景良志。景良妇朱宜书。”

此本批注共一百九十五则，计章钰七十六则，吴昌绶四十一则，某氏六则，张䌹伯三十八则，周叔弢三十则，顾廷龙四则。其中吴氏批注在1915年，章氏在1920年，顾氏在1938年，张氏在1967年。顾先生之批注又见《顾廷龙全集·文集卷》。我不知道顾先生与周叔弢先生是如何认识的，仅知他与周叔弢的长子周一良（太初）是燕京同学。

《梦影录》经江标刊刻后，引起学界之注意，后来《丛书集成初编》《美术丛书初集》均予以收录。又钱启同辑《玉说荟刊》时收录了《前尘梦影录摘抄》一卷，吴昌绶曾取其上卷“纪墨”部分，刻入《十六家墨说》，题作《窳叟墨录》。然经周绍良先生核实考订，发现徐氏所记多与实际不合，共找出十七条错误。《梦影录》在流传过程中，也有一些学人如赵宗建、许增、曹元忠、丁国钧、李放、范祥雍等人，就己所见予以批注，其中不少颇具史料价值。2000年，中国美术学院出版社出版《艺苑珠尘丛书》，其中有孙迎春校点、范景中作序的《前尘梦影录》，该书增入了整理者收集的许增和赵宗建批注，其中许氏所批二十一则，赵氏为十九则，共四十则。

也正是流播所及，《梦影录》中的一些错误，一直延续至今，如“元代不但士大夫竞学赵书，如鲜于困学、康里子山，即方外和伯雨辈，亦刻意力追，且各存自己面目。其时如官本刻经史，私家刊诗文集，亦皆摹吴兴体”之说，以致写版本鉴定、书史简编的作者，几乎全部受其误导。

《灵鹣阁丛书》本《前尘梦影录》并不珍贵，但周叔弢先生藏本之价值，却在于不仅有顾廷龙先生的手迹，并且过录了前贤的许多批注。细读此书，不但可以增长见识，开阔眼界，而且可以窥见老辈学者对学术研究的细致认真、一丝不苟的态度。过录前辈批注的顾廷龙先生（1904—1998），字起潜，号匋誃，江苏苏州人，为图书馆学家、版本目录学家和文献学家，而且也是书法家。他治学严谨，著述精博，书法造诣也深，是1961年4月成立的上海市中国书法篆刻研究会的六位理事之一，曾于1963年、1979年，分别作为中国第一批书法家访日代表团和上海书法家代表团成员访问日本。他也是中国书法家协会名誉理事。顾先生从来不以书家自居，但他的书法是温润静穆、平和自然、婉丽清逸一类，可以给人一种玩味无穷、流连忘返、细嚼不尽的意味。

2016年五一国际劳动节写于广州。藏

周叔弢刻书之明纸印本《宣和宫词》

胡艳杰

周叔弢先生是我国近现代著名藏书家，晚年将自己收藏的善本无偿地捐献给国家，天津图书馆有幸收藏弢翁部分善本、活字本及其刻书、日常阅读使用的书籍。其中，周氏刻书、日常阅读之书更贴近弢翁的生活，饱含感情。在我们陪同周景良先生阅读其父亲捐赠的这批图书时，周先生不时地发出这样的感概。弢翁的这批图书，是我到馆工作最先接触的书籍，也是第一次深入地了解弢翁藏书。说来，这已经是九年前的事情。

2013 年 11 月 14 日，我与李国庆老师去北京参加中华字库项目第三节点的评审会议。在动车上，我向李老师汇报近期字库项目工作进展情况，李老师则将近期的一些工作安排交代与我，其中一件便是周景良先生需用馆藏周氏影宋书棚本《宣和宫词》与其兄周珏良先生收藏的一部进行比对，进而确定馆藏之本是否为明纸印制。当李老师提到这部《宣和宫词》的时候，我的头脑中立刻浮现出这本书的模样。记得 2007 年的夏天，我工作的第一个年头，恰逢周先生到馆看书，李老师让我从旁协助，做一名“书童”，一面了解弢翁藏书，一面熟悉馆藏。在我们与周先生一同读书的时候，《宣和宫词》引起了周先生的注意，他还在书中夹了一张纸条写有“明朝纸”三字。我当时刚刚工作，对于各种纸张的鉴别还摸不清头绪，周先生说是明代纸印的，便特意记了一下。

11 月 18 日，周一上班，我查阅了部门邮箱，希望进一步确认周先生所需要核对的书籍的具体信息，周先生是在 10 月 24 日（11∶33）给李国庆老师发的邮件，内容如下：

国庆同志：记得在天津馆看弢翁藏书时，弢翁所印之《宣和宫词》中有一本天地头非常小，且纸薄近透明的，与其他印本显然不同。我当时疑是用明代纸印制的。因与我见到过珏良处的一本明纸印的《宣和宫词》有点像。自那之后我久觅珏良那本明纸本而不得。近日始知在侄启如处，现已借得在我家。保护很好，品相极佳。您看是否需要和弢翁旧藏那本对照一下，以确认弢翁那本是否明纸。如需要两本对照看一看，则考虑一下怎么办。我骨折尚未长好，恐未能去天津。而馆藏拿出来怕也很难。是否有可能如有来北京公干时，当日往返的情况下，携天津那本来看一下？或您另有其他建议？总之，现在珏良的书在这里，想想办法。即问

近好

周景良上

附件中还提供了一张弢翁朱笔题记的书影，云：“宋书棚本《宣和宫词》附三家宫词，此用明纸印，人间只四部，珏良其善藏之。弢翁记。”

当日晚上（9:58），李国庆老师回复周先生邮件：

周先生：晚上好！来信知悉，这是个好机会。晚生下周到外地出差，拟下月初出抽出时间携书到府上，敬请放心！时值秋冬交换之际，祈您老起居清吉，早日康复！专此

晚生国庆上

11月19日，我带着馆藏的这部《宣和宫词》到周先生家里面比对。二部书除题记、印章不同外，纸张、装帧形式等一模一样，可确定馆藏这部亦为明纸印制。二部书封面均是淡蓝色的绢，卷前三张护页，珂罗版印刷，天头地脚均未裁切，地脚较为整齐，包背装。周先生处《宣和宫词》在第一张护页上有弢翁朱笔题记，天图藏本没有。天图藏本钤盖弢翁三枚印章，周先生那部没有。三枚藏书印，分别是卷端的“周暹”白文方印、“弢翁珍玩”朱文方印，卷末“寒在堂”朱文方印。

周先生藏《宣和宫词》（右）

周先生与我一起比对了二部书，并提前准备了一篇跋文，内容如下：

昔余见先父弢翁授兄珏良珂罗版影宋本《宣和宫词》，是用明代纸张印制者也。弢翁并题云，用明纸仅印四部。至丁亥年余观弢翁藏书于天津图书馆，得见此册。以其极似珏良藏明纸本，疑此亦是用明纸印制者。惜于当时无从对证。对此佳纸精印而不能穷其究竟，久不能释念。越六年后之今日，始假得珏良藏明纸本。与此册反复对观，见其纸质全同，遂定此册亦是用明纸印制，弢翁自留之一部也。因志此数语，冀佳物得以善藏之。

癸巳十月，周景良记。

同观者天津图书馆胡艳杰先生。

跋文后由周先生夫人朱宜女士墨笔书于宣纸之上，钤盖“周印景良”（朱文方印），与天图藏本《宣和宫词》一同收藏。

每次到周先生家里看书，中午之际，周先生都会准备午饭。这日我们吃的是板栗鸡块、俄罗斯红汤（周先生拿手菜），以及自制的泡菜。在看书学习之余，也学习一些美食的制作方法，这是读书、学习、工作中的一件美事。

11 月 22 日上班，我检阅了馆藏全部周氏影宋书棚本《宣和宫词》，发现天图共藏 27 部，除 1 部为明纸印本外，其他 26 部均为白色宣纸印制，其中 8 册纸张较硬挺、厚实。在弢翁翻阅过的 6 部书中，钤盖 12 个印章，用印 11 枚，其中“自庄严堪”白文方印和朱文方印 2 枚。具体情况如下：

1. 毛装 23 部，包括蓝皮毛装 22 部，其中一部卷端钤有“半雨楼”朱文椭圆印。黄皮毛装 1 部，封面为普通书皮纸，书品大小为 35 厘米 ×24 厘米。护页题“志甫大弟惠存，庚午十一月，弢翁持赠”。志甫即周志辅，名明泰，为周学熙长子、弢翁之堂弟。钤有“自庄严堪”白文方印。卷端钤有“建德周暹章”。

2. 线装 3 部，裁切整齐，封面为蓝色书皮纸，书品大小 33.3 厘米 ×22.2 厘米。其中有二部卷端钤有“周暹之印”白文方

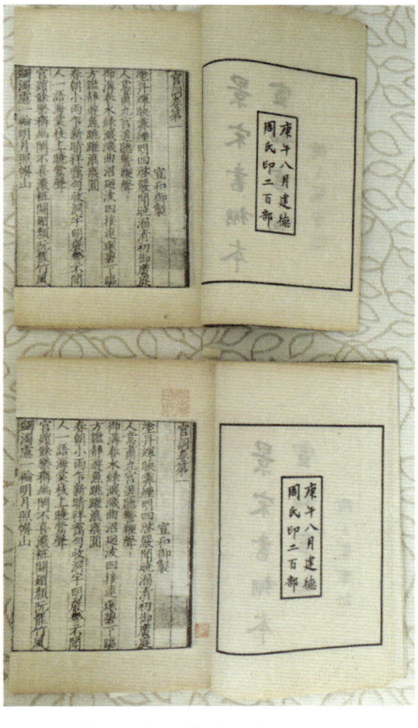

天图藏《宣和宫词》（下）

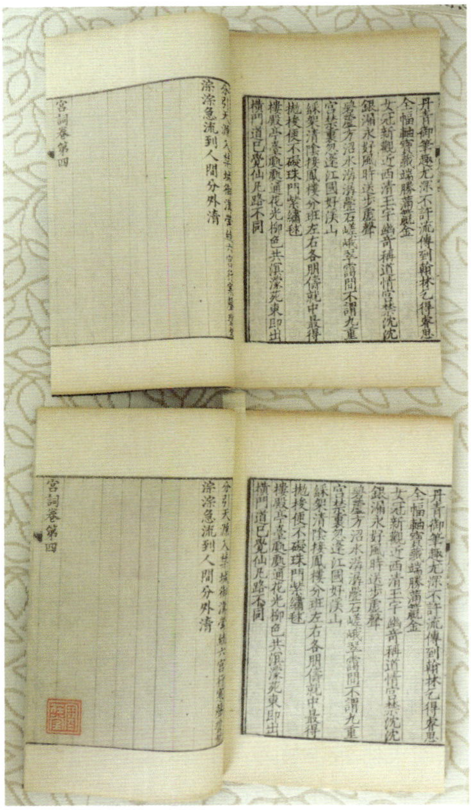

钤印（上为周先生处藏本，下为天图藏本）

印。另一部书名页钤“周叔子”朱文方印，卷端题“道腴诵读之书，弢翁题记”（道腴为弢翁夫人左起瑜，字道腴，以字行），钤有“建德周氏藏书”白文方印、“周氏叔弢”朱文方印、“周暹”白文方印、“自庄严堪”朱文方印，卷末钤有“恩盦”朱文方印。

3. 包背装1部，即为明纸印制之本，书品大小25.2厘米×17.3厘米，与他本不同。宋板《宣和宫词》板框高约17.2厘米，宽13.2厘米。周氏所印《宣和宫词》天头地脚宽阔，大气，唯有明纸印本书品较小，与宋本相近，钤有“周暹”“弢翁珍玩”“寒在堂”三印。

《宣和宫词》牌记云：“庚午八月建德周氏印二百部。”又据弢翁给珏良本题记，其中明纸印制本共有四部，另外二部藏于何处，何人收藏，不得而知。若能以此文抛砖引玉，得知另外二部明纸印制本下落，以及其余172部之下落，也可谓周氏藏书刻书的一段佳话。

此外，弢翁印书多用雕版影刻或珂罗版影印，有时会用好纸印几部。除用明纸印了四部《宣和宫词》，弢翁还用乾隆高丽纸印过《寒山子诗》《阿弥陀经》《孝经》等。乾隆高丽纸为20世纪二三十年代故宫博物院售出者。其中，珂罗版印《孝经》三百部，有八部用高丽旧纸印，其中一部给周一良，并题记云：“丁卯正月景宋刻孝经凡三百部，此高丽旧纸凡八部，一赠大方、一赠次武妹婿、一给四弟，此册检付一良，其宝藏之。八月廿五日，弢翁记于天际。”弢翁印书，每种二三百部，在书品、用纸、装订等方面都很考究，尤其是用明纸、乾隆高丽纸等好纸印刷的数部，都是可供赏玩的书中精品。藏

沦陷时期文艺期刊经眼录
（上海篇）

谢其章

我说过要写“京沪宁”沦陷时期文艺期刊经眼录，已写成“北平篇”并发表了，现在开始“上海篇”。写之前须说明一点，“北平篇”发表时编辑改为“抗战时期文艺期刊经眼录（北平篇）”，我认为编辑或认为“沦陷”不光彩不好听，或者有规定不允许使用，这都可以理解。“上海篇”有点特别，我所写的刊物都是“沦陷”之后出版的，而上海沦陷是一九四一年十二月七号太平洋战争之后，之前属于“孤岛时期”，所以不好笼统称之为“抗战时期”，因为“孤岛”所出刊物不在本文叙述之内，也非属我集刊之专题。真正涵盖“孤岛”“沦陷”两个时期的论著，目前最权威的要属上海社科院陈青生先生的《抗战时期的上海文学》，是书分《战火篇》《“孤岛”篇》《沦陷篇》。在这，容我不揣冒昧地使用“沦陷篇”的意思来表达自己的一点意见。

一

我曾经说过“北京和上海是传统的出版业发达的城市，上海在期刊出版品种和收藏数量上远远领先北京，据资料显示上海图书馆收藏一九四九年之前的杂志约一万八千种，北京（国家图书馆）仅约九千种”。总量上，北京远逊上海，可是若只比较沦陷时期的期刊数量，北京、上海则旗鼓相当，北京占便宜的原因难以启齿，沦陷了八年啊，上海只及北京的一半，即“三年零九个月”。

陈青生写道：“1941 年 12 月 9 日夜，侵沪日军占领先前由英、法、美等国控制的苏州河以南上海租界区，从这时至 1945 年 8 月 15 日日本宣布投降的三年零九个月，是上海的沦陷时期。这时期，上海先后出版的文学期刊（包括以文学为主或文学所占篇幅较大的期刊杂志）约四十余种。这些期刊的形式是

多种多样的，就出版周期而言，有月刊、半月刊、双周刊、十日刊、周刊以及不定期刊和丛刊等等。就版式而言，有16开本，25开本，32开本，36开本等。就篇幅容量而言，多者每期20〔万〕—30万字，间夹画页，通常一二百页；少者每期不过1〔万〕—2万字，从封面到封底不过寥寥数页。就印刷装帧质量而言，有的精美典雅，有的简陋粗糙。”

作为民国杂志收集者，于陈青生的分类之外，我有自己的分类，简言之即“难易程度”与“重要与否”。这两个标准，前者是收集过程中的感受，后者是指刊物及作者于文学史的地位。

二

有那么几种杂志，如《小说月报》《万象》《乐观》创刊于沦陷之前，沦陷之后继续出版，不妨也算进“经眼录”里，尤其是《万象》。它经历了整个“三年零九个月”，太应该算进去了。《万象》该算进去还有一个强大理由即“重要性”，张爱玲的《心经》《琉璃瓦》《连环套》等名篇即首刊于《万象》，张爱玲于文学史的地位还用啰嗦么。《小说月报》也很棒，自1940年10月至1944年11月连续出版45期，居然“出淤泥而不染”，干干净净走完自己“通俗文学”之路。《乐观》刊期较短，只有12期，它的“鸳蝴”气息像一层保护色，所以平安无事。这三种刊物的命运，其实也可以代表其余刊物的命运，那几年似乎没有一种刊物“因为这因为那”而被查禁。

陈青生所说“四十余种”，按年头排序：

1942年新创刊的有《古今》、《万象十日刊》、《杂志》（复刊）、《大众》、《绿茶》。

1943 年创刊的有《春风》《万岁》《中艺》《紫罗兰》《风雨谈》《人间》《文友》《全面》《碧流》《天地》《春秋》《文协》《天下》。

1944 年创刊的有《文潮》《文艺生活》《众论》《一般》《诗领土》《千秋》《小天地》《飙》《光化》《文史》《语林》等。另外尚有丛刊性质的《新地》《第二代》《潮流》《文艺春秋》。

1945 年新出的仅有《文帖》《青年丛刊》《译作文丛》《莘莘月刊》等数种。

以上杂志我无缘收集，甚至连见都没见过的有《春风》《全面》《文协》《文艺生活》《青年丛刊》《译作文丛》，所幸在我眼中，这几种刊物均不“重要”，这不是个人偏见或酸葡萄心理，学者们提到它们也是一笔带过。

陈青生没有提及或只是略微介绍的重要刊物尚有《太平》画报、《上海艺术月刊》、《申报月刊》、《中华月报》、《太平洋周刊》、《新世纪》、《风云》、《天下》、《风云》、《六艺》、《新地》、《大路》等。《太平》印制精良，由于刊有张爱玲、叶灵凤文章而愈显名贵。

一个刊物的重要与否，取决于作者名头的大小。名头大小，这话有两个意思，一个意思是这位作家当时就是成名作家或当红作家，如包天笑、周作人、周瘦鹃、张爱玲、苏青等；另一个意思是今天才公认的重要作家，如金性尧、周黎庵、柳存仁、纪果庵、胡兰成等，这些人当年很年轻，很活跃，却非遐迩闻名。

有一个特殊情况得多交代几句，如同刊物横跨“孤岛”“沦陷”一样式的，某些作家也横跨两者。问题是，你在“孤岛”的文章是抗日的、进步的，“沦陷”之后你不可能再发表这样激进的言论，但是你还有“写作”的瘾，或者为了生

存必须接着写作，占领者给你指了一条路，去规定地点登记，并悔过过去的“抗日言论”。金性尧去登记了，周黎庵登记了。后来的评论说他们“大节有亏”，晚年的金性尧坦率地说：“抗战胜利后被人诟骂，也是咎由自取。每个人的行动都应由自己负责，我是自己撞上去的。因为这时候我正在吸鸦片，需要钱用。这真是百悔莫赎的恶果。”周黎庵说得更干脆：“说到底，就是四个字：贪生怕死！”

陈青生说：“周黎庵和文载道在孤岛时期是名噪一时的《鲁迅风》杂文作家，积极宣传抗战爱国，严厉谴责汉奸行径，是公认为‘抗战派’作家。”《鲁迅风》虽有存藏却不在手边，没关系，另外一本“孤岛”时期重要抗战刊物《人世间》恰好在手边，可以摘录一些言论来说明作家迥然不同的立场，这种转变偏偏发生在民族存亡之际，难怪后人抓住不放。《人世间》第一期第一篇《目前孤岛刊物内容问题商谈》，参与者：文载道（金性尧）、浑介、周黎庵、朱雯、柯灵、陶亢德。以发言的形式记录商谈：

> 陶亢德：处在上海环境中刊物内容应该如何配置。我以为是用历史故事倒是办法，如胡适之的讲美国独立与周黎庵之读史偶感。
>
> 文载道：可能范围之内当尽量尽职于抗战。
>
> 陶亢德：这不够具体，什么是可能范围？
>
> 朱雯：多翻译一点有益于抗战的文艺作品是好的。
>
> 文载道：当刊反法西（斯）文章。
>
> ……
>
> 周黎庵：出版事业不能停顿，抗战文章不能写后，势必写别的文章，即以我们要提倡间接方法写抗战文章。

对于周作人，金性尧竟然说过这样的话：“正当日本军阀以卑劣，残忍的手段，向中国的文化机关及知识分子施以摧残及屠杀的时候；也正当‘五四运动’十九周年纪念后不久的今天，突然看到久被认为‘超然物外’的知堂先生，在北平参加什么‘更生中国文化建设协会’的消息，这使我的心境像载了铅块一样！”“对于知堂先生，像这样的一位有见地，有头脑，对中国民族的危迫也不时的流露其低徊激越的心情，同时，看到近年来日本军部的疯狂，极端的措施，也刻刻的加以‘稳扎稳打’的学者，居然就这么轻易的污其晚节，要不是‘照片赫然，言论俱在’，怕是很少有人会轻信的罢？”（《关于知堂》，1938 年 5 月 19 日）高克勤先生评论道：“如果说，他（金性尧）对周作人的谴责还是留了一些分寸；那他在这时期发表的‘积极宣传抗战爱国，严厉谴责汉奸行径’的文章，则多是锋芒毕露。”

五十年后金性尧写道：“我和知堂的通信，开始于沦陷时期，他给我的信，约有四十封，信纸是统一的，可以装订成册。我的那本《文抄》，便由他介绍出版，并写了序言。我与他的见面则在解放初期，即他从南京老虎桥监狱来到上海，住在横滨桥尤炳圻君的亭子间里。”（《叶落归根》）《人世间》的编辑之一徐讦，曾写有《在金性尧席上》，记述的便是周作人栖居横滨桥时金性尧设家宴招待知堂老人事。

三

关于沦陷时期杂志搜集的“难易”，现在说起来，总有点时过境迁之感，或许有种错觉，已经到手的便称之为容易，没收到手的便说难。

杂志收集的难易，笼统地说：一、期数越多的越难收全，期数越少的越容易收全；二、年代越远的越难，年代越近的越容易；三、印数越少的越难收集，印数越多的越容易收集；四、越冷门的品种越难收集，越热门的品种越容易收集。以上几条，其实也是一般商品之规律。沦陷时期杂志另有一个特别之处，越是政治倾向明显的刊物越容易遭到禁毁，这个因素也会影响到“难易”。

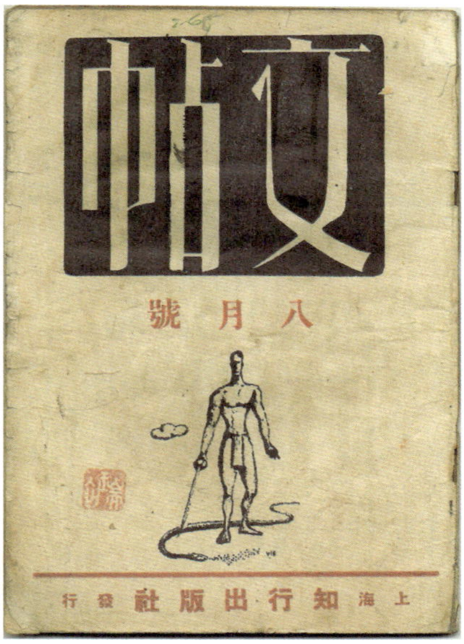

幸亏我下手早，重要的、大套的期刊十之八九尽入囊中，所以才有一点资格谈谈“经眼”。

如果可以按重要性给这些个杂志排个队的话，前十名为：《古今》《杂志》《万象》《天地》《风雨谈》《小说月报》《文友》《大众》《春秋》《光化》。

前四名均刊有张爱玲的作品。

除了《文友》，前十名的杂志寒舍均为全份收存。说起《文友》，勾起伤心往事，我本来早早就购藏了《文友》，而且是首尾相接的整套，价钱也很便宜——540元。可恨当年见识浅薄，加上经济困难，在碰上全份《古今》时，竟将《文友》等百余册民国期刊变相出卖，换得《古今》。《古今》固名贵，《文友》亦珍罕，至今思之犹痛。人啊，有时用阿Q精神安慰一下也好，《古今》到手至今，还从未有机会再见过一套完整的《古今》，也就是说如果当年不交换的话，《文友》固然还在我手，但是《古今》永无机会了，两害相权取其轻，别再患得患失，把《文友》忘掉吧。

老实讲，《文友》的内容无法与《古今》比，《文友》耀眼的地方是封面，名家手绘，色彩斑斓，符合老舍《理想的文学月刊》的标准之一“每期的封面能使人至少出神的看上几分钟，有的人甚至于专收藏它们，裱起来当册页看。”

《万象》是我购刊史的第一购，没费劲，齐刷刷的单册四十几本外加一本“号外”。也就是从《万象》开始，我开始对这种“方型”小杂志格外喜欢，很快将《春秋》《大众》等买到手，不如意的是，后来的几种是合订本，封面也远不如《万象》漂亮。

“前十”多得自旧书店或旧书摊，唯一的例外是《小说月报》。这份共45期的杂志，二十年前在中国书店拍卖会举牌胜出，价钱是1650元，可喜的是整份杂志带有两个原函套，想来当年是作为精品预留的。拍卖时，坐我前一排的是著名藏书家田涛先生，他回过头对我说：“真漂亮，我也想要，看到你举牌了，就不举了。”2013年1月，田涛猝逝，年仅64岁。在这略表怀思。

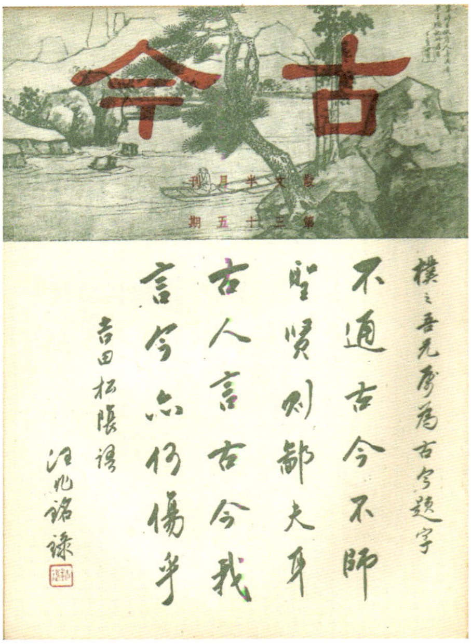

《天地》和《风雨谈》的搜集过程很相似，两杂志都是出了21期，我都是先得前16期，后面的5期都是靠友人相助得以凑成整份。已故倪墨炎先生曾经送给我一本《风雨谈》创刊号，虽然缺少封面，但是那份友情至今难忘。当时倪先生正在为配齐《古今》而多方设法，可见在上海配齐《古今》也不是轻而易举的事情。

《杂志》的刊史比较复杂，简短节说，它虽然创刊于“孤岛”时期、复刊于沦陷之后，但是它前后两阶段内容截然两样（两个阶段的杂志我均

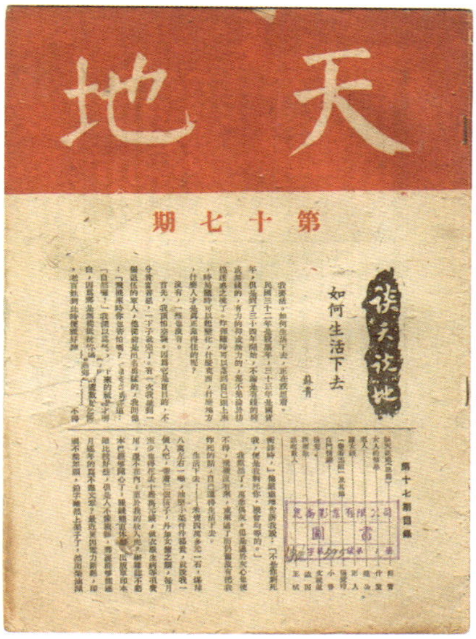
天地

第十七期

谈天论地

如何生活下去

苏青

存有），因此姑且将复刊之后的《杂志》独立出来表述。以难易论，复刊后的《杂志》较前容易收集，“孤岛”时期所出刊物日本人禁毁得厉害。

后《杂志》出版了 37 期，我的几位书友都淘到过一二十期的。我用力最勤，第一套完整地配齐后，又在网络上出高价买了现成的一套，为此还专门写了一篇《汤恩烈旧藏的一套〈杂志〉》，以表达喜爱之情。近年来，大学的论文多有以沦陷时期杂志作为研究课题的，我读过的有《古今》《风雨谈》，最近读到了《杂志》。这些论文基本一个腔调，可读性几乎为零，最大的弊病是在史料挖掘上，出工不出力。

郑逸梅讲沦陷时期的杂志有三个类型：《古今》《万象》《杂志》。如果把这三本杂志放在一起瞧，你立刻就会明白郑逸梅指得是什么。

“前十”里最晚收到手的是《光化》，最晚却最不费事，合订一册，交钱取货。最初收集杂志，但凡碰到单册与合订本共存的时候，我毫不犹豫地选择前者，没得选才选合订本。那时候货源充足，肉多狼少，挑选余地很大，如今全反过来了。买到杂志后，我习惯第二天给姜德明先生电话，请教“重要与否，稀见与否”。姜先生的回答往往给我以定心丸，或称“这书当年就很不好找！”言外之意我能淘到很幸运；或称“很重要，不算贵！”对于我不太满意《光化》是合订本，姜先生说，他的藏本是单册且书品完好。我最近计划写一篇关于那一时期柳雨生往返沪港的小文，《光化》里柳雨生文《我这四年》正好派上用场。

四

如果将本文所叙述的刊物不局限于陈青生的“文学范围”，放宽一点视野，来到郑逸梅的“文艺范围”，那么可说的刊物即多了一倍，本来么，“文艺”等于“文学加艺术”，这样的话，“陈青生加郑逸梅”，或许更能描绘出那四年上海文化艺术之全貌。上海姚桐椿先生曾讲：“老杂志的主要作用是：多方位地再现历史现场，让后人有一点身临其境的感受。”这个观点用在这里再合适没有了。

郑逸梅一生为报刊作稿无数，且痴迷集藏，他撰写的《民国旧派文艺期刊丛话》，被我一直当作购刊指南，其文中所列113种，我收集到65种，成绩不坏吧。

上海永安（百货）公司在1939年5月创办了一份文艺性刊物《永安》，直接以公司的名字命名。郑逸梅长期担任主编，那么这份刊物当然很好看了。《永安》自“孤岛”横跨沦陷时期直到1949年3月才停刊，总出118期。《永安》满六年之际，出了一期“特大纪念号”，郑逸梅为此撰写长文《六年来的杂志朝》，此文等同于“沦陷时期文艺刊物史略”，可补陈青生著述之不足。我对于郑逸梅将电影刊物纳入史略的版图，惊喜不置，盖电影期刊也是鄙藏专题之一。

郑逸梅描述那年头的杂志界“光阴真似白驹过隙般的迅速，本刊自发行以来，一转瞬间，已届六周年了，在承平时代，一种刊物，发行六年，毫不为奇，可是在这国事蜩螗，干戈扰攘之秋，物力既艰，人事多阻，维持六年，确是苦心孤诣，谈何容易，偶过通衢，那书报摊上，虽陈列着许多杂志，五光十色，满目琳琅，但计其发行的期数和年月，全在本刊之后，所以谈到六年来的杂志，任何都是后起之秀，本刊却当得起老大哥的称谓，那是多么光荣值得纪念啊！如今把六年来此起彼仆的杂志，凭记忆所及，拉杂写在下面，或许于文献方面不毋有些补助吧”。

郑逸梅给六十余种刊物作了简短之介绍，其中有二十几种为陈青生未涉及，如《乾坤》《帆声》《一般》《上海生活》《中国电影》《上海影坛》《新影坛》《学术界》《新生命》《锻炼》等。三十年代上海蓬勃发展的漫画刊物，到了沦陷时期似乎一种也不存在了，陈青生不会涉及到电影漫画刊物，郑逸梅扩展到电影刊物，却没有提到哪怕一种漫画刊物，看来纯粹的漫刊绝迹了，尽管报刊上面还保留漫画的版面，终究不成气候。《杂志》于1944年举行了一场漫画家座谈会，从一个侧面显现了漫画作为文化点缀品的苟延残喘。藏

散了的宴席

柯卫东

一

在东北读工程大学的那几年，我对城里的各书店了如指掌，虽然新华书店都一个样，但我依然每家都去。我还熟悉所有的租书铺，当没了钱，实在走投无路时，就把一些书卖到那里去，然后弄到钱去买新的。有一次老板娘指着《黄金果的土地》对我说：“我们不要这种书，看你常来，这次就算了。”

当年穿梭于北京各旧书店，以为凡是有旧书的地方无不知晓。因为这些书店跑得太勤，没了新鲜感，有时还想到少年时曾涉足、模糊记得而现在已没有了的书店，比如东安市场的（那时叫“东风市场”）。但有好几年，我一直不知道中国书店还有个专门卖旧期刊的门市部，这店在六里桥南的中华书局附近，离我岳母家仅一箭之遥。我是偶然看报纸才知道有这家书店的，按报纸指的路线找了半天才找到。书店设在居民区的一所旧人防工事里，地上的部分是店面，地下的工事是书库。书店设在这里，是根本就不打算卖什么东西吧。

第一次去买了一册杂志的零本，是三十年代左翼办的，名为《跳跃》，皆为无名作者。这是本六十四开小毛边本，很少见，之所以买这本杂志是因为没别的可买。店员见我买了这一册，就忽然又拿出许多杂志来，让我坐在桌前慢慢翻捡。但我那时喜欢买书，不喜欢买杂志，也还没受到某人的蛊惑，自然是外行，那些杂志我逐一翻了一遍，都是些什么现在一本也记不住了，总之是一本也没买。

不久店里办展销会。展销会在地下工事的一间屋里，来的人不多，大概就十来个人的样子。中间的玻璃柜台里展示的都是店中被认为珍贵的创刊号。三面的书架上有成套和零本的杂志，也有些旧书。我主要是来买书的，展卖的旧

书中大部分是施蛰存编的“珍本文学丛书”的零种，其他就没什么了。只好去翻杂志，却在零本中翻出一件很有名的东西，是《新青年》的创刊号。但这一册品相很差，纸质焦黄，封面佚失，只剩下前一半。更糟的是这册没有标价，店员也拿不定主意，于是拿到另一间屋去问老师傅。老师傅是认得的，因为卷首就是陈独秀的《敬告青年》，他说：“这是《新青年》创刊号，一百五十块。”

勉强买了这么贵的半本破烂，而且发现还是再版的，实在不大高兴，听店里说在琉璃厂来熏阁的楼上还开了一个柜台，今天也在展卖，就去了琉璃厂。在琉璃厂买到曹辛之编的《中国新诗》全五册，施蛰存编的《文帖》全五册。买这两套杂志是因为都是小本薄册的合订本，订在一起如同两册书，价钱也过得去（前者二百，后者三百）。中国书店合订的杂志有共同的特点，皆为绿硬纸面装，且工艺粗疏，我的几位书友称这种合订本为“绿王八壳本”。我买的这两册后来都自己重装了。

最应该买的却没有买，是花也怜侬（韩子云）编的《海上奇书》，出版于清末。这是韩子云个人的杂志，登在上面的文章都是他自己写的，《海上花列传》最早也是在这里连载。这套杂志为三十二开线装铅印，封面红色纸，内页白色粉连纸，《海上花列传》每回配一小幅精美的石印插图。当时见到有三四册，五十元一册，因为觉得不是全套（旧书店得来的观念：残本价值低），没舍得买，以后就再没机会碰见了。

二

期刊门市部后来搬到西单商场后面的横二条，我们习惯称之为“横二条店”。横二条店是所有中国书店中最有吸引力的，因为它经常会有罕见的东西，而这些东西是其他店根本没有的，当然这不包括昂贵的古籍，横二条是主营近代出版物的。在六里桥地下工事时，见到很多房间里有堆积如山的成捆的杂志，上面布满灰尘，好像从来没拆开过，据说都是来自五十年代公私合营时的私人书铺，这就是这里常出现罕见书物的原因了。

横二条后面的那间屋子很大（就是那种不让随便进的屋子），比前面的店面小不了多少，书架上也插满书和杂志。在那里曾有几十册《九尾龟》，清末洋装本，十八开，封面装饰是晚清本的典型风格：花草和日本风格的汉字。我曾从中挑出十二册书品好的初版本（全套是十三册），初版和再版的区别是初版本用日本纸印，而再版本是普通报纸印。这部书是随印随出，而不是一次出齐。晚清有名的小说书本来就很稀少，更何况是一大套，能一次找到十二册初版书可以说是奇迹了。但最终还是没买成，因为每当有五百元的时候又买其他书花掉了，直至这套书没了踪影。

民国时的藏书家周越然先生曾在文章中特别提到他收藏了全套的《绣像小说》，这说明全套的《绣像小说》很难得。那是晚清的小说杂志，洋纸封面线装本，全套七十二册，有绣像插图。如果我有恒心慢慢找的话，说不定也有机会买齐一套。这里有不少零本，但因为封面是用洋纸印的，纸太脆，品相好得难得，使我失去了兴趣。罕见的戏剧杂志《春柳》的零本这里也有，为四十八开小本，价格低廉。展销时花二十元买了品相特好的一册，后来与线装的一册梅兰芳演天女散花的纪念册、一册尚小云的画册和上海的书友换了复社版《西行漫记》的精装初版本。我还曾见到一册《申报》的订本，是把《申报》裁开订成十六开的本子，都是同治年的报纸，我清楚记得有第二号，因为翻找第一号却没有，价格六百块（嫌被裁开了竟然没有买）。《上海漫画》有合订八开很厚的一大本，一千元。这些都因为没钱的缘故放弃了。

早些年这里每年都办展销，那是我们的节日，有许多珍稀杂志露面。最惊人的是某一年，拿出大量的杂志创刊号。我见到邵洵美编的《金屋》创刊号，与《新月》的装帧一样，但是大红纸面，不同于《新月》的灰色纸，毛边本，

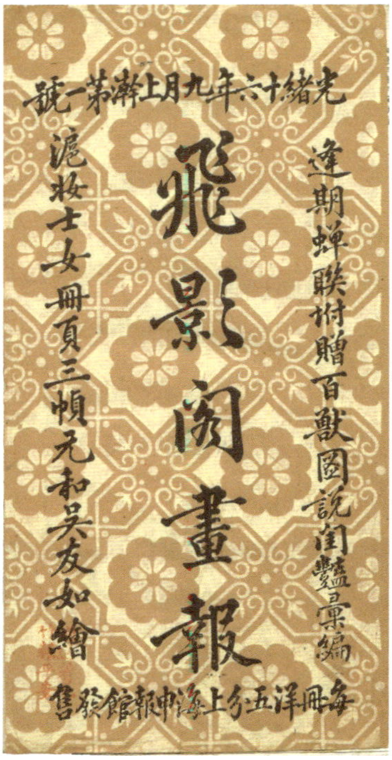

书品完美。后来听谢兄说这是很罕见的，但当时没买。对于杂志，唯一见到就想买的是晚清石印画报，但这种东西很稀少，一年也不见得能买到一种。在这里买到的有如下几种：《新世界画册》、《时事画报》（广东）、《公民画报》、《开通画报》、《启蒙画报》。《飞影阁画报》的创刊号也是在这里买的，《全国期刊联合目录》记录只有辽宁图书馆藏一册。在晚清著名画报中，飞影阁仅次于点石斋，若只论图画和印刷的精美，飞影阁尚在点石斋之上。

有时店里也忽然有好版本的旧书。一次有一册苏曼殊在日本印的《英汉三昧集》，精装初版本。曼殊早期单行著作的初版极为罕见，平生仅见过这唯一的一种，但当时没有五百元，蹉跎了一些时日。某日和家人一起逛西单，妻儿去商场，嫌我碍事，说：“自己去书店等着吧，完事了给你打电话。”赶紧去看那本书，已经没有了，问店员说是刚刚卖了。后来过了好些年，一位关系好的网店店主从海淀旧书店弄到一册，转卖给了我（三千元），比这本的品相稍差。

三

横二条店的店面摆着很多成套的旧杂志，都是装订好的，价格昂贵。柜台里有些零本。往里一间卖外文旧书，店里的老师傅在这里办公，就是那年给残本的《新青年》定价的那位。这里是所有中国书店中外文旧书最多的地方。门口还有一个侧门，里面还有一间，这里不能随便进，经过允许才行。里面也是四壁书架，中间一张大桌子，是店里用来整理书的。架上有线装书（没好版本）、旧书、报纸和杂志，零本很多，这里的书是不拿到前面卖的，只有办展销时拿出来一些。马鸣武经理主店时我和几位朋友因为是常客，可以随便出入。比如一进门就很自然地进去了，不用打招呼，至于买不买书经理从来不问，有时还抱怨书价定得太高，他也听之任之。

马经理不懂版本，杂志和旧书也是两眼一抹黑，却是很有趣的人。记得创刊号展销那次我是在布展时去的，就是还没有正式开始，店里见是熟人就放进去了。柜台后的书架上摆满创刊号，一般的创刊号价格定在一百元一册。其中很显眼的立刻就看见有一册的封面是卡耐基的头像——又碰见了《新青年》的第一期。而这册是完整本，初版，书品还特别好。初版的标志是有插印在书里的广告（红色和绿色有光纸印），一共二十二页，再版时都删去了。《新青年》初创时每期只印一千册，成名以后每期印至一万六千册，此前的各期也都重印，所以再版的创刊号比初版的印数多得多。我担心的是，这又是唯一没标售价的一本，让我想起当年在六里桥老店时的不堪遭遇。这次我决定找马经理定价，希望他不会去问老师傅（那会标价五千，后来有本品相破的真的标了五千），不知道他在不在。马经理沉思了片刻，咳下嗓子说："一百五十块！"这很符合他的风格。我指出其他的创刊号都只卖一百块呢（这是必须的糊弄人技巧），于是他说："那就一百二吧。"

还有一次，在店里转了半天没有什么可买的，见后面架上有一套四册的线装铅排本，是光绪时人编的艳词选集，排版疏朗，书品也好，保留着原配的夹板，价钱是二百元。这种书内容没什么意思，原本就是印来玩的，只能在很久没买到书的情况下，勉强买来以作精神上的安慰。去交款时恰好马经理在侧，他翻来覆去看了一回，突然说："这是最早的铅印本！"据我所知，英国传教士马礼逊在马六甲铸汉文铅字印刷了《字典》，那据闻是在嘉庆年间，而这是光绪年的。我向他保证这不是最早的铅印本，马经理虽然满腹狐疑，最后还是让我拿走了那书。不过我得承认，我的确是因为这书的铅字很特别、很好看才决定买的。

店里曾经允许我赊账，这是在其他店从来没有过的事。《南金》杂志是由姚君素和傅芸子编辑的，在其中写文章的皆是京津两地的旧文人，很能表现名士的教养和趣味，内容为戏剧、考古、考据、古董、诗词、名人字画及闺秀、优伶和名妓照片等等，三十二开道林纸印，每期刊名由不同的名人题写，共十期，印得很讲究。店里摆的是合订一册的"绿王八壳本"，但是有一回出现一套私人藏本，是民国时装订的，上下两册，棕色胶皮面，模样精致，售价一千六百元。我从架上拿下来放在柜台上看，每一期的品相都很好，准备放回去的时候，马经理说："你先拿着吧，什么时候有钱了再给。"这的确让我很吃惊。

钱单士厘出身名门，是清朝驻英国公使钱恂的夫人，钱恂是北大名教授钱玄同的兄长。单士厘曾将英国的见闻写成一本书，出版于清末，这书于八十年代编入"走向世界丛书"。她是那个年代了不起的女人。民国时她还写了一部《清闺秀艺文志》，记录清代世家女的诗文及事迹。书的趣味在于所记的人都是她认识或耳闻的，比那些靠抄资料编纂的同类书要生动。书稿在她兄弟单不庵主持的杂志上陆续揭载了一部分。预备印成单行本时，单不庵病故了，出书的计划于是搁浅。后来她请人手抄了几部，送给图书馆，以免这些事迹被湮没。

店中有一册《清闺秀艺文志》的续编，是没发表过的单士厘的手稿本，线装一册，纸是特制的绿格稿纸，书口印“清闺秀艺文志稿”，书名由傅增湘亲笔题，末尾有跋，曰：“钱单士厘时年八十四岁”。这书也是赊买的（前后一共就赊过两部书），售价仅三百元。

在店里的一次展销会上，马经理独自坐在桌子后面，桌上有些零本，我在他身边坐下，随手在其中翻看，见到一册三十二开的线装铅排本（不知为什么最不喜欢这种小本），书名忘记了，在封面和里页有很多手迹，明显是钱玄同的，翻到首页，有“疑古”和“钱夏”两方印章。“一百块。”马经理说。我告诉他这是钱玄同的笔迹，他迅速地收进抽屉里。如果是一册木刻本，就会不动声色地付钱买走了吧。

四

马经理退下来不做经理了，过了一年的光景退休了，有意思的时日便也结束了。新任经理是这里的店员中的一位，就是那种既无知又善妒的。当店员时基本黑着脸不理人，有一次试图跟他说话，竟不予理睬。时间不长，在那间我们常进去的屋子门口，竖起一块牌子，上书“闲人免进”。问他能不能进去看看，粗鲁地回答：“那里不能进！”好像终于报了什么仇似的。

其实并不是所有人都不能进，据闻有几位摆摊的书商是可以悄然进去的，而且跟他打得火热。店员们也都怕他的样子，有时看他不在，问相熟的店员可以进去吗？往往回说“那人特意说过不让进”，或说“快点出来，他一会儿就回来”。这样一二次，让店员为难，哪里还能安心看书呢，以后便再也不要求进去了。

店面靠东墙的架上，以及北墙的一部分，原来摆满装订成册的老杂志，不知什么时候撤没了，只剩下几套影印的。柜台里的零本杂志也有限，多数是画册杂书和版本很差的线装书。门口的一块地方专门卖老版连环画的复制品，其他书架上都是二手书。卖外文书的屋子后来也不能进了，屋里的老师傅已退休，那块“闲人免进”的牌子搬到门口，封住了两道门。原本还能常去翻翻外文书，那也十分有趣，曾找到过萧伯纳的初版剧本和限定版彩色帖图的《阿拉丁》，以及老版的《伊利亚随笔》。

我和几位朋友越来越少去店里，有时候打电话问，回答都是："有些日子没去了，去干吗呢。"每年的杂志展销会继续办了几届，然后停办了。展销的品种越来越少，来的人中大部分是书贩，不像以前有那么多闻风赶来的买书者。最末的那次展销，一般的零本杂志卖到一百多元一册，稍好一些的卖到数百元，大多看看就放下了。中午在附近的馆子里几位老友相聚，各出所获，大多是报纸。

之后，大概只有我偶尔还去店里。记得有个傍晚在附近办完事，匆匆来店里看书，在南墙的书架上找到一册初版的《汉园集》，这是郑振铎三十年代在商务编的"文学丛书"中的一种，绿布面的小精装本。此套丛书中最喜欢的就是这一册，是卞之琳、李广田、何其芳诗的合集。其实这本书我已经有了，但眼前的这一册很干净，价钱也合理，决定还是买下它。这是最后一次在这店里的开心一刻。

去年在长沙滞居一年，回京后再次去横二条，发现店门锁住了。看旁边的"中国书店报刊门市部"的白招牌还在，就跟楼里的保安打听，保安告诉说门在楼梯间。在楼梯间的角落里看见一个只能过一人的铁门，试着敲门，开门的果然是认识的店员。寒暄几句后入至店内，几乎不敢相信自己的眼睛，那间宽敞的店没有了，变成大约十平米的局促斗室，挤着几个书架。如果能在架上看到几套熟悉的老杂志，也许还能认出是原来的店，但只有乏味的二手书。听店员说店面去年租出去了，就留下这一小块，店里只剩他和另外一个人。

"那以后买杂志去哪儿呢？"我问。

"网上，我们有网店。"

满怀着怅惘离开，晚上进网店翻看。网店早就有，几页像账本似的目录，每条下标着离谱的价格，没有图片。以为会有变化，翻看之下还是老样子。我进出二十年的横二条书店，就这样跟你告别了吧。藏

浙大藏知不足斋抄本《周此山先生诗集》真伪问题补说

陈东辉

在第一至四批《国家珍贵古籍名录》中，浙江大学图书馆先后有 173 部珍贵典籍入选（均为一、二级古籍），入选数量在全国高校图书馆中仅次于北京大学图书馆而位居第二，十分引人注目。浙大图书馆所收藏的稿本、写本、抄本及名家批校题跋本亦较多，堪称该馆古籍藏书之重要特色，其中包括已列入《第二批国家珍贵古籍名录》的清乾隆间鲍氏知不足斋抄本《周此山先生诗集》四卷（元周权撰，鲍士恭、张煜跋）。抄本《周此山先生诗集》系从《永乐大典》中所存旧本录出，经鲍士恭精心校对而成。

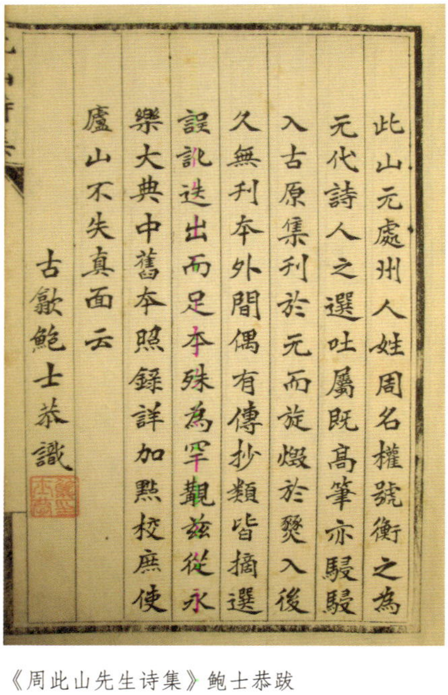
此山元處州人姓周名權號衡之為元代詩人之選吐屬既高筆亦駸駸入古原集刊於元而旋燬於㸐入後久無刊本外間偶有傳抄類皆摘選譌訛迭出而足本殊為罕覯兹從永樂大典中舊本照錄詳加點校庶使廬山不失真面云

古歙鮑士恭識

《周此山先生诗集》鲍士恭跋

是书框高 23.2 厘米，广 15.1 厘米，半叶八行十六字，黑口，单黑鱼尾，四周双边。有“知不足斋抄册”“鲍士恭印”“张煜”等印。书末有鲍士恭跋，云：“此山元处州人，姓周名权，号衡之，为元代诗人之选，吐属既高，笔亦骎骎入古。原集刊于元而旋毁于㸐，入（按：此处疑有脱文，根据上下文判断，似应作‘入明后’）后久无刊本，外间偶有传抄，类皆摘选，误讹迭出，而足本殊为罕觏。兹从《永乐大典》中旧本照录，详加点校，庶使庐山不失真面云。古歙鲍士恭识。”该书字体精妙，开本阔大，纸墨俱佳，堪称精品。浙大图书馆曾仿真影印该书，行款、开本悉依原书。

不过，上海图书馆陈先行先生对该书之真伪提出了质疑，他在《鲍正言抄本〈近光集〉〈扈从诗〉之价值》一文中说：“类似而至今仍被误假为真者，尚有浙江大学图书馆所藏《周此山先生诗集》抄本，卷端钤有‘知不足斋抄册’朱白方印，前四字朱文，后两字白文，其定为鲍抄者，或即据此印。然审视其卷端书影，篆刻、印色皆劣，抄写纸墨亦新，与寻常所见鲍抄迥异。据该馆及《中国古籍善本书目》著录，该本有鲍士恭、张煜题跋，因未见该本全貌，不详所以，然印章既伪，鲍氏题跋亦可知矣。此本已收入国家第二批珍贵古籍名录，应予以纠正。”（周心慧主编：《广韵楼藏书研究论文集》，朝华出版社 2012 年版，第 170 页。）同时，他还在“第七期全国古籍鉴定与保护高级研修班”讲授“稿抄校本鉴定”课程时，专门提及该书，认为该书系伪本。

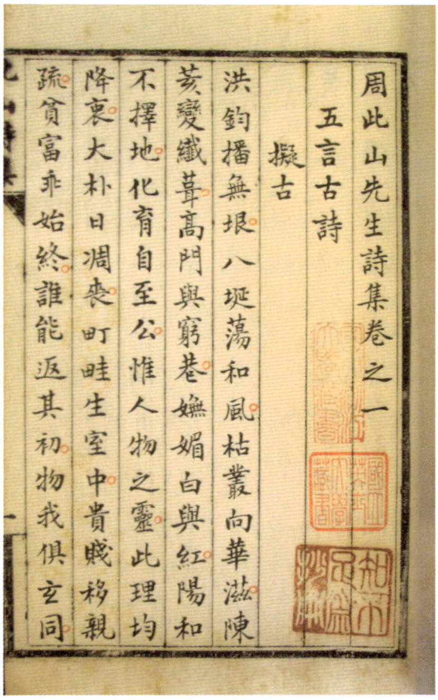
周此山先生詩集卷之一
五言古詩
擬古
洪鈞播無垠八埏蕩和風枯叢向華滋陳
荄變纖茸高門與窮巷嬿媚白與紅陽和
不擇地化育自至公惟人物之靈此理均
降衷大朴日凋喪町畦生室中貴賤移親
疏貧富乖始終誰能返其初物我俱玄同

《周此山先生诗集》卷一

陈先生的判断或主要依据《第二批国家珍贵古籍名录图录》第 8 册第 103 页所收录的该书卷端书影，此实有不妥。因为收入《第二批国家珍贵古籍名录图录》的书影色彩已经失真，原书并非如此。至于印章，该书共计四卷，分为上、下两册，在上册卷一、卷二之首叶和下册卷三、卷四之首叶，均钤有“知不足斋抄册”朱白方印，而卷一首叶之印确实不如其他三卷首叶之印清晰，估计这也是导致陈先生认为篆刻拙劣之重要原因。

笔者反复翻阅原书，并查阅了大量相关资料，对该书进行了认真、仔细的研究，以下略陈己见。该印章之篆刻虽然谈不上精美，但也不能就说它拙劣，可以认为是比较古朴。印色确实不佳，但类似印色在清代藏书印中还是有一些的，我们不能就此得出“印章既伪”之结论。该书原为国立英士大学之藏书，后随国立英士大学于 1949 年并入国立浙江大学而归属我校。除了“知不足斋抄册”之印外，该书上册卷一首叶尚钤有“国立英士大学藏书”朱文方印和“国立浙江大学藏书”朱文长印，该书下册卷三首叶则比上册卷一首叶多了一方“杭州大学图书馆善本书藏印”朱文方印。

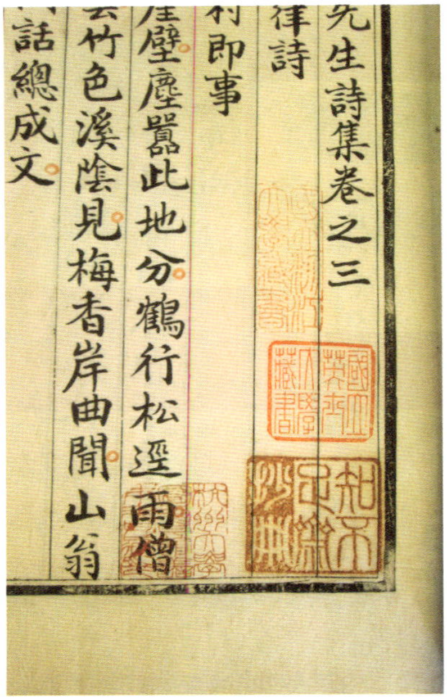

《周此山先生诗集》卷三

浙大图书馆同时还藏有明抄本《周此山诗集》四卷（框高17.1厘米，广13.2厘米，半叶九行十六字，白口，四周单边，有“印溪黄子羽氏藏书记”“琴西”“臣衣言印”等藏印），此抄本亦已列入《第二批国家珍贵古籍名录》（编号：05756）。笔者将馆藏两种抄本进行比对，明抄本还比知不足斋抄本多出几首诗。同时，知不足斋抄本还有疏误之处，如明抄本中的《天竺古桂》一诗，知不足斋抄本作《天竺古》，缺一“桂”字；此外，诗中的“秋光何炜煌”，知不足斋抄本将“炜”字误抄成“煓”字。此外，根据《中国古籍善本书目·集部》记载，列入该书目的四卷本《周此山先生诗集》共计15部，除了我校收藏的明抄本和知不足斋抄本之外，尚有北京图书馆（今国家图书馆）所藏的明刻本、清李氏研录山房抄本、清抄本（清查慎行跋）、清抄本（清黄丕烈校补并跋）、清同治十三年刘履芬抄本（清刘履芬跋，章钰校并跋）、清抄本，上海图书馆所藏的清初抄本（缪荃孙跋）和两部清抄本，南开大学图书馆所藏的清初抄本（清崇恩校），南京图书馆所藏的清抄本，首都图书馆所藏的清抄本，北京市文物局所藏的清乾隆抄本，另有南京图书馆所藏的清抄本《此山先生诗集》十卷《题咏》一卷。其中的明刻本《周此山先生诗集》，根据《北京图书馆古籍善本书目》记载，此刻本共计两册，系半叶十行十六字，黑口，四周双边。由此可见，鲍士恭之跋中所说的“原集刊于元而旋毁于燹，入后久无刊本，外间偶有传抄，类皆摘选，误讹迭出，而足本殊为罕觏”，恐与事实不符。

我的基本观点是，该书确有可疑之处，然而仅凭“知不足斋抄册”之印就判定该书乃伪本，似乎有些草率，难以完全令人信服。大家可以对该书之真伪存疑，但需要具备充分、有力的证据。笔者盼望有更多的学者（尤其是对知不足斋抄本富有研究之专家）来关注这一问题，通过反复、细致的比对和考究，最终得出正确的鉴定结论。藏

再谈“本衙藏版”

——从台北“国家图书馆”藏《刻袁中郎先生十集》谈起

郭明芳

版本学上所称“本衙藏版”者，长久以来或认为是官刊本。而一般版本学概论书籍亦甚少谈及，盖非经验丰富不能为也。以笔者所见仅骆伟《简明古籍整理与版本学》（澳门图书馆暨信息管理协会2004年版）第五章《古籍版本鉴定方法》第四节《关于藏版问题》约以数行略谈及此问题。前人或通过整理相关例证，如郑炳纯《古书封面的演变与“本衙藏板”问题》（《社会科学战线》1987年2期）；或经自身实践经验归纳，如沈津《说“本衙藏版”》（淡江大学中文系主编:《昌彼得教授八秩晋五论文集》，台湾学生书局2005年版），推论“本衙藏版”中的“本衙”并非绝对是指“官衙”，绝大部分是私人或书坊所刊印，尤其是像小说、戏曲之类图书为然。

以上诸篇，笔者一直以为探讨“本衙藏版”的重要参考资料。倘若遇到书物上实证，加以找出核对，有则附记，无则条列于后。今笔者于台北“国家图书馆”发现一部明末刻本《刻袁中郎先生十集》或可说明“本衙”者，为书坊自称之实证。

《刻袁中郎先生十集》，袁弘道撰，绣水周应麐校。“国家图书馆特藏组”编《“国家图书馆”善本书志初稿·丛书部》著录，版心下左侧有“绣水周氏家藏”字。又扉页左作“四宜堂藏版”，右侧书名下有红色印记一行：

> 本衙汇集是编。□（疑作“殚”）竭心力。不惜重赀。校刻甚精。近有□（疑作“翻”）刻者。其工虽竟。业已□校。倘有仍前翻刻。千□（疑作“里”）必□（疑作“究”）。□惩治不贷。

按，此为版权申告牌记。其中上文戳记中有漫漶不清或无法辨识部分。从此戳记也可看出以下两点。

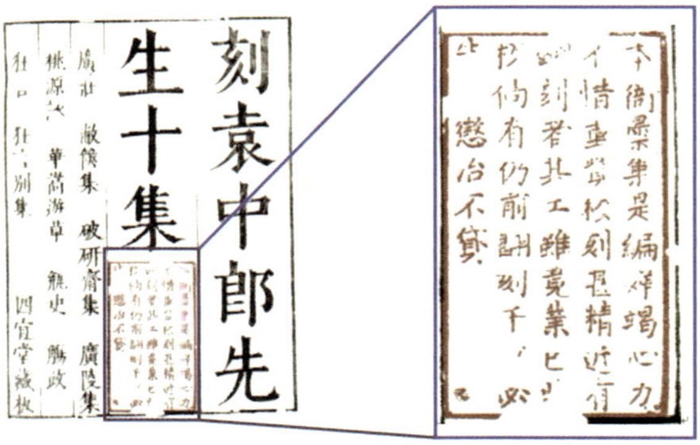

《刻袁中郎先生十集》内封

其一，此版版本断定时间应在万历间(《“国家图书馆”善本书志初稿》作“明末”)，盖其红色戳记中“校”字不讳。天启帝名朱由校，应避“校”字，一般多改为“扌”旁的“挍”字。因此，是书应在天启以前万历间印刷，应该不可能为天启以后沿用之旧戳记。

又查瞿冕良《中国古籍版刻辞典（增订版）》（苏州大学出版社2009年版）有“周应麟［麐］”条，作“明江西泰和人，字九真，万历十四年进士，任丹阳县令。刻印过袁宏道《袁中郎先生十集》16卷。”

综合以上，笔者推想是本或于万历间（1573—1619）已梓行。

其二，此本既有“周氏家藏”“四宜堂藏版”“本衙”等字句，应作如何解释？笔者认为，绣水周氏可能委托“四宜堂”刊印其校勘之《袁中郎集》，是文人与书坊合作之一例。因此，是书书版存“四宜堂”，除周氏可取用外，“四宜堂”亦可刷印贩卖。故是本另行戳印版权宣告，可以视作书坊发售之本，以有别周氏家藏本。沈津在《说“本衙藏版”》一文中，引及林挺秀、林挺俊撰《春秋单合析义》一书，后云：“我们也不能排斥私家刻印书籍，持赠送亲朋好友外，也会有贩卖之举。”或可为此例之说明。

因此，戳记中言“本衙”如何如何，可以知道是“四宜堂”自称。故此为书坊称“本衙”之证也。藏

一瓻之借鉴高风

关永礼

古代雕版印刷未发明之前，书多赖抄本传世，书主人矜惜珍秘，不肯轻易借人。学人之间往往相互借阅、传抄，以投桃报李的仁心、礼尚往来的观念，形成一种“一瓻之借”的不成文的习俗。瓻，陶制的容器。“一瓻之借”就是借书之后还书时以一瓻之酒作为酬谢。此实属文人雅意。

这种做法，宋人多有记载。张世南《游宦纪闻》：“前辈谓借书还书，皆以一瓻。”邵博《邵氏见闻后录》：“俗语借与人书为一痴，还书与人为一痴。予每疑此语近薄，借书还书，理也，何痴云？后见王乐道《与钱穆四书》《出师颂书》，函中最妙绝，古语：借书一瓻，还书一瓻，欲以酒二尊往，知却例外物不敢。因检《说文》，瓻，抽迟反，亦音绨。注云：酒器。古以借书，盖俗误以为痴也。”薛季宣《从孙元式假定本韩文》诗：“校雠歆向君无愧，聊以新诗当一瓻。”

“瓻”又有讹为“痴”，衍成“借书与人一痴，借得复还为一痴”。唐人段成式《庐陵官下记》云：“今人云：借书还书，等为二痴。”李匡文《资暇集》记云：“借书籍，俗曰：‘借一痴，借之二痴，索三痴，还四痴。’”清人梁绍壬《两般秋雨庵随笔·借书》记此：“‘借人书一痴，还人书一痴。’见杜征南与儿书。后人作借书一瓻……但痴之易瓻，不知起于何时。余意古人于书，矜重之至，不肯轻易假人，而阴谋者乃设贿赂以饵之。藏书人或因良醖可恋，偶尔破悭，未可知也。”

一瓻之借，流风所及，不绝如缕。近代学者重视图书为公器，持“书贵通假”的藏书理念，而不矜为枕秘之私，他们之间一瓻往来的借书、还书雅事，其襟怀与雅量，足可让后学多识前言往行以蓄其德，希风往哲，景行仰止。兹举三例：

胡适：罕觏之书饷同好

1927年，胡适先生购得残存16回手抄《脂砚斋重评石头记》，附有大量脂评。因书中在第一回“满纸荒唐言”诗后有“至脂砚斋甲戌抄阅再评，仍用《石头记》”之语，故称甲戌本。乾隆甲戌，为公元1754年。书首之“凡例”为传世他本所无；“凡例”之后，有七律一首：“浮生着甚苦奔忙？盛席华筵终散场。悲喜千般同幻渺，古今一梦尽荒唐。漫言红袖啼痕重，更有情痴抱恨长。字字看来皆是血，十年辛苦不寻常。”此诗也为甲戌本所独出。

甲戌本最初藏者为刘铨福，分别于同治二年（1863）、七年（1868）作题跋。刘铨福，字子重，别号白云吟客，大兴（今属北京）人。生于嘉庆末，卒于光绪中叶。多藏书籍文物，能诗画，官至刑部郎中。其父刘位坦（1802—1861），字宽夫，号后园。以御史出守湖南辰州府知府，藏书嗜古，擅画花卉。因得到汉代河间献王刘德君子馆砖，遂名其室“君子馆砖馆”，又名“砖祖斋”。居京城宣南后孙公园，其地为明末清初人孙承泽（著有《天府广记》《春明梦馀录》）的退谷旧园遗址，刘氏自题门帖云：“君子馆砖馆，孙公园后园。”叶昌炽《藏书纪事诗》称其：“河间君子馆砖馆，厂肆孙公园后园。月老新书紫云韵，长歌聊为续梅村。”

关于甲戌本的流传说法不一：一种说法此书为刘铨福的侧室马寿薆的陪嫁品；一种说法此书是刘位坦得之于京城的打鼓担中；一种说法是脂砚斋将此书赠送或卖给了刘位坦，后传至其子刘铨福。至于脂砚斋，他在《红楼梦》早期抄本中写下大量批语，但其人到底是谁，至今红学界尚难定论。

甲戌本《石头记》递传至胡适亦有一段故事。20世纪20年代初，胡适因研究古典小说，特别是开创了新红学，声名更盛。一个叫胡星垣的藏书人1927年5月22日主动致信胡适：“兹启者，敝处有旧藏原抄《脂砚斋批红楼》，惟只存十六回，计四大本。因闻先生最喜《红楼梦》，为此函询，如合尊意，祈示知，当将原书送阅。手此。即请适之先生道安。”后来，胡适回忆：“我以为‘重评’的《石头记》大概是没有价值的，所以当时竟没有回信。”当时，原在北京任教的胡适、闻一多等人因大学长期欠薪，只得弃教赴上海谋生，经徐志摩介绍，与邵洵美结识。胡适的父亲胡铁花曾是邵洵美的祖父邵友濂的部属，跟随邵氏赴台湾做过官，因此两家算得上是世交。徐志摩看到1923年在北京成立的新月社成员此时多人汇聚沪滨，因此提议开办新月书店。

1927年春，徐志摩、邵洵美、梁实秋、闻一多、潘光旦、余上沅、饶孟侃等友人在上海办起了新月书店，择日开张前，在报纸上刊登开办新月书店的新闻和广告。胡星垣闻讯，循址将《脂砚斋重评石头记》送到新开张的新月书店，郑重请托书店里的人把书交给胡适先生过目。这种做法，颇有卞和献璧的劲头，一而继之以再，非要懂行识货的专家胡适认可不可。胡适寓目后，大为惊异，大呼险与此书失之交臂，深信此书是海内最古的《石头记》抄本，是一部最接近原稿的本子，决心购下此书。胡星垣开价 500 大洋，阮囊羞涩的胡适只得向邵洵美借款，有幸购得此书。经认真研读，他对曹雪芹的卒年、脂砚斋其人、以南巡旧事敷写元春省亲的场面、删去秦可卿淫丧天香楼一段文字、《红楼梦》后半部的情节、脂本的文字等均有新的发现，大量脂砚斋评注为他本所无，认定脂本的文字胜于其他各本。翌年二月，胡适撰成《考证〈红楼梦〉的新材料》，介绍了此书不同寻常的价值。1961 年，胡适又写了《跋乾隆甲戌脂砚斋重评石头记影印本》，指出："这个脂砚甲戌本的重要性就是：在此本发现之前，我们还不知道《红楼梦》的原本是个什么样子；自此本发现之后，我们方才有个认识《红楼梦》'原本'的标准，方才知道怎样寻访那种本子。"

甲戌本《石头记》打破了 120 回程本独行天下的局面，为学者研红提供了一个新的参照系。《红楼梦》的研究水平发生了飞跃，红学研究进入一个新的历史阶段。

胡适幸得甲戌本《石头记》后，并未深藏严扃，秘不示人，而是以学者的胸怀，秉承古代藏书家藏以致用的优良传统，逢人欣说，遍告友人。如 8 月 12 日，他即致信奉告钱玄同。他又将此书交程万孚加以誊校，并请俞平伯撰写跋语，还一度借阅给浦江清，供他们研究与欣赏。最令人感动的是胡适对素未谋面的周汝昌的无私之助。

1947 年，周汝昌考入燕京大学，开始正式研究"红学"。通过赵万里、孙楷第诸先生的关系，他与胡适有了书信往还，讨论"红学"。当他提出借阅甲戌本《石头记》为底本做版本校勘时，胡适先生慨然允诺。据周汝昌在《〈石头记鉴真〉后记》中追忆："我冒昧地向他提出要借阅《甲戌本》，他竟然应允了，在毫不了解我的情况下，让我把书拿去运用，未尝表示任何犹豫疑虑或惦记追询。我那时是一个学生，把一部珍贵异常的乾隆旧抄本和一部那时已经难得的大字《戚本》放心地交付与我，是很不寻常的做法，他对一个陌生的青年的信任，是应当提起的。"借到书后，周汝昌与其兄周祜昌利用 1948 年整个暑假，录出了一个副本。事后，周汝昌告知胡适先生，为保护原本，在未征得胡适先生同意的情况下录了副本，如不同意这种做法，当将原本、副本一并璧还。对此，胡适复函，并未责怪，表示副本归周汝昌所有，并允为之作一题记。

甲戌本《石头记》在周汝昌手中5个月，奉还胡适后不久，1948年12月16日，北平被解放军围城，蒋介石派专机来接，胡适匆匆南飞，逃离北平。胡适选择了将这部甲戌本带走，作为对一二万册书的纪念，他说："这是我的宝贝，我带了这部出来。"可见他对此书的珍爱。胡适迁居美国后，甲戌本《石头记》藏于康奈尔大学。1962年胡适逝世于台湾，书由其长子胡祖望带去美国，寄存于哥伦比亚大学善本书库。胡祖望病逝后，其夫人有意将此书出让。据韦力、拓晓堂《古书之媒：感知拍卖二十年摭谈》一书记述，嘉德拍卖有限公司古籍善本部总经理拓晓堂曾赴美与胡祖望的夫人接触，希望购买胡适先生的旧藏。胡夫人先后与中国国家图书馆、北京大学接触无果。2004年，上海博物馆获知甲戌本《石头记》流落美国的消息后，紧追不舍，以80万美元购藏。

谭其骧：原书奉璧念师恩

徐霞客（1587—1641）是明代杰出的旅行家、地理学家、文学家。他癖爱山水，一生"驰骛数万里，踯躅三十年"，问奇于名山大川，足迹遍及大半个中国，有"游圣"之称。在旅游考察过程中，他蹇裳涉水，攀高跻险，以日记体裁据景直书，记录下亲历的所见所闻与心得体会，后人为之结集成《徐霞客游记》。该书在地貌、水文、生物以及人文地理学等许多学科方面均有卓越贡献，特别是对我国西南广大地区石灰岩地貌的考察与研究，早于欧洲同类考察分析一二百年。游记文采飞扬，引人入胜，极具文学价值，明末清初学者钱谦益推誉为："徐霞客千古奇人，《游记》乃千古奇书。"

明崇祯十三年（1640），徐霞客从云南返家后，积劳成疾，卧病不起，所写游记生前未及整理成定本。临终前，他嘱托家中塾师季梦良（字会明）代为整理成书，季梦良逊谢不敏，后把原稿转托徐氏友人王忠纫。王忠纫对原稿"一一手校，略加叙次"，不久赴闽任职，遂将原稿奉还徐霞客的长子徐屺。徐屺又将原稿交季梦良整理。季梦良发现王忠纫核校的原稿仍有残缺，于是，遍搜遗帙，补王忠纫之所未补，并按徐氏游历之地"因地分集，录成一编"，初次编定后，又重抄一遍，形成《徐霞客游记》的第一个抄本，时在崇祯十五年（1642）。此季抄本经多人重录而湮没不彰。1644年，明清鼎革，徐霞客的家乡江阴迭遭兵燹，季抄本罹遭厄运散失，原稿燔荡煨尽。后虽经季梦良再次整理，但其中的《滇游日记》首册缺失，再无完帙。《徐霞客游记》可考的抄本达二三十种，除季抄本之外，还有徐建极抄本、李寄（介立）抄本较有名。刊本最早出现于乾隆四十一年（1776），由徐霞客族孙徐镇雕版椠刊，距徐霞客去世已135年。1928年，丁文江整理、标点、编辑的《徐霞客游记》由商务印书馆出版，附有徐霞客旅行路线图36幅，并编入徐氏宗祠丛刻《晴山堂帖》和丁氏所撰《徐霞客先生年谱》。

1976年，上海人民出版社计划重新出版《徐霞客游记》，由褚绍唐、吴应寿两位先生整理。复旦大学谭其骧先生得知此事，主动提供自己珍藏的徐建极抄本，使隐身300多年的季抄本再现人间，从中也为另一个季抄本提供了线索，从而使《徐霞客游记》的整理工作发生了历史性的转折。1980年，褚、吴两位先生整理的《徐霞客游记》由上海古籍出版社出版。谭其骧珍藏的徐建极抄本实得之于恩师邓之诚。

邓之诚（1887—1960），字文如，原籍江苏江宁。早年参加辛亥革命和反对袁世凯帝制的护国运动，后脱离政界，入大学执教。先后在北京大学、燕京大学等高校任史学系教授。博闻强记，治学严谨，教授著述，辑佚印书。于书无所不窥，对善本、孤本、稿本或传抄本精于审核鉴定，搜集明清诗文集达700余种，北京琉璃厂书估得近现代秘本文献辄登门出售。据《邓之诚文史札记》，1949年5月24日，琉璃厂效贤阁书估裴效先致送一批书上门，其中有《徐霞客游记》季抄本6册："《游纪》为霞客孙建极手录。季会明所编为《游记》第一本，存第六册《黔纪》，第八册，第九册上、下，第十册上、下，皆《滇纪》。所缺第七册当即《滇纪》第一篇，为弘光乙酉遭兵燹者，自李寄以次皆未见及，是祖本，亦孤本也，为之喜极。"5月27日，付款7000元得之。欣喜之余，邓之诚在此书上题跋："一至五册昔在刘翰怡家，若得合并，信天壤间第一珍本也。"后将6册《徐霞客游记》交给谭其骧使用。

谭其骧，燕京大学研究生毕业，对历史地理学研究有素，谭氏曾协助顾颉刚编辑《禹贡》半月刊。邓之诚对他十分器重，师生交谊情深，曾撰联相赠："释地正堪师两顾，怀才端欲赋三都。""两顾"，指明末清初学者顾炎武和地理学家顾祖禹。顾炎武著有《天下郡国利病书》《肇域志》，顾祖禹著有《读史方舆纪要》，均为地理学名著。"三都"，指西晋文学家左思所作《三都赋》，传诵当时，一时洛阳纸贵。此联足见邓先生对爱徒期望之殷。1976年，谭其骧把这6册徐建极抄本《徐霞客游记》无私襄助给褚绍唐、吴应寿整理《徐霞客游记》。

经考证，徐建极是徐霞客之孙，徐屺之子，其抄本抄于康熙元年（1662），起自崇祯十一年三月二十七日，迄于崇祯十二年九月十四日，包括《黔游日记》和《滇游日记》，应是从季抄本抄出。根据邓之诚在此书上的题跋，在北京图书馆、文物出版社和张政烺先生的协助下，从北京图书馆找到了嘉业堂刘承幹（号翰怡）出让的季抄本第二次整理本残存的一至五册，题名作《徐霞客西游记》，所收日记起自崇祯九年九月十九日，迄于崇祯十一年三月二十七日，即徐霞客西南游程中浙游、江右游、楚游和粤西游部分。徐建极抄本与季抄本互相衔接，略有重复。两部珍贵抄本的发现，对整理《徐霞客游记》贡献极大。于是，以季抄本为底本（名山游记部分以乾隆刻本为底本），与上海图书馆藏陈泓抄本、华东师大图书馆藏杨名宁抄本和丁文江等多种版本互校，整理成书，共存日记1050天（旧通行本仅存892天），比旧本多出14万字，是迄今为止《徐霞客游记》最完美、最接近原貌的版本。

1981年5月19日，谭其骧将徐建极抄本6册璧还给恩师邓之诚之子邓珂，一位友人劝他留下这部珍籍，谭其骧不为所动，他说："这是老师送给我的，是供我使用的。现在新版已出，我不必再用这套抄本了，应该物归原主。如果真能由北京图书馆配全，不是更好吗？"

谢国桢：借还之书成新帙

顾祖禹（1631—1692），江苏无锡人，出身地理世家。其父顾柔谦尤擅舆地之学，生当明清代兴之际，因明亡国变，怀志未遂，移家隐居常熟，不仕新朝，总结明祚倾覆，归咎于《大明一统志》多有疏漏，殷切期盼子承父志，撰作地志新书以淑世。顾祖禹幼承庭训，弓裘克绍，以终身布衣，任塾乡里，从顺治十六年（1659）二十九岁开始，进行撰作，穷困清苦而不潦倒，家人寒饥面有孺子之色，坚意著述，于其父去世第二年，即康熙五年（1666）撰成七十二卷本《二十一史方舆纪要》，并得无锡县令吴兴祚、任塾的东家华长发资助，刻印了其中的五卷《州域形势说》，始于虞舜十二州，迄于元末群雄割据而无明代部分，因当时《明史》尚未成书。康熙二十六年（1687），徐乾学奉诏纂修《大清一统志》，徐氏力请顾祖禹入局修书，顾祖禹得以饱览徐氏传是楼藏书，又与志局中诸位学者日夕研讨，共览内府所藏天下舆地图籍与四方藏书，眼界洞开，遂将原书扩展为一百三十卷，取名《读史方舆纪要》。

由于篇帙浩繁，顾祖禹生前无力椠刻，传世稿本、抄本、刻本达二十余种，至嘉庆十六年（1811），始有敷文阁一百三十卷本锓椠行世。

1925年，顾祖禹《读史方舆纪要》的原稿本惊现人间，由实业家、藏书家叶景葵在杭州书商手中购得，经修整并请专家鉴定，确为顾氏生前手定的原稿本。叶景葵与钱穆、顾颉刚、顾廷龙等学者协商，决定将原稿本誊清校勘后再印行。后因抗日战争爆发，此事中辍，叶景葵将原稿本捐献给合众图书馆，后入藏上海图书馆，延至1992年影印出版。由于顾祖禹生前对《读史方舆纪要》一书屡加修订芟正，传世刻本所据底本并非顾氏最终稿本，为避文字狱，书中违碍之处多遭删削，其间有较大差异，因此影印本价值颇高。2005年，中华书局出版的《读史方舆纪要》，整理点校者施和金继贺次君之后接手工作，所用底本除清代善本宋荦纬萧草堂抄本、邹代过校本和敷文阁本外，顾氏原稿本是重要参校本之一。

一般以为，顾氏生前仅有康熙五年（1666）《州域形势说》五卷刻本，其实不然。明清史专家谢国桢先生就藏有一部康熙十二年（1673）《州域形势说》五卷刻本。此刻本流传绝罕，与清初“通海”大案有关。清初，江南地区抗清复明运动风起云涌，顺治十六年（1659），郑成功率兵攻入长江，兵临南京城下，江南州县纷纷响应。后顿兵坚城的郑成功误中诡计，兵败后退据闽南，不久移据台湾、澎湖，奉南明正朔，抗清之志不移，屡次兴兵，武装斗争及于闽、广、浙、苏等省。因郑军军事行动多在海上，被清廷称为“海寇”。顺治十八年（1661），清廷发布“迁界令”，命令从山东到广东的沿海居民内迁三十里，商民船只不许出海，以断绝郑军的内应。清廷把与郑军潜通勾结者称为“通海”，肆行搜捕，广泛株连，处以重刑。在《江浙访书记》中，邃于目录版本之学的谢国桢先生记录了康熙十二年（1673）《州域形势说》五卷本传世绝少的原因：当时江浙总督李卫借“通海案”余威，大兴文字狱，取媚清廷。有一个叫刘著的人得到顾氏此书，深相爱慕，昼夜研读。雍正年间，刘著携书到南京，住在程廷祚家中。一个叫顾爆的狂躁之士是程氏仇家，告密于李卫与总制范时绎，诬陷程氏收藏禁书。经审查，书中无悖逆之语，置而不问。顾爆又上告到朝廷，雍正帝因察顾爆素非善类，也不允其请。涉讼数年，判定非禁书，刘著才得释放。程廷祚详记其事，见《清溪文集续编》卷三《纪〈方舆纪要〉始末》。吴敬梓《儒林外史》第三十五回所写卢信侯收藏禁书涉讼，即影射此事。因此，这个刻本因怵于文字狱，刻后不久即隐匿不传。

解放后，谢国桢先生与向达先生同游北京琉璃厂书肆，发现中国书店架上有久佚罕传的此书两部，二人各买一部。1976年冬，顾廷龙先生从上海到北京，去谢家时见到谢国桢这部藏书，借走带回上海，与上海图书馆藏顾祖禹原稿本互相参考。谢国桢先生记云：“一九七八年冬我去上海，在图书馆阅书，顾先生就把这书还给我了。这本书本来是已经霉损破烂不堪，还我的时候，经顾先生请人修补装订，已焕然一新，成了一部新书了。至友的感情，可不宝诸！”藏

《宋本〈周易〉考辨记》补说

宫晓卫

在家收拾旧物，不意发现了一小捆信札。这是20世纪80年代末到90年代初的部分来信，原是放在办公室里的，大约是办公室搬家，就打了个小捆塞在了纸袋里，居然从此沉睡箱底二十几年。信札中有恩师施蛰存先生的一封，显然是当年华东师范大学出版社编辑出版施先生《文集》向我征集先生信函我所遗漏的。其中还意外地找到了王进珊和王绍曾先生各一信。记忆里我同王进珊先生曾有多次书信往还，但存留的书信中王先生的信竟然一封也找不到了，甚以为憾。这封信的出现，有了与先生交往的实物纪念，心中着实有些惊喜。

两位王先生的来信都与《周易》版本有关，重新读后，却突然意识到发表在《藏书家》第19辑上的拙作《“宋本〈周易〉”考辨记》（下称“考辨记”）细节上尚有不准确处，从尊重史实，同时表达对前辈学者的敬意考虑，在此都有必要借两位先生的信对“考辨记”加以补说。

补说一：“考辨记”中说“记得大约是1988年前后，王先生和夫人来济开会，住舜耕山庄，电话约我，说带了一套书给我看看”。见信知非电话约，而是先生到济后写信约我的，确切时间为1987年12月6日。先生所带除了“宋淳熙版《周易》”，还有一部《古蒙庄子》，对于后一种，我已全无印象，想必是对前一种的印记太深而冲淡了的缘故。

补说二：“考辨记”中我只记得向王绍曾先生请教，而疏漏了王先生曾为之详加考证并亲笔长信分析考订这一重要环节，是自己不可原谅的记忆之误。为弥补过失、尊重先生计，谨将王先生的信全文引录如下：

晓卫同志：

前天辱承见访，至感欣慰。承

示王进珊先生所藏《周易本义》，经查晚清至民国间各大藏书家书目，尚未发现在宋咸淳元年吴革刻本外，另有一个吴革刻本，或翻刻的吴刻本。“恒”字缺笔在宋刊本中一般都是避钦宗赵桓讳，咸淳以后，因宋势已衰，帝位甚暂，虽有避讳之例，在版本中已不多见。此本既系咸淳吴革刻本，而又避“恒”字，殊不可解。因此，我怀疑此本为后代覆宋刻本，或影宋刻本。明代曾经有过覆宋本，清代康熙间内府刻本，即为影宋咸淳吴革刻本。咸淳本为六行十五字，小字双行同，白口，左右双边。清内府刻本（亦称武英殿本）字体、行数、字数、白口，与宋本一模一样，但据查北京图书馆新编善本书目，清内府影刻咸淳吴革本系四周单边。前天我见到的似乎也是左右双边。如果确系左右双边，那就不是内府影刻本。如果是四周单边，十之八九是清内府影刻本。书贾将武英殿刻书牌记割去，纸染以颜色，变得古色古香，可以冒充宋本。这种例子很多，黎世昌影刻的《古逸丛书》，书贾经过加工，曾经欺骗过不少人，即著名的藏书家也曾受其欺骗。为了得到正确鉴定，请您将此书拍照两页：经上第一页，加上经上“恒”字缺笔的一页冲洗后寄来，以便转寄北图善本部冀淑英先生过目。冀先生是国内版本权威，《中国古籍善本书目》副总编，所见者广，而且精于鉴别。你们那里如果有人去北京，也可以由我介绍直接请冀先生鉴定。据我初步判断，十之八九是影刻本 ，原书的扉页和牌记已被书贾割去，因此可以以假乱真。到底对不对，有待于进一步证明。专此敬请

撰安

王绍曾顿首

1991.7.8

从王先生的信，让我再次看到了前辈学者严谨治学的真实记录。在我到先生府上拜访后，虽然先生当时没有给予确切的答复，但他并没有将一年轻人求教之事简单放下，而是又遍查相关书目，认真分析考订，并将得出的言之有据的基本判断书信告知我。信中分析了“清代康熙间内府刻本，即为影宋咸淳刻本”的情况，明确提出了对我所带书“十之八九是影刻本”的判断，而且在认为应特别注意处又专门加上重点符号以提醒。这与我最终从张政烺先生处确定的结果是一致的。先生严谨认真的学术态度，能不令人肃然起敬！在敬重先生之余，心里又自然洋溢出满满的感动之情。当年的我不过是三十出头的后生小

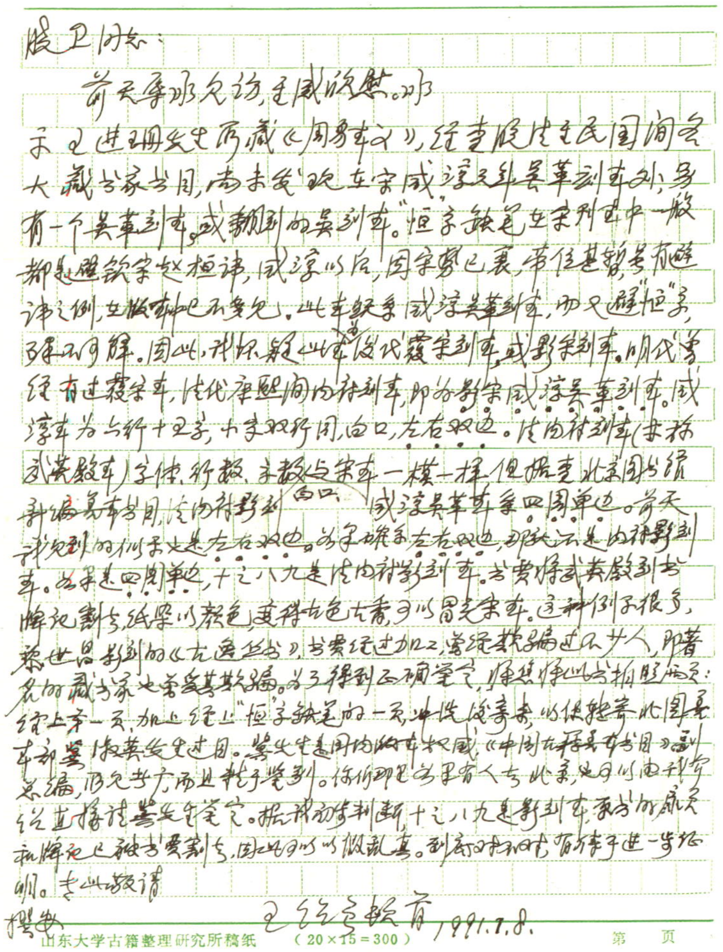

殷卫同志：

前天辱承见访，至感欣慰。承示王进珊先生所藏《周易本义》，经查殷先生民国间各大藏书家书目，尚未发现在宋咸淳吴革刻本外，另有一个吴革刻本或翻刻的吴刻本。"恒"字缺笔在宋刊本中一般都是避钦宗赵桓讳，咸淳以后，国家势已衰，常任甚暂，无有避讳之例，在版本中也不多见。此本既系咸淳吴革刻本，而又避"恒"字，殊不可解。因此，我怀疑此本是后代覆宋刻本或影宋刻本。明代曾经有过覆宋本，清代康熙间内府刻本，即为影宋咸淳吴革刻本。咸淳本为六行十五字，小字双行同，白口，左右双边。清内府刻本（亦称武英殿本）字体、行款、字数与宋本一模一样，但据查北京图书馆新编善本书目，清内府影刻（白口）咸淳吴革本系四周单边。前天我见到的似乎也是左右双边。如果确系左右双边，那就不是内府影刻本。如果是四周单边，十之八九是清内府影刻本。书贾将武英殿刻书牌记删去，纸墨以茶色染得古色古香，可以冒充宋本。这种例子很多，黎世昌影刻的《古逸丛书》，书贾经过加工，曾经欺骗过不少人，即著名的藏书家也曾受其欺骗。为了得到正确鉴定，我建议你们将此书拍照两页：卷上第一页，加上经上"恒"字缺笔的一页，冲洗後寄来，以便能寄北图善本部冀淑英先生过目。冀先生是国内版本权威，《中国古籍善本书目》副总编，所见甚广，而且精于鉴别。你们那里如有人去北京，也可以由我写信直接请冀先生鉴定。据我的判断，十之八九是影刻本，系书的牌记已被书贾割去，因此可以假乱真。到底如何，有待于进一步证明。专此敬请

撰安

王绍曾敬覆 1991.7.8.

山东大学古籍整理研究所稿纸 （20×15＝300） 第 页

子而已，贸然造访王绍曾先生这样的著名学者、版本学大家，先生不以为忤，反倒是如此认真对待，亲笔书信以谆谆教我。其谦以待人、严谨治学的大家风范，奕奕跃然纸上。后学不能望其项背，唯有景仰和加倍学习，或可报谢王先生之万一。

谨以此文，再向王绍曾先生叩谢。

2016年6月20日。藏

沈燮元先生印象记

周录祥

求学的路上，先后有四位老先生给予我很多启发、帮助，都是20世纪20年代出生：扬州大学祁龙威教授、南京大学卞孝萱教授、先师南通师范学校王亦群先生，另一个就是南京图书馆研究馆员沈燮元先生。

沈先生是我的老朋友，这个说法虽不太恭敬，不过他老人家确实没有一点架子，是许多年轻人的忘年交；他也确实够老了，已八十多岁，是南京图书馆的古籍版本鉴定专家。

2002年，我初到南京读研究生，天天在清凉山的南图古籍部看书，一天遇到有几个俗字或是草书不认识，见老人家满腹经纶的样子，以为是哪个学校的老先生，就厚着脸皮去请教，他用苏南口音浓重的普通话给我详细解答。后来经常在那边看到他，便疑心老先生是南京图书馆的人。刚考上研究生时，王亦群先生曾跟我讲，如果去龙蟠里的南京图书馆看书，可帮他打听一个人——他在无锡国专读书时的老学长，说这位学长本来是跟周贻白先生学戏曲的，因为家里富有藏书，转而对版本很感兴趣，后来毕业后就进了南图，成了版本学权威。王亦群还给我写了名字、地址。后来，我向一位在南图工作的小姑娘打听，她说："老沈今天没来。"第二天再去，小姑娘就叫："老沈！老沈！有人找！"一会儿一位老人从楼上走下来，我一看，这不就是我时常请教的老先生吗？原来就是沈先生啊。真是有缘，心里非常高兴。

从年龄上讲，沈先生可以做馆里许多小姑娘的爷爷了，但他非常随和，所以大家都直呼"老沈"。沈先生其实早就退休了，但作为专家，又一直在南图上班，每天一个人，独来独往，很是潇洒。我一直特别羡慕他，读书时亲炙周贻白、王佩诤、冯振心等大师，工作后能追随顾起潜先生等专家，供职著名藏书机构，每日与善本为伴，又在专业大成、精力尚好的时候，参编《中国古籍善本书目》，真是幸福啊！

与沈先生渐渐熟了。他读书空闲，常常会下来找我们聊聊天，我有什么问题，也都近水楼台，首先向他请教。有一年冬天，我好几天不见沈先生，就问徐家楷（南图古籍部的工作人员）。徐家楷皱皱眉头说："他在家（沈先生基本每一两周就回一趟苏州的家）洗澡还是怎么的，把腿摔骨折了。"我忙问："情况怎么样，严重吗？"他说："我去看了，估计好不了了，八十几了。"当时我心里猛然往下一沉，眼泪差点掉下来，仿佛真是见不到了似的。不过第二年初夏的时候，我又一次在南图见到了沈先生，当时那个高兴啊！

2003年，我写了一篇评论上海古籍出版社某个诗文集整理的文章，先请沈先生帮我审读。他说，整理者他倒是很熟，不过这次整理真的搞得不太好，支持我发表。文章果然发表了，这可是我第一篇带点学术的论文呢。2004年起，我开始整理《天放楼诗文集》，因为作者金松岑是苏州人，老人特别熟悉，也常常跟我讲一些轶事，介绍我去找谁谁谁（如苏大吴企明教授、吴江区徐宏慧女士等），所以我非常感激。书出版后，拖了很久，一直没拿到手，他见我一次就讲一次，要我送一本给他，甚至还专门打过两次电话催，我有点哭笑不得。谁都可以不送，怎么能忘记不送给您呢？所以后来书一拿到手，我就送恭恭敬敬地写了"沈先生教正"几个字，托师弟李军送了一套给他。李军也是苏州人，跟沈先生最为忘年交，他们说话都用苏州话的，我听得半懂不懂，现在苏州博物馆，功力扎实而文笔勤快，将来必成大器。

不在南图看书时，也常常会遇到沈先生，是在书店，有时是在万象、先锋，更多时在打三折的学术书店，如南大附近的复兴书店、南师附近的乐甸书店。碰到沈先生，总是聊好久，总想向他学点买书的经验。只见他一会看看这本，说"编得不好"，一会看看那本，说一句国骂，"这么贵！"我在旁听了，暗暗发笑。说起书价飞升，沈先生连连摇头。又说，五十年代时，明刻书还很便宜，当时买了一些，后来嫌刻得不好，就出手转给别人了。"早知道现在这么贵，我就留一些了！"说完狡黠一笑，似乎不无后悔。我后来了解到，沈先生虽然一生从事古籍工作，但从未购买一本古籍，正是为了避嫌，物欲横流的社会里，他始终坚持着一个古籍工作者的职业操守。

沈先生一直在做黄丕烈集子的整理，前前后后拖了十几年，老人家也不会用电脑，就用信纸，竖写，工工整整地抄着，不紧不慢的样子，似乎浑然不觉自己已经八十好几。记得2007年左右，有个深圳的收藏者，花重金买了本清钞本——高似孙的《砚笺》，后面有陈鳣和黄丕烈的跋，去找陈先行先生和沈津先生鉴定，两个人意见不一，一说陈跋真，一说陈跋伪，又都说，沈先生是研究黄丕烈的专家，应该来问问。那人就写了一封信，寄了个彩色胶印的复制本来，印得很清楚。沈先生就叫我和李军一起看。我俩当然是看热闹。老先生先说，字体有点像，不过有几笔感觉不对；又说，避讳好像没有避，这个黄丕烈的章，从来没有见到过。然后他又找了本《明清著名藏书家藏书印》，这钞本上几个印章，《明清著名藏书家藏书印》上正好都有。我们就一一仔细对起来。嘿，还真像。不过仔细看，又有许多不同，比如某个章《明清著名藏书家藏书印》上中间有两笔明明是连在一起的，这钞本上的分开了。《明清著名藏书家藏书印》上章的边缘很厚，足有两毫米，钞本上却非常薄。《明清著名藏书家藏书印》上有一笔是这个角度斜的，钞本上角度稍有不同。看完这些印章，都与《明清著名藏书家藏书印》上相似而肯定不同。“假的！花冤枉钱了！”沈先生笑着说。我们问估计人家会花多少钱？他说：“不晓得，肯定不少，要看拍卖时的具体情况了。估计也有几十万。”不知道那买家现在看到，是个什么感受。

那天快下班时，沈先生说，听说你以前在网上开了个书摊，你帮我卖套书——《民国学案》，编得一般，我不想要了，你看网上最少卖多少价，我卖得比他便宜，换点钱回来，买一套王叔岷的《史记斠证》。又说，《静嘉堂秘籍志》太贵了，南图也不买（指那套贾贵荣辑的《日本藏汉籍善本书志书目集成》全十册，4800 元），我说：“您急用的话，我有电子本啊，可以打印了参考，一毛一页，不过有三千多页呢。”他赶紧说：“你晚上回去找找，三四百块钱，还可以的，要是一千块，我就搞不起了。”临走时，又叮嘱了几遍，似乎担心我忘记了。骑车回去的路上，又看到了沈先生，背个小布包，微驼着背，在路边踽踽独行，我心里忽然涌上一股说不出的感觉。蹬了两脚，骑到他身边，我说了声：“沈先生，我先走了！”他挥挥手，我摇摇手，便消失在人海。

补记：2008 年 6 月，我博士毕业离开南京前，沈先生特意请我和李军吃了顿饭。（李军当时硕士毕业，准备去复旦师从吴格先生攻读博士，吴格先生夫人朱邦薇女士的祖父朱东润先生，正为先师王亦群先生国专的导师，亦在我母校南通师范学校教授十年。）别后我再没见到沈先生面，但偶尔打个电话，常常向李军问问沈先生的近况。再后来，我的学生陈贺达又考入南师大古文献读研，也天天去南图，常常会碰到沈先生，我便请贺达代为问候。某天贺达

作者、沈先生、李军（自左。2008年6月摄于颐和路沈先生寓所）

QQ上告诉我，沈先生请他吃饭，我再次请贺达致意，想起我跟沈先生，算是有了三代缘分（王亦群师、我、陈贺达），只是不知快九十岁的沈先生，还记得我的面容否。

2009年，卞孝萱先生逝世，未及至我偏居的潮州参加韩愈国际学术研讨会；2013年6月，先师不幸仙逝，11月份，祁龙威先生又逝世。这年12月我去南京开会，心想要再拜见一下沈先生，请他吃个饭、聊会儿天，不然不知道哪天才能见到。那天是周末，南图正搞“云霞重聚，百年传承——过云楼藏书合璧展”。特展顾问、望九高龄的沈先生亲自陪我和几个师兄弟参观并一一详细讲解，真是莫大的幸运。参观完，便在附近的海派菜馆芳满庭吃饭，沈先生兴致很好，高谈阔论，可惜我要赶车，匆匆而别，非常遗憾。最近又看到母校王锷教授代杜泽逊教授作的访谈（载《国学茶座》第10辑158—175页），沈先生谈读书治学、谈黄丕烈研究、谈版本目录学、谈古籍整理……滔滔万余言而不少倦，我心里真高兴。顾（廷龙）、赵（万里）、潘（天祯）、冀（淑英），惜乎不及见，惟沈先生鲁殿灵光，岿然独存，后生小子得聆謦欬，实为三生有幸。惟愿沈先生身体康健，永葆青春！藏

回首息园

甘世珊

人往往要想起那些难忘的往事。我怎能忘记那园中的石丈人、紫藤、梨花，还有那小土山、假山石，尤其是那清晨剪花枝的“喀嚓喀嚓”的声音……

息园的前身

离京城繁华街道不远的一条胡同里，路北有三套并排的房子。那就是北安里6号、6号旁门、6号车门。我很小同母亲从南方老家（湖北潜江）来到北京的时候，便住在6号院里。大门洞很深，胡同对面还有一个砖砌的大影壁，上有“鸿禧”二字，大门旁有一对小石狮。大门外，一边一棵大槐树。每到春天，槐花放出甜美的幽香，老远就能闻到。到了夏天，两棵树的树枝交叉在一起，茂密的叶子像个大凉棚。进了大门是个小天井。天井东面的小门内，有几间不大的屋子同一个又高又大的马车房。一个马夫，一辆马车，一匹马。这马常用鼻子喷气，用蹄子刮地。天井的两边是个月亮门，门里是个较大的院子，院里有两间房，是两个侄子读书的地方。读的是准备考学校的课本，有时也读写古诗词。老师是个老头，我们淘气是常有的事儿，害得他哭笑不得。院北有一排六间的房屋，包括一个过道，一个客厅，三间卧室。院的东边有两间厢房，里边全是放满了书的书架。窗前有一株与大门外同样大的古槐，满院显得分外荫凉。过了这过道便是里院了。迎面是四间大北房，其中三间带有廊子。这就是我们的卧室，东面有两间厢房，仍然全是书。最使人难忘的是院内的两棵大枣树。每当秋季枣儿红了的时候，果实累累压弯了枝头，连摘带打，一装一面口袋，又大又脆又甜。此外，还有那胡同里小贩的叫卖声。我怎能忘记：春天到了，一大清早你会看到有一个手提竹篮的人，篮里是用洁白的湿手巾盖着的茉

“息园”旧址，今大杂院东院

莉花、白兰花（你可别动），一边走一边吆喝，那音调之美，难以形容。可惜我不能把它谱出来。夏天来了，一个人推着小车，车里一个个有玻璃盖的玻璃缸，缸里是酸梅汤、红果酪、豌豆黄之类的冷饮。他手里拿着一对像是羊皮球大小的、雪亮的小铜碗，碗碰碗地轻轻敲着，发出银铃般的音响。这音响跟他所卖的那冷饮是那么相称。天黑了，一声“硬面饽饽”的喊声有些凄凉。天冷了，“老豆腐开锅”热乎乎地传来。这些声音，听得很熟悉……（甘铁生补：北屋后面，一个东西走向的后院，厨房便在那里，再后便是院墙了。厕所在马车房附近。）

几年过去了。6号旁门、6号车门的两家住户都先后迁走。我们全家便离开了小天井，西面门内是个东西走向的长院，有四间南屋，天井北西门内有一木制的屏风。这里是个南北走向的长院。长院北头，西边有个小门，里面有个小院，院内有三间堆放杂物的小屋。距小屋西一米多宽的地方，有一厕。长院北端上了台阶，经过一个带顶的过道，便是较大的里院了。院里有三间带廊的南屋，五间带廊的北屋，两间西屋。南屋两边有一间厨房。厨房后还有一个后院及后沿墙。从我们搬过这房子以后，祖母、嫂嫂、叔伯兄嫂同他们的孩子也都先后来到北京。这院子屋子差不多全部都是卧室了。厨房西北角有一株大枣树。枣成熟的时候，孩子们便热闹起来。

最使我感兴趣的是6号车门。这车门的大门是有两层台阶的小门，小门的西边是一进四间的车马房，马夫也住在那里。这车马房的门可大了，一打开这门，太阳把屋照得通明透亮。车马房背面是个小土山。还没走进它，便嗅到一股花香，原来土山上有一大蓬丁香树，紫色的花朵开得潇潇洒洒的。花的枝干并不很粗，只是很多。干丛的周围足够三四人抱的。上山有一条并不整齐的石阶小路，石阶尽头西面有一棵不知名的大树，树干高又大，还结着像杨梅一般的红果子。因为不知名，谁也不敢去尝它。离土山北面不远的地方有三间房屋，南北都有玻璃，在这不小的院落中，显得那么玲珑可爱。它四不着边地伫立在院中，我们常常围着这房子转，觉得很好玩。院北面有六间北房。包括三间带有很宽廊子的正房。西边两间，东边一间的耳房。这间耳房的前面往东一个小门，便是通往6号车门的通道了。在两耳房的窗前有个藤萝架，虬龙般的老藤树，枝叶繁茂，紫色的花坠挂满了架。花谢之后，一个个像皂角样的藤萝豆子又挂在那里了。院的西南角有棵大古槐。院东部中央，一棵很高的大梨树，每到花落的时候，洁白的花瓣飘了一院子，结的是没有经过嫁接的小杜梨，很酸，没人爱吃。梨树的东边有几棵小枣树，再往北，经过东耳房旁的小门，便是一个较宽的东西走向的后院及后沿墙了。院东有大枣树一棵。以上这些像流水账的纪实，呆板、罗嗦、琐杂，没一点味道，不过是我记忆中前景的再现罢了。

息园的产生

从搬到这两所房子以后，在原有的基础上，将6号车门内的房屋、院落修整了一番。南面的三间变成了七间，北面的六间变成了十二间。这七间包括东边的一个过道。这过道南面有两扇厚厚的大门，门外有三层台阶。门楼上一块两尺多长一尺多宽的灰砖，上刻着很大的两个字“息园”。这是父亲的笔迹。息园的命名就这样产生了。

这七间房子除了过道外，南北都是玻璃窗。北面的门也都是玻璃的。阳光是充足的，空气量也大。西头一间，差不多是正方形的屋，便是我的卧室兼书房，以及后来养病的地方。此房西有一个小胡同，南头有一个永远不开的小门。其余五间没有隔断的大厅，当了客厅。后来，在这五间的西头，紧接着我的卧室，隔出一间给妹妹住。紧挨着这七间房的北面，有一从东到西的长廊。廊上下都有栏杆，很好看。北屋的三间宽阔，都安上了玻璃门窗，成了一间大玻璃屋了。六间北屋后面，接出了六间。西耳房变成了没有隔断的四间正方形的大屋，只有中间的一根顶梁柱还存在，接着正北房三间后面的三间，也是一个没隔断的三间长型屋。东耳房后的一间也取消了。原房后墙，成为一间南北走向的长屋了。房屋的变动也就是这样。现在该说一说园内了。在宽阔有客厅的正中台阶下修了一条大概一米多宽、离地面七八寸高的便道。便道是用对角的方砖，嵌以鹅

“息园”灰砖

卵石勾出了曲线。便道两旁种上了各种小花，便道的北端台阶的两旁，一边一个装饰石，像猴子般的正立在那里。在西南角古槐前修了一个弯弯的假山石。有孔有洞有门。在它的对面东南角，与它遥遥相望，也修了一月牙形的假山石，像个弯弯的屏风，又不是。因为透过它，能很清楚的看到对面一切，在较平的旁出石块上，放上了小盆花草，微风使它们轻轻颤抖，玲珑剔透，美不胜收。就在这假山石的东边，也就是东边院厨房旁大枣树的边墙沿，为了方便开了一沟通两院的门。园中逐渐添了一些花草，迎春花、夹竹桃、无花果，还安放了方方的石块，作为桌、凳，可以读书，可以休息。东西两面墙上满是爬山虎，青绿的叶子使眼睛那么舒服。有一天又运来一块约一米六七的石头，一头尖尖的，接着宽起来，接着又慢慢变窄了，看来看去很像一个老头儿。父亲便叫工人找了一个像石鼓的石头，挖了一个槽，把连石头较窄的那头嵌了进去，用水泥牢牢地把它固定在那里。周围放上了鹅卵石。一个石丈人便出现了。父亲在这石较平滑的侧面部位，刻上了一首石丈人铭，可惜当时没把它记下来，现在也无法去找了。（这石丈人立在便道的西面不远，离客厅较近的地方。）又在小土山上安放了许多装饰石，种上了枸杞之类以及一些小花草。原父亲打算在土山上修一个亭子，因面积关系放弃了想法。玉簪花的增长率使我惊奇，两三盆大的玉簪，每年分盆，三几年后竟发展到几十盆。客厅、走廊的栏杆外，从东头到西头，满是一盆一盆的玉簪，翠绿的大叶上托出了白色的花朵，形成了一条玉带……园虽不大，是宁静的、清新的、翠绿的。每当清晨你常常会听到水喷壶的浇水和剪枝咔嚓的声音。这是父亲在读写之余的一种消遣或活动，也许更多的是出于喜爱。

从北面玻璃屋进到正房的时候，迎面便是一排装满了线装书的书架。往西一拐，又满是书。再进去到那打通的四间耳房中，除了一张床，新桌子同几把椅子外，还是书。经史子集都有。从这屋东边的门进去，那一连三间通畅的屋里，南边是几千种各个时代的字帖。北边是几个多宝柜，装的复制品铜器。从这屋再往东那变深了的东耳房，两面墙上又是满载书籍的书柜。不消说再往西，仍是一间书房。几十万卷书就渐渐地充斥在这十二间屋里了。从北屋中门进去，转了个圈，又从中屋出来，这屋门的设计也是这样独具匠心。

父亲的一生总在和书笔打交道。不是看书，便是写书。晚年为了表彰先贤而编纂了《湖北文征》一书。父亲于1941年去世。日本投降后，国民党卷土重来。有一天，来了一群宪兵，要挟次侄，抢走了所有文稿。后来才知道是有人要争夺主编席位而做出的勾当。此书直到现在不知是否已出版。如果出版了，那父亲的目的已达到。主编不主编，他是不会计较的。

息园的颓圮

书籍的归宿。父亲生前说过，所有书籍，由其孙继承。并且说如果能读，当然好，如不能，也不要卖给打鼓客（今日收废旧物品的人）。还好，这二十几万卷线装书，在五十年代卖给了国家书店。父亲一生的著述，在“文革”时期，“破四旧”，继承人害怕，一把火，化为灰烬。与父亲朝夕相处的书，就这样被抢的抢走，卖的卖了，烧的烧了。

小园的消逝。祖母去世，长侄早逝，亲友南归，空出的屋子，便租了出去。生活越来越紧迫，以致空出一间便租出一间，最后只剩下住的几间了。

为修渗水井，百十个玉簪、花盆扣在井底。借着烧液化气的名义，每户都盖起厨房来。扩张到盖起了卧室了。为了盖房，铲平了小土山，拆毁了假山石，推倒了石丈人，花草更不在话下。如今的北安里七号（前 6 号车门）刚进大门，东边一个厕所，西边堆满了杂物，有顶到过道，蜂窝煤、大木板占满了两墙边。每到下班或节假日，靠着木板还有一排自行车。这个过道，可不要两人并排走。对面碰头也够瞧。门楼上“息园”二字，早已涂上了灰泥。两扇厚厚的板门已不知去向。只有盛满了尘埃的两个石座，还有气无力地待在那里。再看每户的屋前屋后那些盆盆罐罐……

多一间小屋，就少一块地面，这弯弯曲曲的地面，既不成院更不成园。昨天的息园，今天的大杂院。

1998 年 12 月 5 日

《回首息园》读后感

甘铁生

姨全名甘世珊，2000 年故去。

姨的叙述很有价值。但她没涉及交出息园房产权的经过。似乎是 1956 年，全国掀起公私合营运动。一切私人房地产，均要由产权人交给国家。我家主政的姨和我妈，自己家庭成分“高”，国家要收，便拱手相让吧。就这样，将整个大院交了出去。我们还都是小孩子。我外婆是文盲，仅仅会写自己的名字。

把一切大事都交给女儿处理。我姨那边也是。姨的母亲也是只会念经，其他诸事都交女儿处理。两位女儿一商量，便没多说啥，国家号召了，就交吧。结果还是办手续时，人家说，自己住的我们不收，还归你们自己。这样，才各自留下了八九十平方米的私房。其实那时，院子里已经相继住进了很多居民。但还好，假山、走廊、夹竹桃树，地上铺设得错落有致的方砖，都还在。只是到了“文革”，号召“深挖洞，广积粮，不称霸”时，院子里掀起了轰轰烈烈的挖“防空洞”运动，全院居民在房管所的指导下，大动土木。一切有碍这项运动的假山、树木等等资产阶级、封建士大夫的遗风都遭到顺理成章的扫荡。假山拆了，那些从南方运来的西湖石就随便堆放在进门时的墙根处。一直堆到“文革”过了，被一路过的人看到，觉得这石头不错，说是单位新盖了厂房，院子里要美化，似乎是花了80元人民币给买走了。此后，院子里的孩子们都长大了。特别是1976年地震之后，院子里搭建防震棚，后又盖小厨房，致使院子越发沦落为大杂院。

记得更早的时候，就是西边卫戍区宿舍楼的建设，似乎在规划上需要扩充一些面积。于是找到姨商量，将息园大院的西边，从南头到北头齐刷刷地切掉了百十米上下。那时我们还小，记得西头被拆了之后，施工期间，院子西墙由木板隔墙替代。我和弟弟常常翻越过去，到工地上玩。一次翻墙时，不小心将内侧脚腕子磕在隔板上，留下了个大疤，至今还有。记得当时牛子（我弟弟甘少诚）在旁边，吓得大哭。我还说，别哭，不疼。后来是叫小五子的房客，把我领到他那低矮的小房里，用他的刷牙粉往伤口上一按，等血不流了，我也就回家了。后来伤口就愈合了。不过那个不小的疤至今还在。

想起这些，挺有意思。是不是老啦，总爱怀旧。不，是整理旧稿，发现了先人留下的文字引发的补充吧。

〔贺亮先生荐稿按语：清末民初，潜江籍著名方志学、藏书家甘鹏云，曾在潜江“将庐”藏书十万余卷，却毁于1923年的汉江洪水。后自1903年起，历时19年，在北京“息园”藏书二十万卷。现刊出甘鹏云次女甘世珊（已故）关于息园的文章，以及甘鹏云外孙、北京作家甘铁生的读后感，以飨读者。〕

民国通俗小说过眼录（下）

张元卿

五十五、《英雄走国记》

赵焕亭著，上海益新印书局，民国二十年五月六版。

《自叙》云："古之传逸民者，类皆自放于山巅水涯，枕流漱石，以寄其孤愤不平之感，使后人唏嘘增慕，侪其人于山泽之癯，如是而已。……吾于清初得一人焉，曰祁先生班孙。先生山阴闻人，其生平事状，具于旧籍，世类知之。独其任侠结友，游行南北，剑士景从，争奇斗异，其间事迹，瑰伟绝伦，真足以兴顽立懦，可泣可歌，则为世人之所不及知。然后知逸隐之中大有事在，正如天容沉郁，能蕴霹雳声也。爰排比旧闻，并名家著录。以为斯书，是亦剑侠传中之正气也，而后之传逸民者，当不患寂寞矣。"

五十六、《名家短篇小说选》

上海大东书局发行，出版时间待查。

目录：先母的绣件（何海鸣）、月老博士自述（胡寄尘）、一切都幻（程小青）、奇怪之邻居（江红蕉）、舞衫忆语（朱鸳雏）、践诺（张毅汉）、吴大少爷（向恺然）、他与伊（徐桌呆）、情爱的牺牲（张枕绿）、鹈鹕记（沈禹钟）、人格拍卖（范烟桥）、铜蝶疑云记（周瘦鹃）。

元卿按：该选集分上下两册，其中《舞衫忆语》是朱鸳雏遗著，杨了公作眉批。

五十七、《卿何薄命》

周天籁著，上海影艺出版公司，民国三十七年十二月出版。

元卿按：该书有一百二十一页，是一部言情小说，当时在首都图书馆未能细读，今已不知何故。

五十八、《风流千金》

周天籁著，上海文光书局，民国三十五年出版。

元卿按：笔者所见的这部书有一百五十八页，内容不全。

五十九、《新秋海棠》

周瘦鹃著，上海正气书局，民国三十五年七月出版。

《弁言》云："民国八年至三十一年，我除了给《申报》先后编辑'自由谈''春秋''儿童''家庭'等副刊外，兼带主持长篇小说，成绩还算不错，可是登来登去，无非是几位老朋友的作品。二十九年秋，为了要发掘新作家起见，特地悬赏征求，一时应征的作品，倒有一二百部，无奈都是不合用的。那时老友秦瘦鸥先生恰好闲着，手头有三部小说要写，我就请他先将故事的节略写出来看看；不上几天，他交来三篇节略，我读过之后，一挑就挑上了《秋海棠》。……为了要使情节热闹一些，我向瘦鸥建议，该添上一个侠客型的人物，瘦鸥深以为然，就替我创造了那个好酒任侠行动飘忽的赵玉昆。《秋海棠》刊布后，因描写生动，刻画入微之故，深得读者的赞美，可惜为了在《申报》'一年刊完一部小说'的原则之下，匆匆地结束了。去夏，瘦鸥想出单行本，由我向《申报》无条件地取得了版权，一编问世，不胫而走，引起了戏剧界和电影界的注意。……救活了秋海棠，使有情人得一个美满的结果，让那些流过眼泪的读者和观众一齐破涕为笑，倒也是功德无量的事。……这部《新秋海棠》……我要诚心诚意地献给：苦心创造秋海棠而把秋海棠杀死的瘦鸥老友，刻意扮演秋海棠而把秋海棠不朽的石挥艺人。"

六十、《清朝官场奇报录》

孙剑秋著，上海望云山房，民国十年出版。

元卿按：该书是一部笔记小说集，共收录了八十三个反映因果报应的故事，内容涉及社会诸多方面，但反映贪污和婚姻的为数最多：关于反映贪污的有《某道台侵吞官款之报》《知县贪墨之报》《某侍郎贪财卖国之报》等；反映婚姻的有《知县怕老婆之报》《留学生监督侍姬之报》《抚军纵妾行奸之报》《道员赖婚之报》《某提督纳妾相下体之报》等；其他的还有《平阳县虐待妓女之报》《两江总督谋毒生母之报》《统制滥用私人之报》等等。从这些故事内容可知，著者的创作思想无非是贪财好色皆有报应，但其写作重心不在报应，而在故事本身之奇特，也就是说《奇报录》的看点在“奇”，而非“报”。

六十一、《清朝奇案大观》

孙剑秋著，上海东华书局，民国八年三月印行。

书前广告云：全书三大特色。其一，可作前清一朝之掌故；其二，可见当时官僚之黑暗；其三，可为法官治狱之明镜及侦探家破案之指南针。

元卿按：该书共四册，据著者序云他这部书是取“前人所记及生平所知离奇变幻、不可思议之案，勒为一书”。

六十二、《中国奇案大观》

孙剑秋编著，上海三星书局，民国二十一年八月出版。

元卿按：该书与《清朝奇案大观》都为四册，每册内容及排列亦一致，只是作者除了孙氏之外，还有用中、枚、次云、元度等十几人。

六十三、《剑秋滑稽小品》

孙剑秋著，上海民友社印刷，商业经济学社发行，民国四年五月出版。

著者《序》云：“剑秋此书，游戏文字也，阅者当以游戏眼光观之。客途岑寂，借之以破闷；星期休息，手此以遣兴；茶馀酒后，无所事事，读之以供谈笑之资。”

元卿按：该书收录了二十五个种类的滑稽小品，共八十一篇。滑稽小说收录在“小说类”中。

六十四、《紫兰花片》

周瘦鹃著，上海大东书局，共二十集，出版时间不一。

《弁言》云：“春暮，紫兰零落，乞东皇少延其寿不可得也，遂拾花片藏之净土。索居寡乐，则以文字自遣，晨钞暝写，期月成帙，即颜之曰《紫兰花片》。清诗人彭甘亭论诗句云：‘我似流莺随意啭，花前不管有人听。’意在自娱，不解媚俗，《紫兰花片》之作亦窃持斯旨焉。壬戌仲夏周瘦鹃识于紫罗兰庵。”

元卿按：笔者所读第一集是癸亥年四月三版，书前有五帧照片，内容包括散文、游记、小小说、杂文、侦探小说、译作等，篇幅虽短小，但整体上看已是成熟的杂志样式。这一期的译作是屠格涅夫的《亡妻》，小说有《古塔中》（侦探小说）、《西门的街上》（小小说）。笔者所见的《紫兰花片》其他各集出版时间如下：第二集，癸亥年八月三版；第三集，癸亥年一月再版；第四集，癸亥年八月再版；第五集，壬戌年十月初版；第六集，壬戌年十一月初版；第七集，甲子年八月再版；第八集，癸亥年一月发行；第九集，癸亥年二月发行；第十集，癸亥年三月发行；第十一集，癸亥年四月发行；第二十集，甲子年正月再版。

六十五、《留西外史》

陈春随著，上海新月书店，民国十七年十月再版。

目录：印度洋中、格侣撒克旅馆、去年墨兰德故事、素佛来咖啡馆、吴又如家中之客、蓬马屑门前的小公园、国葬院门前之夜。

元卿按：小说主要写周美玲、吴又如、张振英等留欧学生在巴黎的生活。著者序云：“做这部书的动机虽则在五年前，但是去年夏天才动笔，遇到高兴时便随意写一点，都是些无头无尾不成片断的东西。”著者序言作于民国十六年九月二日，可知小说是民国十五年夏开始写的。梁实秋《回忆〈青光〉》一文写道：“我记得帮我大忙的是我的朋友陈登恪，排行老八，我们都叫他陈老八。他撰写《留西外史》长篇小说，算是给我捧场的，等我离开‘青光’，他也辍笔了。后来《留西外史》在新月书店出版，仍是未完稿。”笔者所读《留西外史》是第一集，应该就是梁氏所说的“未完稿”。“青光”是上海《时事新报》的副刊，梁氏于一九二七年春接编该刊，半年后去职。可知《留西外史》在“青光”大概连载了半年；小说出版时署名陈春随，用的是化名。

六十六、《海市莺花》

百花同日生著，上海中央书店，民国十八年出版。

元卿按：该书分五集，共五十回，封面表明是“社会长篇”，但主要写山中大学学生姚青梧和邻校女生陈灵鹣的爱情故事。百花同日生即张秋虫。

六十七、《罗刹夫人》

朱贞木著，天津雕龙小说出版社，民国三十七年五月出版。

作者《附白》云：“武侠小说，惊奇过甚，必入于神鬼怪诞；江湖过甚，亦必流入徒先师继，宗派争雄的俗套。免此二端，亦费神思，姑以此册，试为读者一换口味何如？”

元卿按：雕龙小说出版社在天津山西路荣光里四号。

六十八、《虎啸龙吟》

朱贞木著，天津大昌书局，民国三十年四月出版。

元卿按：该书原名《铁板铜琵录》。

六十九、《九十六剑侠骇闻》

姜侠魂纂辑，上海交通图书馆，民国七年一月初版。

元卿按：该书是短篇武侠小说集，收录了绮缘、病侠、吴门老倩、杨尘因等十八位作者的三十九篇小说。该小说集收录小说最多的是韬园主人，共有八篇，分别是：《月里嫦娥》《聂碧云》《廖剑仙》《何蕙仙》《徐笠云》《许玉林》《李四娘》《盗女》。

七十、《求婚小史》

刘铁冷著、梦欧女史评，上海中原书局，民国二十五年十一月重版。

元卿按：该书是一部言情小说，共二十四章，一名《梅娘婚史》，主要写梅影和三名追求者的感情故事。小说称求婚有三要素：才、财、貌，可是梅的三名追求者各得其一，梅在三人间苦苦抉择，最后选择了有才的痴云。

七十一、《中国侦探奇案》

许慕羲著，上海大达图书局，民国二十五年三月出版。

元卿按：该书由二十四个小侦探案组成，主要写乡间侦探的故事。

七十二、《沪江风月传》

许廑父著、徐天啸眉批、徐枕亚总评，上海一厂出版社，民国十年四月出版。

元卿按：该书分四编，共三十二回。

七十三、《拳术见闻录》

向恺然著，上海泰东图书局，民国八年二月初版，民国十年八月再版。

元卿按：该书记述了周正华、王金龙、张燕儿、向东山、陈鹤梅等二十七位拳师的轶闻。

七十四、《近五十年见闻录》

贡少芹、吴之之、周运镛、徐九香著，上海进步书局，民国六年四月出版。

元卿按：该书共八卷，卷一贡少芹著，卷二吴之之著，卷三至卷六周运镛著，卷七、八徐九香著。据吴之之序云，本书是他和贡、周、徐三人的笔记的合刊，以札记体演述清末五十年间的各种掌故旧事。

七十五、《燕蹴筝弦录》

姚鹓雏著，版权页缺。

元卿按：该书是言情小说，共三十章，著者《自序》云："成此书后，亦欲使读者发情止义，知名辈风流，固自有别。"徐枕亚《跋》云："姚子之为是书，盖亦无意言情而自得言情之正者。"

七十六、《小说霸王》

姚民哀编，上海静香书屋，民国八年夏历九月出版。

元卿按：该书由说郛、笔剳、杂纂三个部分组成，其中说郛收录了徐枕亚《悟彻上人》（武侠）、杨尘因《汽车……苦力》（警世）、叶小凤《阿春》（奇情）、周瘦鹃《情诠》（至情）、姚鹓雏《私生儿》（醒世）、张恨水《小说谜魂游地府记》等各种短篇小说共十八篇。

七十七、《齐东野语》

范烟桥编著，苏州观前小说林书社，民国十七年八月出版。

程瞻庐《序》云："《齐东野语》虽然记载些遗闻轶事，似乎是杂记小说……他是很有关系的《中华国耻史》上的一段卷头语。"

元卿按：该书由相对独立的十七个小故事组成，主要讲述军阀混战时期A督办在Z城的轶事。

七十八、《绍兴师爷轶事》

徐哲身著，上海文业书局，民国廿六年三月第二版。

元卿按：该书收录了《妻无貂蝉之貌》《少女怀春讼师害讼师》《敲门便叫三娘子》《私拆皇城》等三十三则轶事。

七十九、《缠绵》

张枕绿著，上海良晨好友社，民国十三年一月出版。

元卿按：该书原标作“言情笔记”，其实就是一部短篇言情笔记小说集，共收录了《洗心记》《绣囊记》《遗履记》《幻艳记》等十八篇笔记。

八十、《黎黄陂轶事》

贡少芹著，上海国华书局，民国五年九月出版，民国六年十月再版。

元卿按：该书共十二章，写黎元洪从北洋水师学校毕业后这一生的种种轶事。

八十一、《冷红日记》

吴绮缘著，上海小说丛报社，民国十一年九月四版。

元卿按：该书是一部日记体言情小说。姚民哀《跋》云：“综观全篇舍一老父、一伯父、一弱弟外，旁不及一男子，力矫秽亵之弊病，与寻常言情之作不同。”

八十二、《孝女蔡蕙弹词》

程瞻庐著，商务印书馆，民国八年七月初版。

目次：第一回：毁容；第二回：却媒；第三回：写疏；第四回：破计；第五回：上书；第六回：祭告。

八十三、《中国黑幕之黑幕》

警世编译社编，警世社，民国七年九月出版。

元卿按：该书共六卷，每卷又分若干类，内容涉及社会诸多方面，多属短篇黑幕遗闻。

八十四、《寄尘短篇小说》（一集）

胡寄尘著，上海广益书局，民国十一年七版。

目录：《女丈夫》《黄山义盗》《艺苑丛谈》《江湖异人传》《希腊英雄传》。

八十五、《寄尘短篇小说》（二集）

胡寄尘著，上海广益书局，民国四年二月出版。

目录：《电话因缘》《洞庭女子》《万里哀鸿》《罗霄女侠传》《华胥国游记》。

八十六、《脂粉地狱》

海上说梦人著，新民图书馆经售，民国十一年秋月出版。

元卿按：海上说梦人即朱瘦菊。这部小说共十二回，据海上漱石生《序》云，是朱氏将其旧作《欢场三月记》（一九一四年九月连载于《七天》杂志）重为删订而成的。

八十七、《黑衣娘》

铁樵著，上海有正书局，丙辰年一月初版。

元卿按：该书是文言翻译小说，共十六章，写英国黑衣女夏南柳依在一孀居贵妇家中租住，但三年不相往来，甚是神秘。原来黑衣女同其丈夫温丹籍不同国，不相谋面，夫薄情，遂离异。后夫妻再见，温丹向黑衣女陈述前情，两人冰释前嫌，从此黑衣女“芳华竟体，笑逐颜开”了。

八十八、《婉娴英雄》

刘云若著，北京书店，民国三十四年六月出版。

姚灵犀《序》云：“旷观海内小说作家，所最可钦佩者，莫若吾友刘君云若，称小说圣手，良非谀词。……以云若之手笔，成一巨制，应与兰陵笑笑生、曹雪芹相颉颃，馀子不足齿数。……篇中之事，不可捉摸，又俱在人情世态中。……此书洵为人情宝鉴，具警世之婆心，断非鬼话连篇，作谩天之手段。余遍读云若所撰之小说，妙趣环生，层出不穷，而后来居上，幻中出幻，锦绣心肠，直欲抉出一视。”

上集目次：莫道不销魂、燕子归来花落去、一封书到便兴师、人生意趣问鸳鸯。

下集目次：身入囹圄犹疑梦、侠骨柔情探虎穴、妾心原比莲心苦、为郎憔悴却羞郎。

元卿按：小说写汪剑平从南京回天津，从公司分部调回总部，并准备与未婚妻举行婚礼。回到天津后，未访到未婚妻棠君，却意外地在舞场看到她同一贵公子在一起。回到旅馆后，才看到未婚妻留言，说要解除婚约。后汪结识暗娼姚有华，适公司要开宴会，汪便请姚扮作他的太太参加宴会。汪这样做是因为公司老板不喜欢未婚男士，这样一来就可以使老板认为自己结婚，不会因未婚而丢了工作。此后，汪经朋友张慰苍介绍同苑女士结婚。姚有华自参加宴会后，力图上进，恰见汪陷入命案，便思营救。她住到接近歹人的地方，想办法救汪，慢慢发现汪的朋友张慰苍夫妇是匪党，而与其一伙的文则予就是陷害汪的人。就在此时，张氏夫妇设计灌醉姚有华，文则予趁机将姚有华侮辱。后姚有华被卖作暗娼，又利用文则予对自己的感情逃出笼中；在路过警察局时，姚有华大喊捉贼，文被捉进警局，供出自己就是谋害汪的罪犯。至此，真相大白，汪出狱，姚有华却不再准备嫁人。苑女士在汪入狱后生活贫苦，继续做起舞女，却被一客人侮辱，受其摆弄，不得与汪重圆旧梦。姚有华看到汪和苑女士这种景况，又请人撮合，欲挽回他们的夫妻情缘。作者在小说结尾写道："有华宛如一个杀身成仁的英雄，情场中有这样伟大的心胸，而且出于一个风尘中的弱女子，称她为'婉嫕英雄'，谁曰不宜。至于剑平出狱后，理宜对有华感恩入骨，能否善处知己，报答深情，以及苑娟能否摆脱季尔康的羁绊，和剑平重偕百年，只可让读者们细细咀嚼，作为本书未尽的馀波了。"小说命意如此。

八十九、《粉墨筝琶》

刘云若著，中新印刷厂（北京干面胡同三号）印刷，一四七画报社发行，民国三十五年十二月五日出版。

景孤血《序》云："云兄小说的结构，差不多都是两个旦角、一个小生、一个花脸。"

《作者赘语》云："说到我的写作态度，是不太严肃的，这原因是我的幽默感太多，能把一切可惊可惧可恨可怒的事，完全使之'归哏'。……作小说的应该领导青年，指示人生的正鹄，我很想努力为之，但恐在这方面成就不能很大，我或者能给人们竖一只木牌，写着‘前有虎井，行人止步’。但我也不愿作陈腐的劝惩，至多有些深刻的鉴戒。……至于我爱写下等社会，就因为下等社会的人，人性较多，未被虚伪湮没。天津《民国日报》主笔张柱石先生说我善于写不解情的人的情，这是我承认的，因为不解情的人的情，才是真情，不够人物的人，才是真人。……八年来饮恨切齿，郁不得伸之冤气，于此书以嬉笑泄之。”

九十、《旧巷斜阳》

刘云若著，天津文华出版社，残本，出版时间待查。

元卿按：笔者所藏的这个残本是小说第一集，共三回，在“作者自序”和正文之间的“《旧巷斜阳》引起的批评讨论文字选录”收录了九篇文章，分别是：榕孙《谈谢璞玉》、彝曾《再谈谢璞玉》、榕孙《答彝曾先生——代王小儿呼冤　替谢璞玉叫屈》、跐《与云若表同情——璞玉所遭愈苦　愈足以警惕人心》、葛暗《关于璞玉问题的平议》、摩公《云若的公敌　为璞玉请命》、丁太玄《响应宗兄丁二羊》、聊止《关于璞玉获救的感想》、一迷《关心妇女生活者应大批营救璞玉》。

九十一、《金兰契》

董荫狐著，天津益世报印字馆，民国十五年十一月初版。

元卿按：该书原标作“信义小说”，分上下两卷，共十五章，各章前大都有议论，每章自成一小故事，主要写“朱静怡”与“赵勖周”之间重情酬德的故事。著者“怨世风日薄，友道日漓”，“乃纪其所闻，用告当世”，希望“于世风友道或亦不无区区小补”（《自序》）。

九十二、《仇马恩裘》

董荫狐著，天津益世报印字馆，民国十五年十一月出版。

元卿按：该书原标作“警世小说”，共十四章，写“贵绶”与“裕恒”因赛马结怨，终以“一裘释怨”的故事。著者希望借此小说呼唤世人戒“怨毒”，而常存“忠恕之心”。

九十三、《隐刑》

凫公著，北平世界日报代印，民国十九年七月出版。

元卿按：该书共四百四十三页，写一个留洋回来的青年的爱情故事。书末写着：“十九年一月病后脱稿于暂止斋。”

九十四、《生还》

凫公著，天津大公报，民国二十五年十二月出版。

元卿按：该小说出版前先刊载于天津、上海两处的《大公报》上。大段对话很多，受西方小说影响明显，但故事的通俗性依旧很强。

九十五、《稚莹》

凫公著，天津书局，民国二十三年六月出版。

元卿按：该书写稚莹的情感故事，大团圆结局。

九十六、《风雨双龙剑》

王度庐著，上海育才书局，民国三十七年六月出版。

元卿按：此书笔者藏有三册，一册一集，购于天津古文化街书摊。该书内容概要如下：武师陈人煜家藏两口宝剑，一曰“苍龙腾雨”，一曰“白龙吟风”。他自己使苍龙剑，女儿秀侠使白龙剑。一日，陈带剑外出，遇宝刀张三，为其所害，剑亦落入其手，自此两家结仇。秀侠为报父仇，外出寻张，路遇张三养子张云杰，二人相互爱慕。后秀侠得知此人乃张三之子，遂与之断交。后几经波折，秀侠与云杰终成眷属，云杰遂将苍龙剑沉河，自此淡出江湖。

九十七、《翼王传》

朱贞木著，上海广艺书局，一九四九年十月出版。

续集目次：从此名王泪沾襟、一腐儒耳、莫将成败论英雄。

元卿按：此书又名《太平天国革命野史》，结局是翼王用金蝉脱壳之计离开军中，“隐迹埋名，优游终老了”。此册是南京文发书局（夫子庙六十一号）旧藏，现藏南京图书馆。

九十八、《歌舞江山》

刘云若著，天津书局，民国二十八年五月出版。

元卿按：该书主要写督军“吕启龙”和他的姨太太们间的种种事迹。书中写道：帅府“简直是一座专演喜剧和武剧的双层舞台，前面是一群政客官僚、武夫嬖倖，在勾心斗角争夺权利，后面是一班娇妾宠姬。各自妒宠负恃，争妍乞怜。外面纠纠桓桓之士，时常仿效内庭妾妇之道，在宦海中固位保身，里面莺莺燕燕之俦，也时常学着外面的政治手腕，来在房帷间纵横捭阖”。

九十九、《龙冈豹隐记》

朱贞木著，天津合作出版社，民国三十一年十一月初版。

元卿按：此书我在天津今古斋拍卖会上看到第一集，书前有《序》，称“本书原名《易水寒》，以文艺气味过重，与雅俗共赏之旨不侔，爰徇发行人之情，更为今名”。《序》又云：“下走亦以撰述说部为消遣。以下走消遣之笔墨，转供读者之消遣，消遣之途不一，消遣之理相同。”《序》末云：“以各种说部风起云涌之今日，而欲求一有消遣真价值之作，亦非易易。”

·新书目

德国普鲁士文化遗产图书馆藏晚清直隶山东县级舆图整理与研究

华林甫、李诚、周磊著
齐鲁书社 2015 年 9 月版
8 开　精装
定价：720.00 元
书号：ISBN 978-7-5333-3389-8

本书以华林甫教授拍摄、扫描的德国柏林普鲁士文化遗产图书馆庋藏的一百多幅晚清直隶、山东两省的县级舆图为研究对象，一一著录各幅舆图之图名、性质、质地、保存状态、方向、尺寸、比例尺，脉县之沿革、考图之时代，并摘录舆图主要内容，意在挖掘其在历史、地理等方面的学术价值，同时对地图学史亦有参考意义。

全书舆图涉及直隶九十一个州县、山东五十六个州县，在形式上采取的是“左图右史”，即左边是古地图，右面是作者对古地图的整理和研究，便于一般读者对这批古地图有较为全面、直观的认识。

槐影楼藏书经眼录

潘素雅

槐影楼是杜泽逊师书斋名。杜师耽于旧籍，于目录、版本、校勘诸学皆有著述行世，斋中收藏颇丰。又常将所藏摊于案头，使诸生围观，并讲版本鉴定之法。藏书中颇有可记者，今将在校经处所经眼之书，略择数种记录于此，以俾读者一观焉。

一、《易经大全会解》四卷

清来尔绳纂辑，朱采治、朱之澄编订。清书业德刻本。四册。

封皮书签题“易经体注会解大全”，书名叶分三栏，中间栏题“易经体注会解大全”八字，右栏为“校对无讹”四字，左栏下方为“书业德梓”四字。栏外上方为“庚寅新镌”字样。

正文前为康熙己亥年（1719）来集之序，落款“康熙己亥仲春进士倘湖樵人来集之元成氏书于对山堂中”后有“来集之印”“元成”二印。次康熙辛酉（1681）来木臣《崇道堂易经大全会解凡例》八则，末有“来尔绳印”“木臣氏”二印。正文分上下两栏，上栏小字半叶二十六行，下栏半叶十一行。四周单边，版心上方题书名“易经大全会解”。版心下方为周易篇卷、卦名，次叶数，最下方有“书业德”三字。书末有识语“自大过以下卦不反对，或疑其错简，今以韵协之，又似非误，未详何义”。落款为“康熙辛酉孟夏文公十八世孙朱采治敬镌”。

来尔绳，字木臣，浙江萧山人。少有逸才，博综经史，于《易》、四书俱有解。“尝至金陵，见方正学墓倾败，慨然捐橐中金葺之。邑苦丁累，尔绳与集之议请于大宪，民丁归田，灶丁归荡，合邑之繇役乃均。邑西德惠祠，明时勒建，祀杨、魏二公。邑人各执意见，欲牵付入诸贤。尔绳创义，别建八贤祠于旁，秩祀不紊。”曾撰《募建湘湖报功祠疏》。除本书外，尚著有《乐山篇地理书》。

此书兼顾义理与象数，将前贤观点集于一处。关于成书之过程与撰写目的，来集之序云“予家阿咸木臣从《尚书》改业《大易》，旦夕揣摩口诵手披，窥见天根月窟之奥，人工极而天心通，咀之味之，尽游三十六宫之春，著成《会解》一书。而新安朱建予、朱浚宗盖世守徽国文公之传者，读之赏叹再三，遂合订以命厥工，流布四方”。凡例亦云“书名本义芟诸儒之芜杂，会四圣之精微，本卜筮以发义理”。

《中国古籍善本书目》著录有清康熙二十年来采治刻本，“来采治”当为“朱采治”之误。《中国古籍总目》著录有清康熙二十年朱采治刻本、清康熙间会文堂木活字印本、清康熙间圣德堂刻本、清康熙间敦化堂刻本、清乾隆五十二年来道添刻本、清道光二十三年崇文堂刻本、清同治五年书业堂刻本、《五经体注大全》本、清三让堂刻本等。

二、《仪礼章句》十七卷

清吴廷华撰。清嘉庆壬戌（1802）嵩秀堂刻本。四册。

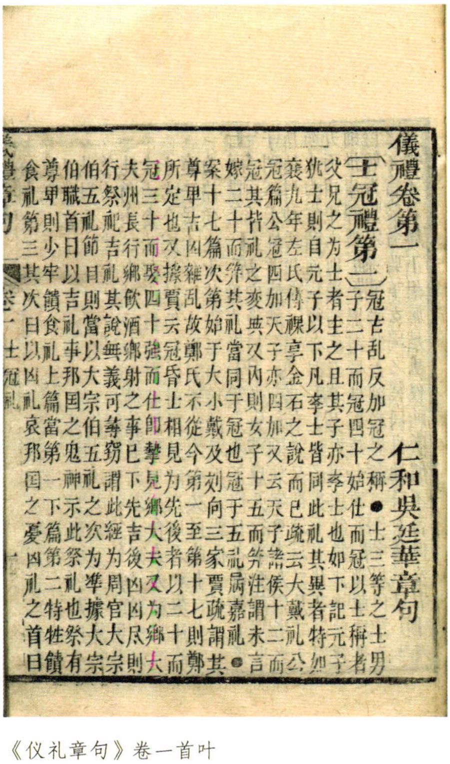
儀禮卷第一
士冠禮第一
仁和吳廷華章句

《仪礼章句》卷一首叶

书名叶分三栏，中间栏大字“仪礼章句”，右栏为“方灵皋、李巨来两先生手订”，左栏为“嵩秀堂梓”。栏外上方为“嘉庆壬戌重镌”六字。有乾隆丁丑（1757）沈廷芳序，次仪礼目录，次乾隆丁丑（1757）其子寿祺识语。下题“男寿祺、可驯、寿平恭校。孙崇典、嘉慧、嘉縠、崇仪、嘉言、嘉师覆校”。次载校刊姓氏：张嗣衍愚山、张庆长敬亭等。参订姓氏：方苞灵皋、沈德潜确士等。正文每半叶十行，小字双行，行二十一字。四周单边，白口，单黑鱼尾。版心上方为书名“仪礼章句”，鱼尾下载卷数、篇名，版心下方载页数。

吴廷华，字中林，号东壁，浙江

仁和人。康熙五十三年（1788）举人，雍正初，由中书舍人任海防同知，寻以原衔通判兴化。所至以经学饬吏事。学醇论高，含咀诸经，精洽贯串。三礼之学，尤为专家。"先生自少笃志经术，尝读注疏而疑之，披校诠释为三礼疑义百馀卷，恒发古人之覆。"乾隆初被荐修三礼。"天子诏诸儒辑三礼义疏，吾友吴中林先生实与是，选在馆十馀年，编校弗怠，阐发居多，元喆咸相推服。"除此书外，尚有《东壁书庄集》《曲台小录》《三礼疑义》。《清史稿·儒林传》有传。

此书除清嘉庆壬戌嵩秀堂刻本外，尚有清乾隆二十二年刻本、清乾隆间东壁书庄刻本、清乾隆五十九年金阊书业堂刻本、清嘉庆三年永安堂刻本、《四库全书》本、《皇清经解》本、清道光二十九年经国堂刻本等。

三、《说文逸字》二卷附录一卷

清郑珍撰。清刻本，清龚橙批校。一册。

书衣墨笔题："说文逸字上下卷附录一卷，批校本，龚孝拱校本。"内封面刻"说文逸字二卷附录一卷"十字。前有咸丰八年戊午（1858）十月丁卯河间刘书年序，次叙目，次郑珍自序。正文每半叶九行，行二十一字，四周单边，黑口，版心记书名卷数。正文首行题"说文逸字卷上"，空一行题"遵义郑珍子尹记"。钤"吴""铁峰"朱文方印。上下两卷凡一百六十五文，皆据群书称引考知《说文》原有而大徐本所无者，并据金石以证之。《附录》部分二百九十二字，为其子郑知同尊其父之命编撰者。

郑珍，字子尹，号柴翁，贵州遵义人。道光十七年（1836）举人，授荔波县训导，咸丰年间告归。同治初补江苏知县，未赴，卒。晚清著名学者、文学家，一生潜心治学，勤于著作。《清史稿》有传。

书中有龚橙校语。如"䛂"字上批："䛂，徒歌也，从言从言从肉。误衍从言二字。"龚橙，字公襄，一字孝拱，号半伦。龚自珍之子。著有《诗本谊》《石刻录文》《唐金石刻录文》等。

此书通行版本有：咸丰八年（1858）望山堂刻本（《郑子尹遗书》之一），国家图书馆、上海图书馆、天津图书馆等藏，《中国丛书综录》等著录。同治光绪间福山王氏刻《天壤阁丛书》本，上海图书馆、山东图书馆等藏，《国家图书馆普通古籍总目》《中国丛书综录》《东北地区古籍线装书联合目录》著录。龚橙批校本与此二本不同，刊刻年月待考。

四、《江苏采辑遗书目录》不分卷

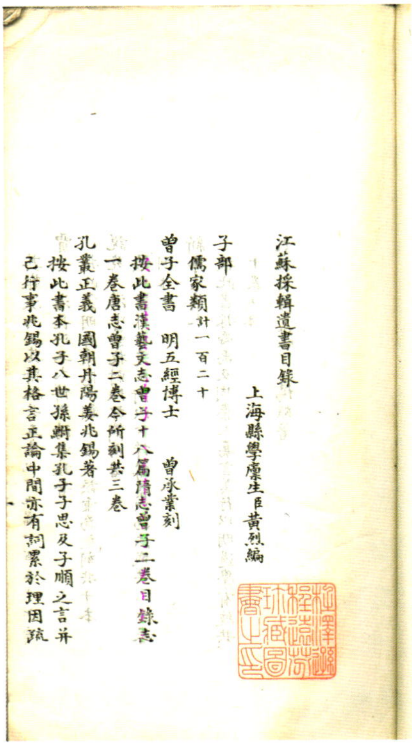
江蘇採輯遺書目錄　上海縣學廩生臣黄烈編
子部
儒家類 計一百二十
曾子全書　明五經博士　曾承業刻
按此書漢藝文志曾子十八篇隋志曾子二卷目錄志
一卷唐志曾子二卷今所刻共三卷
孔叢正義　國朝丹陽姜兆錫著
按此書本孔子八世孫鮒集孔子子思及子順之言并
己行事兆錫以其格言正論中間亦有詞累於理因疏

《江苏采辑遗书目录》首叶

清黄烈编。钞本。一函二册。

是书分经、史、子、集四部，此本仅余子部、集部。正文每半叶十行，行二十一字，书名顶格，按语另起一行低一格。每书名下记著者、卷数、简单提要。

黄烈，字右方，号一斋，高行镇人。父中松，著有《诗疑辨证》，《文渊阁书目》著录。烈早岁博览群籍，肆力于大家文。受彭启丰赏识，嘱为编采辑遗书目录。烈尤以治经为传世业，覃精研思历寒暑五十余无倦。著有《诗经遵义》、《云间文献》、《四书大全补摘》、《诗传拾遗》三十卷、《书疑辨证》六卷等。

《江苏采辑遗书目录》与《四库采进书目》中江苏两江两淮部分进呈书目有出入。长泽规矩也《中国版本目录学书籍解题》："《四库全书》编纂之先，有搜集遗书之命，其时，江南各地亦设局，陆续将书籍送往京师，此目分四部，记各书之著者（亦有官名）、卷数、版本、内容大纲，仿刊行之浙江目录。大总裁高晋、萨载、彭元瑞、增福、胡季云，总裁彭启丰，提调贾景谊，总校储宝书、魏嗣洛、陆鸿潇、黄烈等。""分类项目、各书之所属、著录之有无未必与现行'四库'相一致。"

此书《中国古籍善本书目》著录。1960年商务印书馆出版的《四库采进书目》收入《江苏采辑遗书目录》，但作了简化，只收书名、著者、版本。后来《〈四库全书〉提要稿辑存》以影印形式收入《江苏采辑遗书目录》。此书方得以广为流传，使读者睹其原貌。

五、《伊洛渊源录新增》十四卷附《答吕伯恭论渊源录》一卷、《伊洛渊源续录》六卷

宋朱熹撰，明杨廉新增并辑附录，明谢铎续录。日本庆安二年（1649）风

月宗知刻本。《新增》七册，《附录》三册，共十册。

封皮书签题“伊洛渊源续录”。正文半叶十行，行二十一字。白口，四周双边，单黑鱼尾。版心上方记书名“伊洛渊源续录”,中间记卷数,下方为页数。卷端钤有“紫陵书院”朱文方印、“小寺”朱印等。有黄仲昭弘治丙辰序、杨廉序。书末为嘉靖临海高赍亨《重刊伊洛渊源二录跋》，次为“弘治丙辰秋七月望后三日铎再识于方严书院”落款，背面有“庆安贰历仲春风月宗知刊行”牌记。

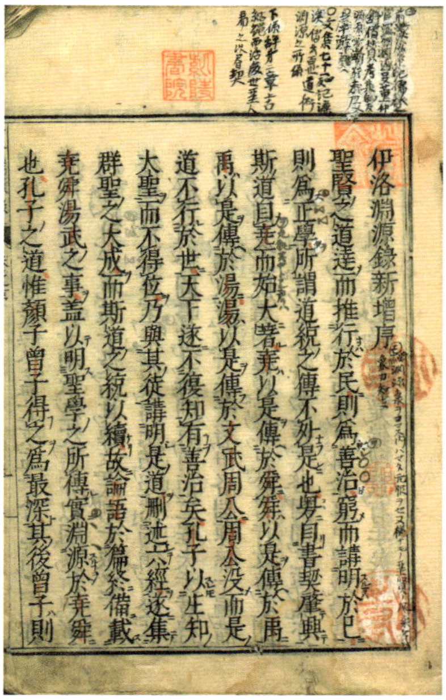
伊洛淵源錄新增序
聖賢之道達而推行於民則爲善治窮而講明於己
則爲正學所謂道統之傳不外是也粤自書契肇興
斯道自堯而始大著堯以是傳於舜舜以是傳於禹
禹以是傳於湯湯以是傳於文武周公周公沒而是
道不行於世天下遂不復知有善治矣孔子以生知
大聖而不得位乃與其徒講明是道删述六經遂集
群聖之大成而斯道之統以續故論語於篇終備載
堯舜湯武之事蓋以明聖學之所傳實淵源於堯舜
也孔子之道惟顏子曾子得之爲最深其後曾子則

《伊洛渊源录新增》内文

杨廉，字方震，号月湖，又号畏轩，丰城人。领成化丁酉（1477）乡试第一，丁未（1487）登进士。初授庶吉士，除给事中。弘治五年（1492），因灾异上治两浙、三吴水灾，停额外织造等六事，均被采纳。历南京光禄少卿、南京礼部侍郎。嘉靖初，进南京礼部尚书。好学工文词。低昂百氏，权衡程朱。精通礼乐、星历、算数，文必恪六经。著有《伊洛渊源录新增》《皇明名臣言行录》《月湖集》等。

此为杨廉《伊洛渊源录新增》与谢铎《伊洛渊源续录》二书的合刊。杜师题记云：“皮纸精印，硬皮线装，完整无缺。二〇一六年一月十六日购于济南市胜利大街之山东书城，儿子以恒及门生王晓静、赵兵兵、姚文昌等同往。朱子《伊洛渊源录》久为世重，明弘治中，丰城杨廉取朱子平日之言有及于伊洛者及文集语录中议论，增入各条之下，成新增之本。据弘治丙辰莆田黄仲昭序，知当时已登于梓。此日本庆安二年刻本，当即据弘治本重刊者，时另取谢铎《伊洛渊源续录》六卷附刻之。谢书成于杨书前，原与《朱子渊源录》合刊。其以杨、谢二书合刊者，出日人手。末附嘉靖临海高赍亨《重刊伊洛渊源二录跋》，原为合刻朱、谢二书作，知谢书依嘉靖本重刊，至于弘治丙辰谢铎再识，此本仅存落款，次高跋后，殊非其宜。唯杨书弘治刻本未见流传，今可见者唯日本此刻，是则可宝也矣。是月十八日上午滕人杜泽逊记于校经处。”

谢铎《伊洛渊源续录》六卷，《中国古籍总目》著录有明嘉靖八年高赍亨刻本、清钞本、《续台州丛书》本。朱、谢二书的合刻本有明嘉靖八年高赍亨刻本。唯杨书《中国古籍总目》《中国善本书目》《中国丛书综录》皆不见著录，诚如杜师所言“今可见者唯日本此刻，是则可宝也矣”。

六、《读孟笔记》七卷

清卢允通撰。道光七年（1827）曾孙芳治等刻本。二册。

是书书名叶分三栏，中栏大字“读孟笔记”，右栏“道光丁亥夏镌”，左栏“古祝卢氏藏板”。四周单边，正文每半叶八行，行二十字，批注小字双行，行间有夹批、天头有眉批。“行间为地无多馀则列之高眉”（凡例）。前有历城贾琅序，钤“金合文库”“小林藏书”二印。次道光七年高唐马鸿达序，次漯水卢允通自序，再次卢芳治凡例。书末有“历下雕藻斋镌”字样。是书本为家塾课本，“请少波马老夫子厘定”（凡例）。“虽采取眉山老泉、德水介眉诸说而能于两先生外独抒己见，发前人所未发”（马序）。

卢允通，字彦博，禹城人。乾隆戊午岁（1738）贡生。少孤。母郝氏，守志四十余年。曲尽孝道。至老好学不倦。

《中国古籍总目》《中国古籍善本书目》皆未著录。杜师题记云：“《读孟笔记》七卷，清禹城卢允通撰，清道光七年丁亥曾孙芳治刻本，二册。先是，李君振聚发现日本东京琳琅阁书店有此书，《山东通志·艺文志》著录，而《清人著述总目》未记藏于何所，知为罕传，建议购归。因属本院教师日本西山尚志博士代为网上订购，今日书到，适金君晓东来访，相与展观，知

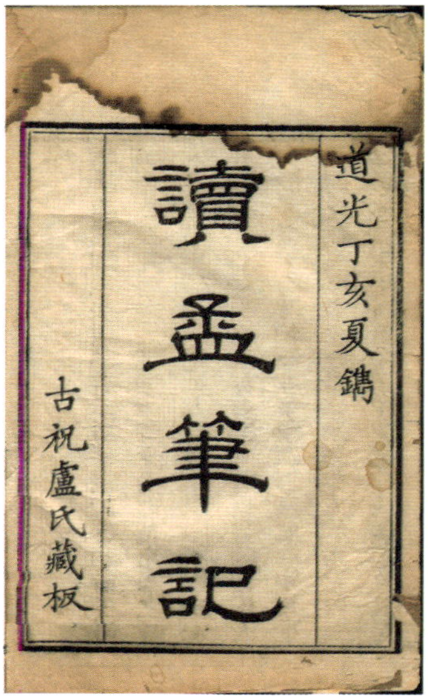

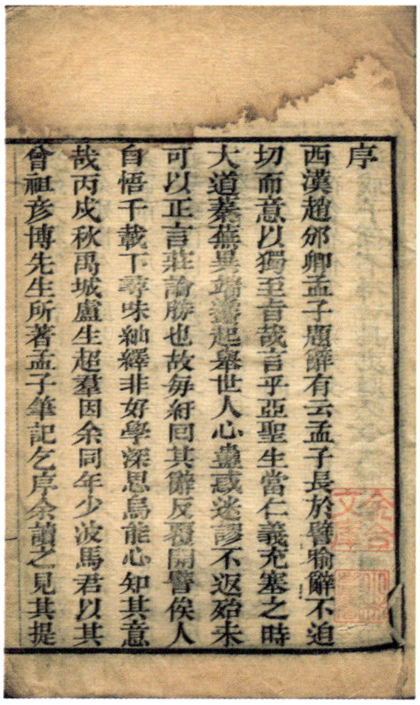
序
西漢趙邠卿孟子題辭有云孟子長於譬喻辭不迫
切而意以獨至言哉言乎亞聖生當仁義充塞之時
大道蓁蕪異端蠭起舉世人心蠱惑迷謬不返殆未
可以正言莊論勝也故毋紆回其辭反覆開譬俾人
自悟千載下尋味紬繹非好學深思烏能心知其意
哉丙戌秋禹城盧生超羣因余同年少波馬君以其
曾祖彥博先生所著孟子筆記乞序余讀之見其提

《读孟笔记》书名叶及序

剞劂氏为历下雕藻斋也。乡塾刻本，或不以为贵，乡邦文献固不能任其散佚，乃书简端以告读是书者。二〇一五年九月五日检记，次日晨补书。滕人杜泽逊于历城校经处。”

七、《匑厂文稿》六卷

黄孝纾撰。民国二十四年（1935）上元蒋国榜排印本。二册。

封皮书签题“匑厂文稿”，下有小字“陈三立”并“三立”白文朱印。书名叶题“匑厂文稿，三立”。背面有牌记“江宁蒋氏湖上草堂丛刻之一”。书前有武进董康序，次新建夏敬观序，次李宣龚序，次江宁吴廷燮序，次吴兴刘承幹序，次蒋国榜序。正文每半叶十行，行二十字，白口，单黑鱼尾，版心上方题“匑厂文稿卷一”。自十七叶后，卷数题于鱼尾下方。版心下方为页数。

黄孝纾（1900—1964），字公渚，一字颧士，号匑厂，福建闽县人。父黄石荪，光绪中叶以翰林转御史，历官皖、鲁。黄孝纾服习庭训，少治经学，喜考据，精训诂，亦善画。早年随父寓青岛，“滨海一楼，朝夕相慰”。在青岛赫兰大学毕业后，与弟孝平（君坦）、孝绰（公孟）筑袖海楼读书，洁身养志。时人目为“江夏三黄”。民国十三年（1924），孝纾主刘承幹嘉业堂，十年间，遍读藏书，四方“请业”者甚众，“隐然为东南大师”。所作诗词，甚为陈三立、朱祖谋诸老辈推许。历任北京大学、北京师范大学、山东大学文科教授。除本书外，尚著有《劳山集》《黄山谷诗选注》《欧阳修词选译》等。

杜师题记云：“蒋国榜（一八九三—？），字苏庵，上元人，厚民子，国平兄，少年勤学，能为古文辞，与冯煦友善。时翁长森辑成《金陵丛书》而病危，以四巨椟托冯付于国榜竟其事，国榜虽数遭横逆，仍感托付之重，规画是编，克成全功。《金陵丛书》四集五十种，一九一四至一九一六年上元蒋氏慎修书屋排印本。（《江苏艺文志·南京卷》）泽逊按：此《匑厂文稿》六卷即国榜排印，时在民国廿四年乙亥。近持示蒋维崧先生，先生谓尝有一部。又谓蒋氏外号蒋驴子，忘其名字，又为李审言印文集。维崧先生见此集有协和婚颂，又云‘我结婚时也是黄先生作婚颂’。杜泽逊记。二千又二年三月六日。”

八、《寒山子诗》一卷

唐寒山子撰。民国十三年（1924）周叔弢影宋刊本。一册。

是书白纸蓝印。书名叶刻“影宋本寒山子诗”，背面有“甲子十二月建德周氏新刊”字样。正文首行刻“寒山诗”。半叶十一行，行十八字，白口，左右双边，单黑鱼尾。版心鱼尾下刻“寒山子诗”，版心下有刊工。前有闾丘胤《寒山子诗集序》，次行署“朝议大夫使持节台州诸军事守刺史上柱国赐绯鱼袋闾丘胤撰”。是书原本藏虞山毛氏，卷首有“宋本”“甲”“子晋”“毛晋私印”“汲古主人”“子晋之印”“毛氏子晋”诸印。后入清宫，有“乾隆御览之宝”“五福五代堂宝”“八征耄念之宝”“太上皇帝之宝”“天禄琳琅”“天禄继鉴”诸印。

此书民国六年周叔弢先生得之于津门，后影刻行世。叔弢先生哲嗣周景良先生寄赠王绍曾先生。卷内钤“孝经一卷人家”朱文长方印，为周叔弢先生藏品。后绍曾先生转赠杜师。书前副叶有绍曾先生墨笔识语：“此本为周景良先生所贻，影刻精良，叹为观止。今以转赠杜泽逊仁弟作为教学之用。二〇〇三年八月十二日王绍曾识。”下钤“王绍曾”印。时绍曾先生已九十有三。王先生有《跋建德周氏影刻宋本寒山子诗》一文，收录于《目录版本校勘学论集》（上海古籍出版社 2005 年版）之中，即杜师奉王先生之命代拟者。

此册末有杜师手跋：“《寒山子诗》一卷附《丰干拾得诗》一卷共一册，民国十三年周叔弢先生影宋本也。原书为毛晋故物，后入清宫，鼎革之际流入民间，民国六年叔弢先生得之于津门。半叶十一行，行十八字，白口，左右双边，单鱼尾，鱼尾下刻寒山子诗，版心下记刊工：徐忠、李椿、董源、章椿、陈亨、施昌。字体版式属宋浙本系统。刻工李椿见宋孝宗淳熙间池州刻《文选》，又见宋宁宗开禧元年刻《晋书》，施昌见宋刊《武经七书》，该本避讳至慎字，亦孝宗时所刊，徐忠见孝宗淳熙三年张杅桐川郡斋刻淳熙八年耿秉重修本《史记》，则其刊版当在南宋孝宗至宁宗间，唯卷内避讳，殷、恒、贞三字均缺末笔，是避太宗祖父弘殷、真宗、仁宗讳。而于南渡诸帝嫌名搆、慎、暾、廓诸字则不避，颇异常理。观是本寒山诗末注云‘已上诗除拾遗二首老僧相传其外切依古印本排比次第耳’，然则是本或系南宋孝宗至宁宗间翻雕北宋仁宗刊本。弢翁哲嗣景良先生以是册寄赠吾师王绍曾先生，王师复转赠于泽逊，并命泽逊缀数语于楮尾，以资纪念云。西元二千又三年八月十四日滕州杜泽逊敬识于山东大学槐影楼。”末钤“杜泽逊”印。藏

寻访藏书家墓地（三）

韦　力

冯桂芬墓

冯桂芬墓位于江苏省苏州市天池山景区后面的竺坞鸡窠岭，如今墓冢已毁，仅有文物保护标牌立于附近。在中国近代史上，冯桂芬一直是以思想家、改良家的形象出现，是晚清维新思想的先驱者，关于他藏书的一面却被很多人忽视。壬辰年夏前往苏州访古，得友人相助，费尽周折找到冯桂芬墓的文保牌，也算不虚此行。

冯桂芬（1809—1874）字林一，号景亭，晚号怀叟，又号邓蔚山人，道光二十年（1840）进士，授翰林院编修，并充国史馆纂修，官至右中丞，同治初曾入李鸿章幕府，先后主讲南京惜阴、上海敬业、苏州紫阳及正谊等书院，门生中多有俊杰，最著名的是吴大澂和叶昌炽、王颂蔚、管礼耕等，一生著述极多，有《校邠庐抗议》《说文解字段注考证》《两淮盐法志》《西算新法直解》《显志堂集》等，并参与纂修《苏州府志》。这些著作中最著名的是《校邠庐抗议》，该书针对时局提出一系列改革方案，其中采西学、制洋器、改科举等建议先后被洋务派所采纳。同治九年（1870），冯桂芬因讲学著书等事有益于清王朝，被朝廷破格赏以三品衔。《清儒学案》在评价“校邠学案”时称：“校邠宗尚亭林，究心经世之学，其《抗议》四十篇，亦《日知录》之支流也。昔亭林著书，谓‘若果见之行事，不难跻斯世于治古之隆’。虽托空高，而闻者兴起。后二百馀年，而有校邠，与亭林所处不同，此心若一，使后之人读其书，知儒效可凭，思有用于世，斯亭林之绪长已。”

关于冯桂芬的藏书事迹，吴云为《显志堂集》作序时称：“所居厌城市近嚣，

冯桂芬墓

筑室灵岩山下，疏池叠石，种竹栽花，建高楼，牙签万轴，充满其中。”《冯桂芬行状》则记有：“尝得影宋本徐楚金《说文韵谱》，辄大喜，谓李舟《切韵》已亡，赖此可以存之。遂与同里顾河之瑞清、上元龚生丙孙商榷，作校勘记，未卒业，而有粤匪之难，稿失其大半。府君乃先手摹篆文，命及门分书原注付梓，以校勘本藏于家。”其藏书处有一仁堂、耕渔轩，二者都在光福镇。一仁堂起于前，因藏书日多，渐显逼仄，冯桂芬于是又建起新宅以存书，建好之后，有徐姓同里告诉他，新宅这里曾是徐达左故居旧址。徐达左是明初藏书家，字良夫，号松云道人，别号耕渔子，藏书处为耕渔轩，当时的另一个藏书家吴宽曾形容耕渔轩藏书为“高编大册甚富”。元、明时期，徐达左耕渔轩与倪瓒清秘阁、顾阿瑛玉山佳处三足鼎立，当时的名人杨维桢、高启等人往来唱和于其中，一时间风流文采，腾耀江左。冯桂芬得知新宅乃徐达左藏书处后，极为高兴，将新宅也起名叫耕渔轩，并在《耕渔轩记》中称“是轩为流风馀韵所在，乡闾后进宜何如高山景行之慕，乃于无心中得复旧迹，亦予之厚幸也。”

耕渔轩藏书有多少，可以从叶昌炽日记中略窥一二。《缘督庐日记钞》“同治十二年（1873）十二月廿一日”记：“为景师整理书籍约二十架，分经、史、子、集四部，偕申季、伯渊两人，自朝之暮，仅得小半功夫，然已不胜其惫矣。”虽然不知道二十架藏书究竟是多少，但至少可以知道冯桂芬藏书是四部齐备的。弟子们为老师整理藏书之后仅不足半年，冯桂芬即因病逝于家，二十余年后，叶昌炽再访老师故宅，见到的已是“旧时志局安研之地，尘封已久，书籍磁器狼藉满地，先师遗泽不堪回首”。

根据《冯桂芬行状》记载，冯桂芬夫人黄氏先殁，葬于“吴县二十一都八图阳甲字圩北祝坞”，冯桂芬去世后合葬于此，《吴县文史资料》则称冯桂芬墓位于“吴县藏书乡天池山竺坞鸡窠岭”，“祝坞”与“竺坞”应当是同一个地方。这一天与马骥兄和几位朋友同往天池山寻访，来到天池山景区，向工作人员打听，工作人员称该墓不在景区内，在景区后面的另一座山上，并找来管理者，希望能够帮到我们。管理者又不知从哪里找来一位七十多岁的老太太，自称知道墓在哪里，马兄塞给她三十元辛苦费，请她上车带我们绕到后山去寻访。沿着山路开到半山腰，车已无法前行，于是大家下车接着步行，老太太指着眼前一片山说，就在这山上，然后带着我们沿一条小山溪向上爬，正爬山间下起了小雨，好在看上去小雨不会变大，于是大家接着在细雨中爬山。年轻的时候曾经听过一首歌，歌词是“小雨来的正是时候”，此时此景，让我想起了这首歌，时值酷暑，天气极为炎热，这场小雨的确来得正是时候。

老太太腿脚之利索令人叹服，可是向上爬了十余分钟后，她站在原地不动了，手搭眉毛四处张望，大伙儿喘着粗气跟上她，等她带路继续寻访，没想到她停了好一会儿，才木讷地说，想不起来怎么走了。马骥兄马上又塞给她二十元钱，请她再细想想，这次的物质奖励并没有起到作用，老太太想了半天，一脸歉意地说实在想不起来了。我试图启发她回忆上次见到冯桂芬墓的情形，比如旁边有什么，谁知她的回答差点儿让大家都栽下山去：“我是十七年前上山砍柴时看到一座大坟，还有台阶，也不知道是不是你们要找的那个。”众人大为泄气，一起感慨了一声：“十七年！”只好沿溪水下来，回到车上原路下山，希望再找个明白人来带路。

小雨不知不觉停了，换了烈日继续烘烤大地，快到山脚时遇到一位当地农民迎面而来，我不死心，停车向其打听，他的回答又让我们燃起了希望：“冯桂芬墓，我知道！”可是已经有了老太太的教训，我们不太敢相信，他接着说了一句话，我们马上又兴奋起来：“我弟弟是文管所的所长，当时立碑的时候我亲眼见过。”一听这个，大家觉得有门儿，立即请他上车，掉头继续上山，又来到刚才停车的地方，下车步行。这位村民并没有像刚才老太太一样带着众人上山，而是向下走进了一片茂密的竹林，带我们寻找冯桂芬墓的文保牌。因为地处荒山，又值盛夏，山上植被极为茂盛，竹林里藤萝丛生，并且长满带刺的植物，每往前一步都极为困难，无论怎么小心都避免不了被划伤，很快大家的胳膊上就出现了一道道的血痕，马骥兄访古心切，第一个钻进竹林中找寻，因为身穿短袖，血痕尤其多。因为有希望，知道冯桂芬墓就在这附近，大家的兴致都很高，几乎人人手脚并用，但尽管如此，我还是听到了最不愿意听到的一句话，向导说：“我找不到了。”然后又解释：“现在是夏天，山上都爆青了，你们冬天来，没有这么多植被就好找了。”到这份儿上他竟然还敢这么说，所有人都有些生气，我突然想到他弟弟是文管所的所长，那么一定知道具体位置，立即请他给他弟弟打电话问一下。电话拔通后，他用当地话讲了一阵，脸上逐渐恢复了信心，开始有了笑容，看来的确有门儿，放下电话，他告诉我们，冯桂芬墓的文保牌的确就在这片竹林里，而且他划出的范围并不大，于是我们燃起希望，又分头钻进了竹林，以半行半爬的姿势寻找着冯桂芬墓。五分钟后，听到向导欢快的声音："找到了！就在这里！"

果然我们看见了冯桂芬墓的文保牌，1986 年由吴县人民政府所立，隐藏在一片极为盛密的竹林及灌木丛中，背后刻有简介："墓在藏书北竹坞，座向朝西，南北排列着三个妻妾墓冢。冯桂芬（1809—1874），字一林，道光进士，是清末洋务运动时期的政论家，著有《校邠庐抗议》《说文解字段注考证》《西算新法直解》等。"据这位向导说，冯桂芬墓并不在文保牌附近，而是在后面那座山上最高处的一棵树下面，因为无路可通，当年立碑时只好立在了这里，现在即便找到墓冢，也看不见什么了。听到这句话，我颇有些气馁，马骥兄看到我失望的样子，不断安慰我说能找到这个也算不错了，我才意识到自己有些失态，毕竟酷暑烈日之下辛苦了一起陪我寻找的朋友与向导，何况我们上山时有一段路是开车上来的，当年的交通必定没有现在这么好，要将这么重的石碑从山脚抬到这里，也不容易了。再看看马兄一身的惨状，我极为抱歉，决定将来写这篇寻访记时，一定要把他写得英勇一点，否则真对不起他身上的血痕和被划破的衣服。

范 钦 墓

范钦墓位于浙江省宁波市鄞州区姜山镇茅山村，目前保存完好。范钦是中国最富盛名的藏书楼天一阁的创始人，天一阁屹立东南四百多年，是中国藏书史上不可超越的神话，连乾隆皇帝修建藏书阁，都要下旨仿范氏天一阁之制，建内廷文渊、文津、文源、文溯和江浙文汇、文澜、文宗三阁。而我一生最大的梦想之一，就是也能够像范钦一样建起一座能够流传久远的藏书楼。

范钦（1506—1585）字尧卿，号东明，明嘉靖十一年进士，累官至兵部右侍郎，《乾隆鄞县志》载其"性喜藏书，起天一阁，购海内异本列为四部，尤善收说经诸书及先辈诗文集未传世者，浙东藏书家以天一阁为第一"。天一阁是范钦退归林下后所建，大约落成于嘉靖四十五年（1566），最开始名叫十洲阁，后来才改成天一阁。据全祖望记载，范钦在收集碑版时，忽然得到吴道士龙虎山天一池石刻，为元代揭傒斯所书，因石刻中有"天一池"三个大字，范钦看中其"天一生水"，水能克火护书的概念，因此移来作为藏书楼的名字。

天一阁中的藏书以明本为多，尤其多明代地方志，比《明史·艺文志》中著录的还要多，到了民国年间，虽然历经战乱及各种掠劫，仍然存有二百四十种之多，而且其中大部分为孤本。

天一阁能够保存至今，与其管理制度有着极为重要关系，据阮元《天一阁书目序》记载，天一阁规定不许持烟火者入楼，钥匙由各房分管，有人登楼看书，必须各房子孙到齐才能开锁，又严禁藏书下阁，凡有犯规者，罚不与祭等等。然而这些规矩并非范钦生前就已经定下，而是其长子范大冲所定。明代的另一位藏书家祁承㸁曾说过“藏书第一在好儿孙，第二在好屋宇”，范大冲便是可以延续藏书的“好儿孙”。全祖望《天一阁藏书记》记载：“吾闻侍郎二子，方析产时，以为书不可分，乃别出万金，欲书者受书，否则受金。其次子欣然受金而去，今金已尽而书尚存，其优劣何如也。”范钦析产不久后去世，范大冲在范钦去世后两年编定《天一阁书目》，在跋语中追忆父亲一生访书、抄书、藏书的经过：“生平孜孜，惟书籍是嗜，远购近集，旦录夕抄，积之岁月，仅盈箧笥，乃勉构天一阁以贮之，惧遗逸也，其用心良苦且久矣。”为了让天一阁藏书能够世代传下去，范大冲谨遵父亲“书不可分”的遗愿，不再将天一阁传给某个后人所有，而是定下规矩，将天一阁改为家族共同管理，定下“代不分书，书不出阁”的族规，正是这些族规，才使得天一阁藏书保存了四百多年而不致散佚。

其实这次来到宁波，我也极想找到范大冲的墓葬，可惜关于他的资料极少，也许是范钦的名气实在太大，所以人们往往忽视了范大冲的存在，我仅在《范氏支谱》中查到一句“卜葬于鄞西四十七都五图唐范山之阳”，然而这个地址究竟是今天的什么地方，已无由问知。范钦去世于万历十三年（1585）九月二十八日申时，与夫人袁氏合葬于姜山镇茅山，坐北向南，民间称之为五台坟，因为昔日的墓前有五个平台，递次升高，每级平台两侧皆立有石兽、翁仲与石凳、栏杆等。二十世纪四十年代，因传说范钦墓中陪葬品价值连城，引来盗墓贼注意，墓中陪葬品悉为盗者洗劫而去。“文革”期间，墓外建筑亦遭毁坏，石兽、翁仲等全部被砸。如今再去茅山，只能看见1995年修复过后的范钦墓。

茅山并不高，不足百米，因为周围都是一马平川，故颇为显眼，前往茅山村途中，隔着好几公里就看见一座孤零零的小山，司机告诉我那就是茅山。进入茅山村后，我向村民们打听范钦，奇怪的是很多人都不知道，后来想明白，也许我遇到的都是外地来的打工者，他们或许更加关心哪位明星，而不是一位死去将近四百多年的藏书家。无人可问，而茅山就在眼前，范钦就在不远处，

范钦墓

于是我又用上了最笨的办法，请司机围着茅山转圈，看看哪里有上山的路，途中又不断向路人打听，终于有人回应说，知道山上有个大墓，但到底是谁的墓就不清楚了。我想起前一天曾请教周慧惠女史关于范钦墓的具体位置，她告诉我说茅山上只有一座墓，就是范钦墓，那么只要找到路人所说的“大墓”，就一定能找到范钦墓。

终于找到一条可以往山里面开的小路，出租车无法前行后，我下车步行上山，远远看见半腰中有一个水泥砌起的平台，虽然看不清平台上面究竟是什么，但心想这种地方出现这样的建筑物，一定是范钦墓无疑！意外的是，在这种地方居然遇到了好几个人，他们告诉我前面那间工厂围墙边上有条路，可以通到大墓前。工厂不知生产什么，污染极大，排出来的黑色污物层层叠叠，似棉絮一般将附近的植被全部覆盖，看上去极为阴森，几乎可以用作拍摄鬼片的现场。从污染区中的小路上去，果然就是范钦墓。

范钦墓是典型的浙江墓葬形式，墓碑是横向嵌在墓冢的正前方，上面写着“明兵部右侍郎范钦墓”，其中“范”字无色，余者皆为黑色，乍看上去，似乎是漏掉了一个字。这时我的寻访之旅刚开始不久，对于各地的墓葬形式尚未熟悉，初次见到这种墓葬形式，颇为奇怪，因为一向所见都是圆形墓冢前竖着立一块墓碑，碑上写着墓主的全称。后来始知这是当地风俗，每到清明，孝子贤孙扫墓时都会拎上一罐红漆和一罐黑漆，红漆用来描姓氏，黑漆用来描其他的字，如今清明尚未到，经历了一年的风吹日晒，去年描的红色早已褪去，所以眼前的“范”字呈现出石头本身的颜色。

墓碑的右边立着一块石牌，上面刻着一段文字：“尔负尔躯，尔率尔趍；肮脏宦海，隐约里闾。将为断断之厉？抑为嫚嫚之愚乎？古称身不满七尺而气夺万夫，陆沉人代而名与天壤俱，盖有志焉而未之获图也。吁！”这段话出自范钦《自赞》，撰于万历十三年（1585），范钦写完这篇《自赞》不久便去世了，这篇赞极有可能就是他生前最后一篇文字。晚年的范钦并不愉快，虽然家有亭台楼阁兼藏书万卷，友朋往来唱和频繁，并不寂寞，但家中亲人接二连三去世，先是弟弟去世，然后是夫人，接着是长孙，而这个长孙又是当时范家惟一的男孙，长孙之夭折，对于范钦来说几乎近似于绝后，再然后是他最为看重的二女婿。连番恶耗传来，范钦长叹福薄，跪在列祖列宗像前乞求庇佑："不肖倘藉洪庇，获保长年，尚有图，惟以效勤惓。若科弟久郁，嗣续尚稀，欲望门祚光大，宗佑有赖，不肖所为日夕萦虑者，仰祈明灵体恤、早赐成全。"

家人连番去世，范钦的老朋友们也陆续相聚于地下，范钦意识到自己时日无多，开始着手后事，将自己的诗文整理编排，厘为《天一阁集》三十二卷，为晚辈定下婚事。万历十三年九月，是范钦八十岁生日，然而就在生日的前三个月，次子范大潜病逝，白发人送黑发人，这个生日可想而知过得十分凄惨。三个月后，就在八十岁生日之后的第九天，范钦也离开了人世，葬于茅山。

壬辰年春的范钦墓略显得有些荒凉，这荒凉一部分来自旁边的长期污染，另一部分来自墓冢周围无人打理的植被。不过虽然荒凉，仍能看出当年重修范钦墓的人用过心思，两侧各有一株红色山茶，正开得灿烂。清明虽然未到，但墓前已经有人放下鲜花，端端正正地敬放在墓碑中间，这束鲜花让我感到极为欣慰，这说明爱书的人不止我一个，怀念范钦并且付诸行动的，也不止我一个。

陆心源墓

陆心源墓位于浙江省湖州市妙西镇104国道施家桥蚕种场内。湖州这几天极冷，一早起来，听见天气预报称下午到晚上将有大到暴雪，呼吁大家尽量留在室内，内心极为纠结，今天要去的好几个地方都在山上，雪天上山多少有些不太安全，但是枯坐宾馆无疑是浪费时间。想了想，既然暴雪下午才到，那么还是趁早先去杼山，最好赶在下雪之前回来，尽是避免下雪时还在山上。前几天北京刚刚有两位驴友在灵山困雪而死，还是小心一些为妙。

杼山位于妙西镇，周围几个村庄分布着陆心源墓、高僧皎然墓以及两座陆羽墓，想来杼山当年应该风景不错，否则不会吸引这么多文人雅士在这里聚集，陆心源地下有此二友相伴，亦茶亦禅，想必也很逍遥。陆心源（1838—1894）字刚甫、刚父，一字潜园，号存斋，晚号潜园老人，咸丰九年（1859）举人，以知府分发广东，咸丰十一年（1861）任福建盐运使，所著有《金石学录补》《穰梨馆过眼录》《仪顾堂文集》《宋诗纪事补遗》等，合署为《潜园总集》。陆心源天资聪颖，十三岁已能通经，又极推崇顾炎武，并且私淑

陆心源墓文保牌

顾氏，“仪顾堂”的堂号即来源于此。其藏书处最著名的自然是皕宋楼，为晚清四大藏书楼之一，其他尚有潜园、守先阁、仪顾堂和十万卷楼等，其中“潜园”为隐藏、止息之意。皕宋楼这个名字的初衷源自黄丕烈的百宋一廛，黄丕烈号称有一百部宋版书，陆心源认为自己一定要超过他，于是将自己的堂号取为“皕宋楼”，意思是楼中有两百部宋版。可惜的是，皕宋楼所藏珍籍在光绪三十三年（1907）经岛田翰作伐全部东渡日本，成为中国藏书界永远的遗憾。

岛田翰在《皕宋楼藏书源流考》中曾描述陆心源聚书经过：“方是时，受丧乱后，藏书之家不能守，大江南北，数百年沉薶于瑶台牛箧者，一时俱出。而心源时备兵南韶次，权总闽鹾，饶于财。于是网罗坠简，搜抉缇帙，书贾奔赴，捆载无虚日，上自苕溪严氏芳茉堂、乌镇刘氏暝琴山馆、福州陈氏带经堂（兰邻之书大半为周季贶、蒋香生所获，周书散出心源多得之），下迄归安韩子蘧、江都范石湖（名筌，康熙中人）、黄荛圃、仁和平甫季言二劳、长洲周谢盦（名世敬，香严子）、归安杨秋室、德清许周生、归安丁兆庆、乌镇温铁华及元、钱塘陈彦高等，有一无二手稿草本，从飘零之后摭拾之，尽充插架，以资著作。素标缃帙，部居类汇，遂为江南之望矣。”根据记载，陆心源藏书总数多达二万余种，十三万八千余册，二十多万卷，但是实际上所藏宋本并没有两百部，王大隆认为陆心源是将《玉海》附刻、《百川学海》等书拆散分列，以充二百之数，实际上仅有宋版一百二十部左右，号称二百，实为夸张。但是即便是一百二十部宋版，也已经超过了黄丕烈的百宋一廛，很值得炫耀了。

陆心源出生的前一天，父亲曾梦见叶梦得来访，叶梦得为宋代词人，辞官后在湖州卞山石林谷隐居，并建起藏书楼，贮书逾十万卷，可惜后来被祝融光顾，十万藏书化为灰烬。叶梦得著述颇多，其中《石林奏议》一书有宋本流传，晚清时为仁和胡心耘所得，继而归湖州吴云，继而又被陆心源以两部珍籍换归。陆心源得此宋本后，悉心校刊，因该书自南宋后一直没有重刻，潘祖荫借观此书后，怂恿陆心源将之付梓，陆欣然纳其言，于光绪十一年（1885）将该书重刻。陆心源自己也觉得与叶梦得不仅性情相近，仕途亦相类，《石林奏议》时隔七百年后由他来重刻，冥冥中确有夙因。宋本《石林奏议》如今在日本静嘉堂架上，十余年前我曾多次前往日本，一直未有机缘到静嘉堂一观，十分遗憾。

当时与陆心源往来最多的，有俞樾和缪荃孙等人，陆心源去世后，两人都为他写过神道碑。光绪年间，缪荃孙主讲南菁书院，陆心源还特意令长子陆树藩持元刻古籍、宋拓真迹作为贽礼，向缪荃孙求学，古人尊师重道，可见一斑。从这件事情还可以了解到，陆心源在推崇顾炎武之外，同时也深服缪荃孙。缪荃孙在神道碑中说："我在京师，因友通邮；我归江南，遣子从游。不矜山海，而纳壤流。知己之感，衷于千秋。"正是两人交往实录。

这一天的行程首先是寻访陆心源墓，然后是陆羽和皎然，出发前查得陆心源墓的地址是"妙西镇104国道方陆茶叶公司正对小路进去蚕种场内"，这个地址看似详细，实则很不好找，因为没有具体村名，在一段长长的国道上寻找一间茶叶公司，虽然说不上是大海捞针，但也够茫然的。司机是当地人，但对这一带并不熟悉，走了两段错路之后，看见路边有修路工人，下车打听，修路工人听说我们找陆心源墓，忙说知道知道，就在他们家那边，名叫施家桥，然后详细指了路，终于在一偏僻处找到陆心源墓。

蚕种场里一个人影都不见，不知是已经停止经营，还是因为天气太冷，所有人都躲在了室内。办公楼旁边有一个小停车场，停车场边有文物保护标牌，上写"陆心源墓"，为湖州市文物保护单位，公布与立碑时间均为2003年。标牌后有一小池，池上有小桥，小桥新旧参半，桥后为一片并不茂密的树林，除了中间几棵树龄较长之外，其余皆为新种不久。树林之后为一大片荒地，满是衰草，桥后约百米处有一圆柱状墓冢，与网上所见图片相似，我想这大概就是陆心源墓了。眼前之景

陆心源墓前的泮池与泮桥

陆心源墓

颇让人奇怪，首先是墓与标牌相距如此之远，其次是墓的形状，是一个直径约三四米的正圆形柱体，高约两米，上下一样粗，顶上是个极缓的锥形，因年代久远，圆柱形的边缘处已经开始坍塌，露出里面一层一层的砖体。围着它走了一圈，心里不禁有些疑惑，这真的就是陆心源墓吗？这又是一种什么样的墓葬形式呢？没有墓碑，也没有前后之分，但是停车场旁边的文物保护标牌之后，附近再无别的可疑之物。

时值深冬，陆心源墓周围衰草连天，更远处为连绵起伏的山影，陆心源墓顶上早已干枯的蒿草在寒风中随风倾斜，这一切在暴雪来临前的苍穹下显得极具画面感，霎时间颇有好莱坞大片的感觉，竟然让我停下来想多待一会儿，原来想赶在大雪前跑完几个墓址的计划，也抛在脑后了，不知道陆心源看见我在如此恶劣的天气下来拜访他，会作何感想。一位老农荷着农具从不远处的小路上经过时，停下来一直看着我，见我注意到他，才对我说："去给他拍照啊？"我说是，接着又问了一句，这是陆心源的墓吗？他哈哈一笑："他们说是，那就是吧。"

拍完照往回走时，又看到那几棵老树，两两相对，位置正好在墓前正中，怀疑是当年的墓道，但是其他几棵老树的位置又不太像。再一次经过小桥，才注意到小池塘的一角曾经修补过，原来的弧形变成了直角，再看整个池塘，分明是一个曾经的泮池，小桥则为泮桥。泮池为官学的标志，古代学宫、书院前多有泮池，因为诸侯不得观四方，故泮池抹去两角，成为半月形，古人称入学为"入泮"即来源于此。陆心源为咸丰九年（1859）举人，墓前修泮池，正是其身份的象征。知道小池塘为泮池后，我也明白为什么保护标牌与墓相距如此之遥了，因为它是将泮池与泮桥也纳入了文物保护范围之内。藏

杭郡振绮堂汪氏文献世家考

郑伟章

清杭郡（今杭州市）振绮堂汪氏，先世为徽州黟县雷港之宏村（一作洪村）人，明末其远祖汪元台以业盐始迁于杭，遂系籍杭郡钱唐县。至汪宪之父汪光豫（介思公）始卜居荐桥之馆驿后，始名振绮堂。据汪诒年《汪穰卿（康年）先生传记》卷一云，至道光十六年汪远孙下世后，汪氏六房始析居，长房和五房迪孙仍居振绮堂老屋，二房适孙卜居贺衙巷之俭永堂，三房迈孙购得振绮堂隔壁之屋道福堂，四房遹孙迁居冯山人巷，六房述孙迁居嘉兴。振绮堂藏书创始人为清雍正、乾隆时期之汪宪。振绮堂与吴氏瓶花斋衡宇相望。据国家图书馆藏普通古籍（JP366）《汪氏振绮堂宗谱》（以下简称为《宗谱》），自汪氏始祖以下，汪宪之父汪光豫为第八十七代，汪宪为第八十八代，自汪宪起历经六代人，至汪玉年、汪康年辈为第九十三代。在长达一百八十年历史中，汪氏家族孜孜于藏书、校书、刻书、编纂藏书目录、题识等文献活动，在清中后期以迄于今世的学术、文化和社会效应方面产生了巨大影响。在浙江除浙东之天一阁外，其影响之大恐怕就要数浙西之振绮堂了。清谭献云："当是时，汪氏贤哲辈出，泽于古，富于文，如千陂先生以来昆弟子姓，往往以科目起家，以述作自任也。"（《〈振绮堂诗存〉序》）清许子麟诗云："流风衍及百年馀，通德名门旧赐书。科第婵嫣联六叶，文章声价重三珠。"（《〈振绮堂诗存〉题辞》）清龚自珍有诗颂之曰："振绮堂中万轴书，乾嘉九野有谁如。"（《己亥杂诗》一六二）

对振绮堂汪氏的文献活动理应进行深入研究。在20世纪七八十年代，这个课题即引起了我的兴趣。在1999年6月中华书局出版的拙著《文献家通考（清至现代部分）》中，我即撰写多人。十七八年来，我又手抄大量新史料，现将汪氏家族的藏书、校书、刻书、目录学成果以及兵燹造成的损毁，重加整理如下。鄙人孤陋寡闻，所见有限，乃以之就教天下方家，恳望赐教。

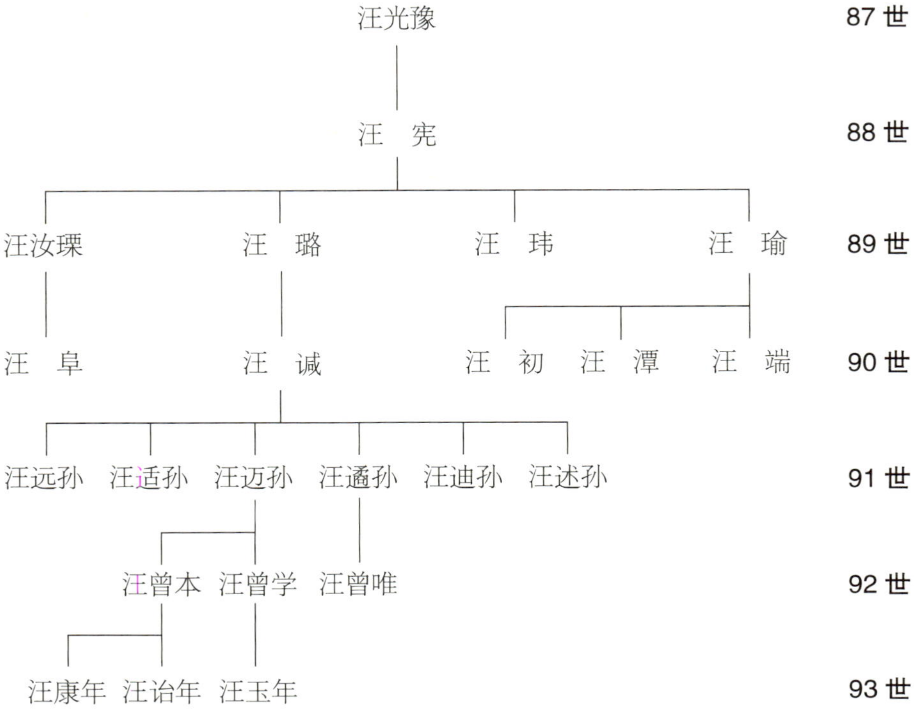

文献世家振绮堂汪氏人物世系

第一代：汪宪

汪宪（1721–1771）　文献世家汪氏第一代。据《宗谱》载，汪宪系汪光豫（介思公）之长子，字千陂，号鱼亭，生于康熙六十年辛丑（1721）八月十一日酉时。据清钱陈群《刑部员外郎鱼亭汪君传》（见《振绮堂诗存》卷首，以下简称《鱼亭汪君传》）云，至乾隆三十五年，其父遘疾，汪宪“侍疾过劳”。翌年其母施氏又病。汪宪连遭打击，“遂婴疾不起”，于三十六年辛卯（1771）八月初九日未时卒，年五十一，被世人誉为孝子。乾隆九年（1744）举人，十年联捷成进士，南归侍养十五年，二十三年（1758）三十八岁赴京，以捐赀补刑部陕西司员外郎。明年又以父母年老乞养归，自是不复出。《鱼亭汪君传》云，汪氏居家“尤乐缓急人，知交中有匮乏者，不待其请，每事先周之。乏困者，无论戚疏，皆量力资给之，无德色，无倦容”。撰有《说文系传考异》四卷附录一卷、《易说存悔》二卷、《振绮堂诗存》不分卷一册、《苔谱》六卷等。

汪宪系振绮堂藏书、校书之第一代创始人。《鱼亭汪君传》又云：“耽蓄书，丹铅多善本，求售者虽浮其直，不与较。集同志数人昕夕讨论经史疑义。”《清史列传》卷七十二汪宪本传云：“家有静寄东轩，具花木水石之胜。朱文藻尝介严可均见宪，宪即馆之东轩，偕同志数人日夕讨论经史疑义。又悉发所藏秘册，相与校雠。稍暇则投壶赋诗为娱乐。”当时馆于振绮堂之静寄东轩者，据朱文藻《〈说文系传考异〉跋》云，“忆昔己丑岁（按即乾隆三十四年，1769），余馆振绮堂汪氏者五年矣，是岁吴丈西林（按即吴颖芳）亦来共晨夕”，“维时适有吴江潘君莹中亦同客斋中，潘为稼堂太史（按即潘耒）之孙”。某年十月杪，朱文藻至苏州南濠朱奂（文游）家借到《系传》影宋抄本，“寓于盘门百花洲陈逸桥家。逸桥为石泉从弟，亦振绮堂客也。翌日，买舟偕逸桥归武林”。仅从这些记载，知馆于振绮堂之门客有朱文藻、严可均、吴颖芳、潘莹中、陈逸桥等人，皆一时名儒，可见振绮堂校书名声之大。鲍廷博《挽汪鱼亭比部》（见清叶昌炽《藏书纪事诗》卷五）诗云：“整整牙签万轴陈，林间早乞著书身。种松渐喜龙鳞老。埋玉俄惊马鬣新。清白家声钦有素，丹黄手泽借还频。西风谁送山阳笛，偏感春明献宅人。”自注：“先生既捐馆，余尚向邺架借书。”朱文藻为鲍氏所刻《知不足斋丛书》撰序云，“余馆于振绮堂十馀年”，鲍氏向汪氏“借抄诸书，皆余检集”。鲍氏此诗和朱氏此序，都明确说明，鲍廷博为刻《知不足斋丛书》，曾向振绮堂汪氏借书，所谓“丹黄手泽借还频”也。为之从书库检书者就是大学者朱文藻。鲍氏且曰，即使汪宪捐馆后，“余尚向邺架借书”。从之亦可见，汪宪并不秘藏珍籍，有朋友来借，可慷慨借予，且不惜“借还频”，即频繁又借又还。

清吴锡麒在《涤原公传略》中提及，汪汝瑮之父汪宪藏书“至数万卷，皆手自雠校”。胡敬在为汪远孙撰写的《内阁中书汪君墓志铭》中曰：“先是，千陂公性耽插架。多善本。甲乙编排，丹黄多所手定。吾乡之藏书家，若赵氏小山堂，吴氏瓶花斋，杭、厉辈所借观珍惜者，今皆散佚不存，惟振绮堂所藏岿然俱在。”钱陈群《鱼亭汪君传》及《清史列传》本传云，“性耽蓄书，有求售者，不惜丰价购之，点注丹黄，不与校”。汪诚《振绮堂书目》序提及其祖父汪宪“博学能文，好储书。归田后日事校雠，居恒丹铅不释手。其时，推弆藏之家者，吾杭振绮堂汪氏与小山堂赵氏、瓶花斋吴氏，名相埒也”。尝获吴允嘉（号石仓）手抄书数百册，楷法醇古。

汪宪曾延请朱文藻为之撰写《振绮堂书录》（以下简称《书录》）十册，“摭其要旨，载明某某撰述，何时刻本，某某抄藏，校读、评跋于后”。咸同年间遭兵燹后，玄孙汪曾唯“于灰烬中获《振绮堂书录》五册，又于吴礼园司马宝俭处获一册”（汪曾唯《〈振绮堂书目〉跋》）。汪诒年《汪穰卿先生传记》按语云，此《书录》“凡各书之序跋与原书有关系者，率全行载入，间或详叙其内容。每书之后必标明为刊本、为抄本，凡曾经名人校勘者，其评论及跋文以及收藏家之印记，悉详载无遗。于各书之异同及原书之真伪，亦间有考证。实为讲求目录学者不可少之书”。惜该书今为不全本，且甚难觅读到。

其藏书处为振绮堂，又有静寄东轩，具花木水石之胜。朱文藻《朗斋先生遗集》中多有咏于汪氏东轩校书之事。如卷一《哭鱼亭先生》诗云：“归来假馆东轩下，晨夕因依契风雅。饥饱寒燠公恤之，欢颜真如庇广厦。图书甲乙重编排，校雠讹脱时与偕。晴窗论古当公意，墨香书味滋我怀。”后于道光年间，其曾孙汪远孙等结东轩吟社，即静寄东轩也。藏书印曰：“汪鱼亭藏阅书”朱大方、“振绮堂藏阅书”“桐轩主人藏书印”“万卷藏书宜子孙”白大方。

国家图书馆藏善本古籍（12043）《宋金元明赋选》八卷，清抄本，系汪宪所辑。清钱仪吉（衎石）《曝书琐记》对此书评价极高，称“采择精博，所采之集多人间未见者。雍乾间汪氏振绮堂藏书甲于两浙，故能办此。授梓未蒇，板遭回禄，仅存副本。询之汪氏子孙，并皆茫然不知尚在天涯否”。

第二代：汪汝瑮、汪璐

汪汝瑮（1744—1805）　字坤伯，号涤原，汪宪之长子，汪璐、汪瑜之兄，生于乾隆九年甲子八月二十三日戌时，卒于嘉庆十年乙丑十月十八日酉时，年六十二。尝捐职为大理寺丞。撰《北窗吟稿》，未见。汪汝瑮是振绮堂汪氏第二代向四库馆献书代表。

清吴锡麒《涤原公传略》云：“初，刑部君（按即汪宪）谢政归，笃嗜典籍，聚书至数万卷，皆手自雠校。君乃克继先人，益加裒集，除进呈外，插架尚富。研朱吮墨，足供枕葄之娱。晚年留意内典，于《楞严》《金刚》诸义，多有解悟。屏绝世味，独结静缘。”其父殁于乾隆三十六年，翌年，朝廷即开四库馆，征书于天下。汪汝瑮以长子身份，代表振绮堂汪氏向朝廷献书。他居馆驿后堂，颜之曰“燕绥堂”。

他“先以储藏善本经大吏遣官精选，得二百馀种，汇进于朝。最后中丞以振绮堂藏书选剩者，尚堪增采，命重选百种，以毕购访之局”（朱文藻《〈说文系传考异〉跋》）。今天可知汪氏分两次进书达三百余种。按：吴氏所撰《涤原公传略》云，汪氏以“家藏六百馀种上之”。此说尚待考证。据乾隆三十九年（1774）五月十四日高宗谕旨中所列当时献书最多者，为“浙江之鲍士恭、范懋柱、汪启淑，两淮之马裕四家，为数至五六七百种”，并未列汪汝瑮。振绮堂汪氏所献之书被著录于《四库全书总目》者有一百五十二种，一千九百二十卷。其中经部仅三种，史部、子部分别亦止十四种、十二种，惟集部极多，一百二十五种，一千六百四十七卷。可见汪氏藏书集部最备，而其中明人别集占一百一十四种，明人总集四种，仅数种为其他时代之书。研究明代学术者当踪迹汪氏振绮堂藏书。著录之书仅及所献之书一半。（详拙著《书林丛考·四库总目著录献书人丛考》）前述“上谕”列举进呈百种以上之藏书家，有汪汝瑮，“着每人赏给内府初印之《佩文韵府》各一部，俾亦珍为世宝，以示嘉奖”。高宗于汪汝瑮所进之最精本《曲洧旧闻》《书苑菁华》上各题诗冠于简端。《曲洧旧闻》通行本仅两卷，汪氏本为十卷。高宗于乾隆三十九年甲午（1774）孟夏月题诗四首，其中第一首云：“留金弗纪金间事，曲洧依然纪旧闻。二帝播迁虽自取，祸缘新法变更纷。”第四首云：“清浊渭泾本自殊，操戈同室若为乎？因翻汝瑮独藏本，略恨尔时程与苏。”是书后由鲍廷博刻入大字本《鲍刻六种》，又刻入《知不足斋丛书》。按：振绮堂亦当刻过此书，今未见。殆毁于后之兵燹。汪玉年所列兵燹前之书目即有此书。国图善本（19165）《御题书苑菁华》二十卷，宋陈思撰，系乾隆四十九年中春汪汝瑮刻本，末有其跋。书首有高宗题诗曰：“好恶为君宜慎哉，搜书种种挈籯来。不能无彼因有此，用识心存欲政推。运笔诸家备传法，胪篇廿卷允称才。临池那尽帝王事，独爱公权一语该。乾隆甲午孟夏月御笔。”国图普本（目101/829）朱彝尊撰《经义考》三百卷，六十四册，卢见曾乾隆二十年刊板后，板片由朱彝尊之孙朱稻孙家归入振绮堂，高宗于乾隆四十二年（1777）四月二十日命浙江巡抚三宝访查到此书板片在汪家，并命汪汝瑮重刊此书。高宗亦咏长诗一首，以朱文端楷大字印出，冠于书首。有句曰：“藜阁炎刘校诚韪，竹垞昭代撰堪称。存亡若彼均详注，文献于兹率可征。远绍旁搜今古会，焚膏继晷岁年增。”并在注文中盛赞朱彝尊“博文淹贯”。“是书通考历代诸儒说经书目，每书先列撰人姓氏、书名、卷数，次列题注曰存曰佚曰未见，次列原书序跋，诸儒论断”，“自汉迄今，说经诸书，存亡可靠，文献足征。编辑之勤，考据之审，网罗之富，实有裨于经学”。这些都被世人视为振绮堂汪家极尊荣之事。

汪璐（1746—1813）　字仲达，号春园，晚别署九一翁，汪宪之次子，汪汝瑮之弟，汪瑜之兄，汪诚之父。生于乾隆十一年（1746）丙寅六月初八日卯时，卒于嘉庆十八年（1813）癸酉二月十五日巳时，年六十八。乾隆五十年举人，三上礼闱报罢，以例授太常寺博士。因得肝脾疾，自是杜门养疴，不复出矣。性嗜山水，春秋佳日辄与昆弟子侄或二三契友为湖山之游。撰有《松声池馆诗》四卷、《真珠船郦注藻》等。

汪璐是杭郡振绮堂汪氏之第二代主人。汪宪卒后，振绮堂藏书由次子汪璐递藏。璐之子汪诚云："自比部（按即汪宪）弃养，先府君昆弟四人性好宾客，里中诸名士时相假借，竟有久而不归者。迨嘉庆癸亥立秋，季叔将卜迁吴门，伯父涤原公乘间谓府君曰：'余弟兄析居已久，所未忍分者，此遗书耳。余老矣，季弟又将远离，子读书，且家居，曷不全畀之子，为永久珍守计乎？'府君强应曰：'诺。'谋之两叔，咸如伯父言。于是，议捐祭资若干，而振绮堂遗书遂全归我府君矣。府君亦笃嗜经籍，及是，又广为搜罗，逾数岁，插架益富。虽旧藏秘本不少散佚，而以视他氏之全归乌有者，不足多乎？"（汪诚《〈振绮堂书目〉序》）

汪璐本欲详加编定藏书目录，以供检阅，以尘事纷杂，未遑克就。乃就朱文藻代撰之《振绮堂书录》，另编为《藏书题识》五卷，著录之书"皆珍秘之本"。其本意乃就各珍秘之书中，辑录各名家之累累题识。若任其散佚，"伤何如之？"后世之《荛圃藏书题识》《铁琴铜剑楼藏书题跋集录》乃其流亚也。汪璐自序云："昔人意见所到，常于流览之馀，信笔而书，散漫不复收拾。其议论之卓绝，往往无由传述，即或感慨时事，纪述景光，短幅长篇，皆从卷轴中酝酿而出，后人读之，借资不浅。顾可以任其飘零散失已哉！""余家藏弆无多，言家乡前辈所储，传归架上者，简端册尾，朱墨犹新。爰于翻阅之时，钞写成帙。即已刻者，亦简列一二，用志珍惜之怀。其中已失之书，据朱朗斋所订《书录》录之，而朗斋跋语则低一字书于后，以其昔年编录，颇费苦心，且于书多所正定也。若夫旁搜远采，侈示大观，则力有未逮，姑就所有而汇录之，稍资考证之一助云。嘉庆甲子腊月二十九日，春园汪璐记。"

《藏书题识》主要钞录书上汪宪及其他人随手所写题记文字，已失之书则照录朱文藻代撰之《振绮堂书录》。此书甚有价值，惜仅存经、史、子部分二卷，而缺集部二卷及附录一卷。汪曾唯《〈振绮堂书目〉跋》提及，"乙酉冬自鄂旋里，又得曾大父《题识》二卷于丁松生大令丙家，惜下三卷佚去"。国图普本（目17/853）一箫一剑馆抄本及王大隆《戊寅丛稿》本皆是如此。

其藏书处除振绮堂外，尚有春园、松声池馆。其《松声池馆诗存》前有其绘像，绘像背面有其自撰之《春园记》，云，"九一翁既病且老，不问家事，乃于宅后隙地"葺一园池，曰"春园"，"从翁号也"。

第三代：汪皋、汪诚、汪端

汪皋（1769—1845） 字至山，号觉所，汪宪之孙，汝瑮之子，生于乾隆三十四年己丑（1769）九月初四日丑时，卒于道光二十五年乙巳（1845）七月十七日□时（按《宗谱》原缺其所卒之时辰），终年七十七。乾隆五十七年（1792）举人，八赴礼部试不售，后官至广东儋州知府。治事尚宽和，时称循吏。撰《寿补轩诗稿》四卷，后毁于咸丰兵燹。

汪皋系杭郡振绮堂汪氏第三代中当官而悔不读书者，东轩吟社成员，费丹旭所绘其像并传，又《清尊集·目》有其名字及生年。《清尊集》卷一录其诗云："吾家积书三万轴，深悔儿时未能读。中年奔走逐风尘，蜗角虚名斗蛮触。继乃游宦粤海滨，面目人嗤俗吏俗。空叹驹阴过隙迟，坐使遗书高束阁。忆昔祖父勤收藏，一一牙签手编录。秘书仰荷自天题，《韵府》颁来出天禄。（原注：余祖鱼亭公蓄书甚富，考涤原公进呈善本，蒙御题《书苑菁华》《曲洧旧闻》二种，并颁赐《佩文韵府》全部，藏于家。）门有通德纪恩荣，居无尘杂留芬馥。却忧子孙世守难，书香一脉谁能续？幸有小阮继家声，科名早掇尤知足。频年不上孝廉船，有地独享琅嬛福。松声池馆旧精庐，一房山浸潭水绿。闭户穷年阅岁时，磨铅握椠纷简牍。我闻校书一如风扫箨，点窜不管湘管秃。又如老吏断疑狱，抉剔难逃炯炯目。肯为身名七尺劳，要令解诂三仓熟。顾我徒怀老大悲，直恐从旁笑痴叔。"

汪诚（1772—1819） 字孔皆，号十郇，汪宪之孙，汪璐之子，远孙、适孙、迈孙、遹孙、迪孙、述孙之父，生于乾隆三十七年壬辰（1772）九月初五日丑时，卒于嘉庆二十四年己卯（1819）十一月初八日申时，年四十八。其夫人梁柔吉，字若韦，梁履绳之女。汪诚系乾隆五十九年（1794）顺天府大兴县副榜，官刑部江西司主事。据《清代官员履历档案》第 24 册 588 页汪诚履历折云，由直隶州判、武英殿校录，因书成议叙，于嘉庆十六年（1811）正月签掣四川资州州判，时年四十三。

汪诚系振绮堂汪氏第三代主人，"笃志缥缃，无他嗜好。先世藏书最富，而未有书目，因取所藏书，编分四部，详考撰书人，并注明得自何本，阅岁而成，凡书三千三百馀种，计六万五千馀卷"（《杭郡诗辑》）。"凡有善本求售者，又不惜重赀增益架上。年近始衰，病中手编《振绮堂书目》五册，首录乾隆恩旨并御赐书、御题书、进呈书，后分为经史子集四部"（汪曾唯《〈振绮堂书目〉跋》）。是目今存五册，系无锡玉笥山房顾氏钞本，有汪诚自序云：

“今距府君（按即汪璐）之丧又六年矣。客夏闭户养疴，仿前人法，编次厘为四部，其中病绕事羁，搁笔数月，至今年闰夏乃得成。凡得书三千三百种有奇，通计六万五千卷有奇，以毕我先人未竟之志。嘉庆二十四年乙卯闰四月望后二日，振绮堂后人汪诚谨识。”这是汪氏振绮堂第一部藏书目，五册。我在20世纪80年代前期曾至南开大学图书馆读见善本（018.874/712）该书目，分经史子集四部，部下分四十二类，通计3306种，65382卷。经史子集各一册，集部两册。今存全帙。民国宋慈抱、项士元《两浙著述考》（浙江人民出版社1985年版，第1193页）著录此目。又《文澜学报》卷二第三、四辑《浙江文献展览会》专号陈列浙图所藏此目五册。

汪诚有藏书印曰“金石录十卷人家”。凡其所钞书之抄稿纸版心上均镌以“金石录十卷人家抄本”。

汪端（1793—1839） 字允庄，一字小韫，汪宪之孙女。汪宪有汪汝瑮、汪璐、汪玮、汪瑜四子。汪端系汪宪季子汪瑜之女。父汪瑜，字季怀，号天潜。生于乾隆二十年乙亥（1755）三月十七日辰时，卒于嘉庆十四年己巳（1809）正月初二日酉时，年五十五。候选布政司经历，一云候选大理寺丞。母梁瑶绳（字应锖），系梁文庄公之孙女，梁敦书（冲泉公）之女。汪端生于乾隆五十八年癸丑（1793）正月十八日申时，卒于道光十八年戊戌（1839）十二月十八日寅时，年四十六。幼时即聪颖天授，观书过目不忘，诵木玄虚《海赋》、庾子山《哀江南赋》两过，背诵不遗一字。七岁赋《春雪诗》，读者谓不减谢道韫“柳絮因风”之作，因以小韫呼之。母梁夫人早卒，父天潜先生钟爱之。父卒时，汪端年仅十七，乃受抚于其姨妈梁德绳（字楚生），其姨父许宗彦（字周生）为清中期著名藏书家。汪端后于归陈裴之（字孟楷，号小云）为妻。裴之之父陈文述（字云伯，号颐道）官江都县令，主持风雅，为文坛知名之士。汪端殁后，陈文述为儿媳撰《孝慧汪宜人传》（国图普本125167），胡敬为之撰《汪允庄女史传》。汪端撰有《自然好学斋集》五卷（国图普本26801、99018）。其姊汪筠，字纫青，号扶云，亦善诗，有《扶云吟稿》。

汪端系振绮堂汪氏第三代闺阁才女。其成长与振绮堂富藏书颇有关系。她自少读遍唐宋元明清历朝人诗，尤以明高启（字季迪，别署青丘子）之诗奉为圭臬。她对明太祖朱元璋残害忠良、暴殄名儒则大恨，对钱谦益（牧斋）、沈德潜（归愚）选本推崇李梦阳而贬高青丘则又大恨，乃“誓翻五百年诗坛冤案而后已”，乃辑成《明十三家诗选》初集八卷二集八卷（国图普本88002）。此书前有道光二年正月其姨妈梁德绳序云，汪氏“藏书之富甲于武林。父天潜博学工诗，隐居不仕。诸子女皆能读书。允庄尤慧，年七岁赋《春雪诗》居然成章，观书过目不忘，盖异才也”。

又《明十三家诗选》初集八卷二集八卷（国图普本103592）系吴梅藏书，封面有其手书题识云：“允庄诗学得诸梁楚生（按即梁德绳）女史，本朝闺秀当为巨擘。此选力辟归愚、竹垞诸选之门户，而于青丘尤乃心折，颇感盛衰之迹，厘然可按，不徒知人论世也已。且于明末遗老更加搜采，湛若存面，以及卧子、亭林咸为论列，其寄托当别有在诗史云乎哉。庚戌冬日长洲吴梅识。”陈文述所撰《传》云：“汪氏振绮堂固多藏书。余又广为购求，假贷并录文澜阁藏本以益之。丹黄甲乙，晨书暝写，竭五六寒暑，始得蒇事。而不寐之疾作，服蔘、芪皆不效。会余宰江都，以千金集梓人刊行以慰之，经岁告成。评选精当，兼有知人论世之识。有明一代贤奸治乱之迹亦略具焉。是书出，而诸家之本无色矣。”又曾“节录《明史》，搜采逸事，以稗官体行之，曰《元明逸史》，凡八十卷。未几悔之，尽焚其稿，存元遗臣及张吴诸臣诗于集中，以为诗史”。又，汪端在病危中犹念念不忘振绮堂汪氏诸侄。她对公公陈文述言：“翁藏书多，散失亦不少。端室中书二厨，身后请与汪氏诸侄幼能、州来。又言振绮堂有少存款，勿支取，权为葆庸养膳及葆和读书赀。”陈文述云：“振绮堂者，宜人侄小米、又村及诸昆季之堂也。诸昆季皆敬礼宜人。宗盟之谊尤笃者，昔则小米，今则又村也。”

汪端卒世仅两月，其侄汪适孙即在振绮堂辑刻其《自然好学斋集》。四十多年后，如皋冒俊收此书刻入《林下雅言集》中，有题词云：“绝妙玲珑笔一枝，修眉未画早工诗。惊人绝句留《春雪》，不愧千秋柳絮词。”又：“森森邺架富藏书，振绮堂前染翰初。元史明诗凭月旦，操觚谁及女相如。”

第四代：汪远孙、汪适孙、汪迈孙、汪遹孙

汪远孙（1794—1836）　字久也，号小米，别署借闲漫士，汪宪之曾孙，璐之孙，诚之长子，生于乾隆五十九年甲寅（1794）十月十二日寅时，卒于道光十六年丙申（1836）五月初八日申时，年四十三。其夫人梁端，字无非，梁耆（莱子）之女，生于乾隆五十五年庚戌（1790）七月初二日寅时，卒于道光五年乙酉（1825）六月初八日戌时，年三十六。继配汤漱玉，汤师（醴泉）之女，生于嘉庆六年辛酉（1801）八月二十四日酉时，卒于道光九年己丑（1829）四月十三日卯时，年二十九。远孙于嘉庆十九年（1814）入郡庠，二十一年（1816）举于乡。两赴会试不售，循例为内阁中书。二十三年在京铨选，闻父疾，速归

里，遂绝意进取，一意肆力于著述，其时杭郡以著述闻者，群推汪远孙。著有《国语明道本考异》四卷、《国语三君注辑存》四卷、《国语韦注发正》二十卷、《汉书地理志校读本》二卷、《诗考补遗》、《借闲生诗词》四卷、《借闲生随笔》一卷、《经典释文补续偶存》一卷等。其妻梁端撰有《列女传校本》八卷、继配汤漱玉撰有《玉台画史》五卷，亦经远孙校正。

汪远孙是推动振绮堂汪氏文献事业走向鼎盛的第四代中心人物。藏书处除振绮堂、静寄东轩外，汪远孙又于西湖之滨起水北楼，又构别业借闲小筑于水磨头。为扩大校书、刻书规模，他延请一时名流如黄士珣、费丹旭、钱师曾、吴衡照、陈奂等人馆于其家。尤以与七十余位社会俊彦结为东轩吟社、清尊社之影响为巨大。《东轩吟社画像》（国图普本XD10018）中清诸可宝撰《汪远孙传》云："尝集乡里耆彦结东轩吟社，历一星，终凡百集。录其诗为《清尊集》（国图普本102093）十六卷。因仿《西园雅集》之意，属费山人丹旭绘图，各肖其貌，兼写竹石台榭之胜，黄明经士珣为之《记》，高布衣垲书之卷尾，时号'三绝'。……当成庙时，吾乡文酒之盛、藏书之富，必推汪氏，而又以年丈为领袖云。"又跋云，"汪氏东轩吟社极一时之盛，海内名流苟至吾乡，无不识年丈（按即汪远孙）者"。又清胡珵《诰授朝议大夫翰林院侍讲学士书农府君（按即胡敬）年谱》（国图普本传684.344/864）云，胡敬五十六岁时，即"道光四年甲申夏（1824）始结清尊吟社，首创者为汪君小米。会无定期，迭为宾主。自甲申至癸巳（按即道光十三年，1833），十年凡百集，与会者前后七十馀人。与府君朝夕过从相视莫逆者严丈厚民（按即严杰）、黄丈芗泉（按即黄士珣）、汪君小米等人。小米仿《西园雅集图》，绘各人小像为手卷，命曰《东轩吟社图》，又裒其诗为《清尊集》十六卷刊之"。又云，汪远孙"以父挚事府君，交最挚。有家事必商之，府君有所疑，亦与小米商之，凡十馀年如一日。其处置家事，分攸亲族者厚，遗子者薄，戚党咸怀之。其殁也，府君为之《传》，挽以联曰：'聚首当年，记君眉宇英英，图入东轩吟社卷；归神何处，痛□（按似原阙一字）音尘寂寂，怕登西廓看山楼。'遗一子又夭，天之报施善人，果何如耶"。

黄士珣撰《记》云："道光甲申，海昌吴子律衡照假馆武林馆驿汪氏之东轩。东轩，故汪氏先人雅集之地，因与主人小米远孙续为吟社，月一会，会不必东轩，而东轩为多。"吟社虽有吴衡照、张云璈等六人先后卒世，但"吟社终不废，今且岁阳周矣，小米乃属乌程费晓楼丹旭图之"。《记》中一一描绘图中所绘二十七人所处位置及各人之姿态、动作。二十七人中有胡敬、严杰、吴振棫、张廷济、赵钺、赵学辙、费丹旭、汪鉽、庄仲方、黄士珣等人，真可谓为一时耆彦老宿，吟社声威影响之大可见一斑。所谓东轩者，即振绮堂中之静寄东轩，既为藏书之所，又为自其曾祖汪宪起即为“雅集之地”。汪氏家族参加吟社者，二十七人中有汪远孙、汪适孙、汪迈孙、汪阜等人。此图前有光绪元年乙亥八月张炳堃序，云：“东轩吟社者，钱唐汪先生小米及其昆季倡始于道光甲申，远近名流响附阅十年，而乌程费山人丹旭为之图，钱唐黄明经士珣记之。与是社者七十六人，而貌于图者二十七人，历历犹前日事也。”后此图流落到汪远孙之从子汪曾唯手中，乃于光绪二年梓行问世。费丹旭是清代著名画家，与汪鉽最为挚友。汪鉽《二如居赠答诗词》（国图普本 26819）有高学治序云：“当道光初，小米中翰，不营仕进，隐居家巷，精研古训，然亦不废吟事。……东轩吟社之集十馀年，一时名流多与其中，玉山草堂风流未坠。”又费丹旭《依旧草堂遗稿》（国图普本 26851）有曹籀序，云汪小米“馆晓楼于其家之振绮堂，寝之食之且揄扬之”。汪曾唯撰《传》云，费丹旭以汤贞愍之荐，“遂馆于家”，“学诗于黄士珣，学书法于张叔未，由是求书画者日踵至，垂二十年。道光乙酉（按即二十九年，1849），犹下榻余家之荫园”。费丹旭生于嘉庆六年（1801）十二月二十六日，道光三十年（1850）十一月卒，年五十。其弟适孙荟萃吟社八人之诗为《清尊集》十六卷，梓行于世。该书前有清吴德旋序，列举魏晋以迄清历代修禊诗会之盛，云“今钱唐汪君小米之《清尊集》虽迭为其主者仅有八人，而浙东千里间知名人士以及寓公、过客之娴吟事者咸在，而闺秀之遥同者亦附录焉。可谓极一时觞咏之盛，而为前此所未有矣”。集前《清尊集目》列该诗社七十六人之籍贯、姓名字号及出生年月日，颇具史料价值，如有：张云璈（仲雅）、严杰（鸥盟）、李富孙（乡沚）、胡敬（书农）、陈文述（云伯）、吴衡照（子律）、黄士珣（芗泉）、端木国瑚（鹤田）、赵钺（雩门）、庄仲方（芝阶）、杨文荪（芸士）、吴春照（子撰）、梁绍壬（晋竹）、吴振棫（仲耘）、胡珵（琅圃）、戴熙（醇士）等人。

汪远孙溺苦于学，尽发先世藏书读之。一日，其父在“病中指楹书曰‘他日以畀汝’。君著书务为根柢之学”（胡敬《内阁中书汪君墓志铭》）。张廷济曾为之题《松声勘书图》诗，云：“校书难比著书难，深柳图传孙叔然。难得水云今健在，更搜文字到庐前。”严杰《题小米重得旧藏〈吕东莱春秋大事记〉后》诗云：“聚书甲我杭，牙签睹盈屋。尤多宋元镌，雌黄勤勘覆。误字每思摘，精深远过仆。不遭俗士污，是乃书之福。出示《大事记》，畴昔储家塾。佚而今复得，仰思等乔木。脑角虑卷折，展颂反瑟宿。《百宋一廛赋》，亦足补其目。”

清吕璜《月沧文集》卷三《松声池馆勘书图序》云，“松声池馆为振绮堂汪氏藏书处，其书凡逾十万卷，盖累世之储，以及于小米汪子善守、善益、善护爱，乃有是也”。杭郡远近“有所疑，欲得未见书以考”，乃就于其家，“余非能读书者，顾亦时过而假焉”。他还讲述了初到汪家的一个故事：“余尝访汪子，门者辞焉。余不顾径入，步松声池馆，主人避矣。然案上书丛委，朱墨狼藉，四壁无纤埃，深翠满庭，轻涛隐隐出檐际。少许，汪子出，欢然作竟日谈，欲别不可，其风致如此”。又云，汪子“间得善本书，悯世稀有，辄锓版行之。既数种，犹孳孳未已。夫有美而欲专之，与有美而不惜以公于人，其识度之相辽，岂复可计！汪子以不私其书为护爱，远于世之所为护爱者矣。”

关于振绮堂汪氏藏书之目，除《书录》《题识》《珍笈小录》外，《中国古籍善本书目》史部下目录类第1405页著录《振绮堂书目》五种，均署为“汪远孙藏”：一是国图藏清抄本，不分卷；二是南开大学图书馆藏清顾氏玉笥山房抄本，不分卷，应为汪诚所辑之目；三是湖北省馆藏清光绪二十九年（1903）章寿康抄、校、跋之此目，亦不分卷；四是国图藏另一清抄四卷本；五是南京图书馆藏清金石录十卷人家抄四卷本。又，国图除上述两种善本（01450、14446）外，尚有善本（16878）一种，普通古籍（目440/8432）尚有一种，系光绪十二年（1886）汪曾唯刻本四卷。

汪氏书目大体可分为两个系列，第一系列为按四库分类之本者，这个系列有三种，一是汪诚所辑并有其自序，即南开所藏（018.874/712）无锡顾氏玉笥山房抄本，系四库分类本。二是清陈用光所见本。陈用光于道光十四年（1834）到振绮堂借阅藏书并索观书目，汪远孙请其为书目撰序。陈序（载《太乙舟文集》卷六）云：“余来杭州，闻汪舍人远孙家藏书甚富，既蒇试事，遂与往还，余索借观其藏书目录。舍人既以《咸淳临安志》见赠，并索为目录序。”“舍人家旧有宋宝祐四年《登科录》，记文、谢及陆秀夫之甲第，相次足以助为宋史者之考证，而其书已佚，书之难得而易失也如此。而刘器之《尽言集》、魏了翁之《仪礼要义》、谢皋羽之《金华游录》，余今皆以未得借读为憾。”“舍人之藏书，分经史子集为四部，部各有子目，而所考证其书之佳否、真伪，及得书之缘起，自注于上方甚详，且秩然有条理之可观也。舍人遗荣谢客，专志于读书，其萧然自得之胸次，不独为杭州之贤士也。余是以乐为之记。时道光十四年冬十月之廿九日也。”又，《两浙著述考》下册有《借闲小筑藏书目录》，署“钱唐汪远孙编”，注云“陈用光为序”。我意即此目，只是取名互异而已。

我疑远孙此目是在其父所编之目基础上加以批注。陈氏所序之目今不知存于何处。三是前所列国图善本（16878），系简明书目，汪曾唯跋中言，远孙、适孙卒世后，迈孙、遹孙曾重缮一《振绮堂简明书目》二册。

第二系列为按不同版本排列之书库插架书目，如：国图善本（1450、14446）《振绮堂书目》不分卷二册，清抄本，题汪远孙藏，前者每叶二十四种，上册八十二叶，一千六百余种，下册九十五叶，二千余种。按橱、按格依次登录，自第一至四十三橱。头三橱为御制、御定及进呈四库馆各书，四、五橱为宋元板各书，六橱为稿本校本家刻本各书，七至十三橱为抄本经史子集各书，十四至十七橱为经部及续收经部书，十八至二十六橱为史部及续收史部书，二十七至三十三橱为子部及续收子部书，三十四至四十三橱为集部及续收集部书。各橱又以唐张说在集贤殿宴会上所吟诗句“东壁图书府，西园翰墨林。诵诗闻国政，讲《易》见天心。位列和羹重，恩叨醉酒深。载歌春兴曲，情畅为知音。振绮堂”。恰四十三字。此目井然有序，颇可参考。

汪远孙刻书甚多。清胡敬曰：“吾乡志乘以南宋《咸淳临安志》为最古，君重雕以广其传。他若厉樊榭《辽史拾遗》《东城杂记》、梁处素《左通》、汪选楼《三祠志》，俱次第梓行，以及亡友诗文，代为校刊者，难以悉数。”清吴兆麟《故贤汪远孙事实》云，汪远孙“搜采文献，用力尤勤。仿宋重雕南宋《咸淳临安志》，使数百年坠简，晦而复彰，厥功甚巨。名师益友苟有撰述，必赞成之，如梁履绳《左通补释》、陈奂《毛氏传疏》、汪家禧《三祠志》《烬馀录》、吴氏父子《国朝杭郡诗辑》及《续辑》，或助刊，或校订，皆为行世。他若厉鹗《辽史拾遗》《东城杂记》《湖船录》，则雕版以传；阎若璩《尚书古文疏证》、赵一清《水经注疏》、朱彝尊《词综》、杭世骏《道古堂全集》，皆订正补刊，洵足以表彰前哲，嘉惠来学”。

现大体依刻书之年月先后，列其所刻各书如下：

1.《松声池馆诗存》四卷（国图普本85022、25017:12），清汪璐撰，书末有“嘉庆十九年岁在甲戌（1814）仲春男诚、孙远孙恭校刊版”。

2.《东城杂记》二卷（国图普本地240.11/93334），清厉鹗撰，有“嘉庆庚辰（按即二十五年，1820）夏五，钱唐汪氏校刊”隶书牌记，书口镌“振绮堂校刊”五字，有汪远孙跋五行。

3.《东里先生烬馀录》三卷附录一卷（国图普本XD3911），清汪家禧撰、清庄仲方辑，有“嘉庆庚辰夏开雕于武林”篆书牌记，末有“武林爱日轩陆贞一仿宋书并重刊”楷书一行。

4.《辽史拾遗》二十四卷（国图善本A02182），清厉鹗撰，有“道光纪元辛巳钱唐汪氏校刊”牌记，有汪远孙道光二年七月跋。又附《辽史纪年表》《西辽纪年表》，均有汪远孙跋。

5.《太上感应篇笺注》不分卷，清惠栋注，道光二年振绮堂汪氏刻本。未见。（见汪玉年“捐赠书版目录”。）

6.《左通补释》（国图普本96）三十二卷，清梁履绳（处素）撰，有“道光九年己丑（1800）秋七月钱唐汪氏振绮堂雕板”牌记。杭州汪、梁两豪门世代联姻。汪远孙之母梁柔吉即梁履绳之女。其妻梁端（无非）亦出自梁家。故《清史列传》卷六十八梁履绳传云，“其《补释》三十二卷，外孙汪远孙为刊行”。

7.《辛卯生诗》四卷（国图普本90214），清吴衡照（子律）撰，书名叶系由“道光己丑秋仲，次闲赵之琛拜题”。吴衡照系吴宽之侄，居仁和，出生于乾隆三十六年辛卯（1771）十一月初五日，馆于汪氏，为东轩诗社成员，道光十四年甲午黄士珣撰东轩吟社画像《记》云，吴氏已卒于官。上图（804797）此书末有冯登府跋，云：“汪小米庚寅（按即振绮堂刻此书之次年）所赠，近日海昌诗人之冠冕。柳东藏。”

8.《咸淳临安志》一百卷（国图善本83），仅阙五卷。宋潜说友纂修，《校刊札记》三卷，清黄士珣撰，各卷末有“道光庚寅（按即十年，1830）钱唐振绮堂汪氏仿宋本重雕”篆书长方牌记，书末有“杭州爱日轩陆贞一重刊”楷书十字。前有汪远孙序，所附《校刊札记》有黄士珣（扣翁）序，均撰于十一年八月。汪序引朱彝尊语云，此志系“宋人志乘之最详者”，振绮堂从绣谷亭吴氏、小山堂赵氏传抄，又从汪士钟借到士礼居黄丕烈所藏宋本，又得卢抱经从知不足斋鲍氏残宋本抄补本、拜经楼吴氏残宋本等加以雠校，始成善本。此书为仿宋刻本，起段第一行高一字，正文均低一字，用白棉纸，书幅高大，刻印极精美，可谓系振绮堂汪氏刻书之代表作。

9.《列女传校读本》八卷（国图普本123940），系远孙之妻梁端（无非）校注，有“道光辛卯（按即十一年，1831）秋七月钱唐汪氏振绮堂开雕”篆书长方牌记。有梁德绳、汪远孙序。

10.《玉台画史》五卷别录一卷（国图普本60060、58933），系远孙之继配汤漱玉（德媛）撰，有“道光辛卯秋七月钱唐汪氏振绮堂开雕”篆书长方牌记。

11.《辽史拾遗补》五卷（国图普本5035），清杨复吉撰，有“道光辛卯秋钱唐汪氏刊”牌记，书口下端镌“振绮堂校刊”五字。本书原名《辽史拾遗续》三卷，书末有清汪曰桢跋，批评汪氏刻此书“颇有增窜，书名亦改为《拾遗补》，非夫杨氏之旧”。

12.《莲子居词话》四卷（国图普本 XD2532），清吴衡照（子律）撰，有“道光壬辰（按即十二年，1832）秋钱唐汪氏振绮堂开雕”篆书长方牌记。前有清许宗彦序，云此书“于前哲及近人论次略备，持论尤雅，间有考订，辨证轶事，无不精审”，系清中期之词话名著。

13.《赵待制遗稿》一卷（国图普本 120270），元赵雍（仲穆）撰，有“道光十二年岁在壬辰钱唐汪氏振绮堂开雕”篆书长方牌记，以大字影印吴焯手抄本，末有吴氏跋。

14.《瓶笙馆修箫谱》四卷（国图普本 107886），清舒位（铁云）撰，未见牌记，但有“道光癸巳（按即十三年，1833）秋仲，次闲赵之琛题”之书名，可判断当刻于此年。深蓝色封面上有吴梅手书跋二则。另本（XD5624）则有“钱唐汪氏振绮堂开雕”篆书牌记。

15.《国朝杭郡诗辑》三十二卷续辑四十六卷（国图普本 97043），清吴颢（退庵）、清吴振棫（毅父）辑。二吴氏系祖、孙。吴振棫序云，其祖父于嘉庆五年（1800）先辑刻十六卷，二十年后被焚于火，到道光十年庚寅（1830），吴振棫得原印本，乃重辑为三十二卷，收入 1390 人之作；又续辑四十六卷，收入 1757 人之作。此书虽无汪氏振绮堂刻书牌记，但吴振棫序云，“草稿既定，初宦北行，遂以属之汪君（小米）远孙。小米敦崇道谊，赞助是勤。削版未毕，遽闻恶耗”。“哲弟（又邨）适孙继任厥事，用底于成小米之志，棫之幸也”。他还特称诵馆师黄士珣“抽掇沦逸，增益未备”之劳。馆师陈奂于《国语校注本三种》序中云，“癸巳（按即道光十三年，1833），小米为吴氏刻《杭郡诗辑》，余遂馆宿其家”。这些足以证明七十八卷之正、续辑《国朝杭郡诗辑》，确由汪远孙、汪适孙兄弟先后代为辑刻。

16—22.《汪氏振绮堂刻书》七种四十卷（国图善本 A02854），又《振绮堂丛刻》七种四十卷（国图普本 541），两丛书均著录于《北京图书馆古籍善本书目》子部丛书类（第 1886 页），均署为“清汪远孙编”，清刻本，一为八册，一为十五册，七种之子目为：《曲洧旧闻》十卷，宋朱弁撰；《蛮书》十卷，唐樊绰撰；《金石史》二卷，明郭宗昌撰；《云谷杂记》四卷首末各一卷，宋张淏撰；《敬斋古今注》八卷，元李冶撰；《五经算术》二卷，北周甄鸾撰；《阙史》二卷，唐高彦休撰。检其书胶片，目录系补抄，并有该馆楷书五行说明，云“嗣于江安傅氏双鉴楼见有此七种，亦无序目，询知相传系清嘉道间钱唐汪氏刻本云”。查《藏园群书题记》（第 544 页）恰有《汪氏丛书七种跋》，云此丛书“镌雕俊整，纸墨明湛，视《抱经堂丛书》更为精严”，因无刻书序跋，“究不审刻自何人。曾举以讯之缪艺风前辈，云似属钱唐汪氏所刊”。文中虽列举了一些理由证明此书刻自汪氏，但终觉无确证砸实此说。此为与振绮堂汪氏刻书相关的一桩公案，列于此，或有高人能详考而洞彻之。

23.《三祠志》数十卷，清汪家禧辑。清吴兆麟《汪远孙事实》将此书列入汪氏所刻之书。今未见。清赵坦《东里先生墓志铭》云，汪家禧“于书无所不窥，尤长于七略之学”，“君于浙之先贤耆旧，崇祀正气、遗爱、先觉三堂者，搜其遗文佚事，为志数十卷”。汪玉年所列燹前所刊书目亦有此书。

汪远孙藏书、刻书处，除振绮堂、静寄东轩、东楼、西楼、中楼、东间楼、是亦楼之外，尚有西湖之滨水北楼、观训斋，见陈奂《〈国语校注本三种〉序》。又于水磨头构别业借闲小筑，因自署为借闲漫士。其藏书印有“汪远孙”“借闲生”二白方。又，赵之琛为之刻“米生清玩”白方、“一闲且向苍天借”朱方、“惯迟作答”白方等。

汪适孙（1804—1843） 字亚虞，号又邨，别署甲子生，诚之次子，远孙之弟。生于嘉庆九年甲子（1804）七月二十四日辰时，卒于道光二十三年癸卯（1843）十月十八日酉时，年仅四十。撰有《甲子生梦馀词》不分卷（国图普本100546）。

汪适孙系继汪远孙卒世后杭郡振绮堂汪氏第四代另一位主人，是推动振绮堂文献事业走向鼎盛之协助者之一。因为汪远孙在藏书、刻书方面规模扩大，尤其在创办东轩吟社以后，声名远播，远近学者无不愿与之相交往，无不愿到振绮堂访书。道光十九年己亥（1839）秋天，从京师回到杭郡的龚自珍就来到振绮堂访书，留下了著名诗篇，曰：“振绮堂中万轴书，乾嘉九野有谁如。季方玉粹元方死，握手城东问蠹鱼。”人们广泛引用该诗前两句，且将“万轴书”擅改为“万卷书”，将“有谁如”擅改为“有谁知”，并忽略了该诗末原注“汪小米舍人死矣，见其哲弟又邨员外”。考《年谱》，龚自珍于该年七月九日自京师回家，至九月十五日又出发去曲阜。在短短两月余中的某一天进行了这次访问。其本意是来访汪远孙的，没料想汪远孙已死三年多，出面接待者系其“哲弟”汪适孙（又邨）。“季方玉粹元方死”，初不知所云。我忽悟出，“季方玉粹”当指道光十五年汪迪孙之死，“元方死”当指道光十六年汪远孙之死。其诗高度赞扬振绮堂藏书为天下藏书家皆所不如。

《蚕豆华馆璇笈小录》（北大NC9628/1148）两册，抄稿本，共九十八叶，系汪适孙所撰有关藏书、书画、器物等目。书前有吴庆坻（号补松）跋。

此目录系绿丝栏稿本，先藏于国立清华大学图书馆，洪煨莲（业）先生时撰《跋汪又村藏书簿记抄》（载《燕大学报》第77期，1935年）。此目除记书籍之外，尚记有字画、古玩、器具、衣物之类。洪氏云："今册子中之前部（叶二至四三），虽不足以书目称，然究为适孙之藏书簿记。其中所记之珍刻孤稿，如宋版《隋书》六十四本（叶十七上）、惠栋《竹南漫录》稿本十一本（叶六上），不见于《振绮堂书目》中，殆适孙所自购，非公帐物也。至于清代禁书，如钱氏之《列朝诗集小传》（叶十四下）、吕留良评《钱吉士稿》（叶二八下）等，纵或为振绮堂所亦有，其不见于目录也，固宜。但如《松声池馆诗存》《借闲生诗词稿》，皆家刻之书，适孙所藏已有若干部，然亦不见于《振绮堂书目》，则迈孙、遹孙所为之《简明书目》疏略可知。诸如此类，可补《振绮堂书目》者尚夥。是此四十馀叶，虽记载重复，乱杂无章，亦尚可宝也。"是目前半部记书籍目录一千余种，多为宋元本，稿本尤多，极为可贵，可惜因其"乱杂无章"，鲜为人知。洪氏跋又云，汪氏"虽皆科试得举，然终居乡里，不求仕进，结社吟诗，著书刻书。汪氏虽妇女辈，亦辄以书画诗词名闻于世。一家四代，文雅风流，冠冕全郡"。洪氏谓得力于"裕于财"，予则以为更得力于振绮堂藏书。

汪远孙殁后，其弟适孙、迈孙等继续延请陈奂馆于家中，一是整理其兄之遗著，一是继续辑刻其他古籍，陈奂《〈国语校注本三种〉序》云，其兄远孙"卒之日，适孙陈其兄遗书，请任以校雠之役。余诺亚虞之请，朝夕披览，盘桓于西湖之水北楼、观训斋。亚虞悬乃兄像于堂壁，间对之如见良友焉。余作句云'君去更无知己友，我留且读未刊书'，盖纪实也"，"亚虞忽得舌强病，余有事于嘉禾，及返视，亚虞病危，竟瞑目而长逝矣，癸卯十月十八日也"。汪适孙曾捐赀为候选州同（又名州丞）。《东轩吟社画像》汪适孙小传云，"吾乡藏书之富，浙东推范氏天一阁，浙西推汪氏振绮堂"，"州丞尤有书癖，多方购求，以益仓库。至粤寇之难悉毁，后人痛之。然较诸瓶花斋、小山堂之书，一再传而散佚无存者，则已难得矣。生平喜成人之美"，如为陈奂刊布《诗毛氏传疏》、为梁绍壬校刊《两般秋雨庵诗选》《随笔》二书。

汪适孙所刻书有：

1.《甲子生梦馀词》（国图普本100546）不分卷，汪适孙（亚虞）撰，有"道光十七年岁在丁酉冬十月钱唐振绮堂开雕"长方牌记，录其词作四十余阕。

2.《两般秋雨庵随笔》（国图普本100119）八卷，清梁绍壬撰，有"道光十七年夏五月钱唐汪氏振绮堂开雕"篆书长方牌记。

3.《清尊集》（国图普本102093）十六卷，清汪远孙辑，前有“道光十九年太岁在己亥二月钱唐振绮堂开雕”长方牌记，末有“武林爱日轩朱兆熊刊”楷书九字。

4.《自然好学斋集》（国图普本99018、26801）五卷，清汪端（允庄）撰，从侄汪适孙重编。有“道光十九年太岁在己亥二月钱唐振绮堂开雕”长方牌记。

5.《借闲生诗》三卷《词》一卷（国图普本8679：9），清汪远孙撰，有“道光庚子（按即二十年，1840）春三月钱唐振绮堂开雕”篆书长方牌记。卷首有清胡敬撰《小米汪君传》。

6.《诗毛氏传疏》三十卷（国图普本63014），清陈奂道光二十年撰成于汪氏水北楼，是年四月六日汪适孙怂恿为之开雕，八年后由汪迈孙雕成。这是汪远孙在世时竭力鼓动陈奂所撰之研究《诗经》名著。

7.《两般秋雨庵诗选》（国图普本100403）一卷，清梁绍壬撰，前有道光二十年庚子（1840）秋九月汪适孙刻此书序。此书系宣统二年徐乃昌借振绮堂刻本重刊者。

其藏书、刻书处为振绮堂、水北楼、观训斋等。又，据《汪穰卿先生传记》卷一云，汪远孙下世后，汪氏六房析家，二房适孙卜居贺衙巷之俭永堂。其藏书印有“汪”朱圆、“钱塘汪氏”白长方、“汪适孙印”白方及白格方各一、“适孙”白长方、“适孙印”花纹朱椭、“臣适孙印”白方、“适孙手定”朱方、“又邨”朱圆、“又邨”朱方白方及白长方各一、“亚虞”朱长方、“柳暗花明又一邨”朱长方、“振绮堂”朱长方等。

汪迈孙（1806—1853）　字我斯，号少洪，诚之三子，远孙、适孙之弟，曾本、曾学之父，玉年、康年、诒年之王父。生于嘉庆十一年丙寅（1806）七月十七日辰时，卒于咸丰三年癸丑（1853）八月二十七日辰时，年四十八。太学士。东轩吟社成员，《东轩吟社画像》有其小传，云“性冲静，淡于名利，诗酒琴棋，悠然自得。……自著有《道盥斋诗》二卷，今失传”。

杭州振绮堂汪氏第四代中心人物汪远孙殁世后，汪适孙、汪迈孙相继延请陈奂馆其家，整理刊刻其长兄汪远孙之遗著及其他书籍。《东轩吟社画像》小传云，适孙、迈孙先后以其长兄远孙“所著《国语》三种、《地理志校本》属陈先生奂校勘梓行。又刊其师黄明经士珣《北隅掌录》二卷，盖以成诸兄未竟之志也”。陈奂《〈国语校注本三种〉序》云，汪远孙、适孙、迈孙相继延请馆于其家，“盖余与汪氏交二十有馀年矣”。“少洪名迈孙，倩善书法者蒋君芝生为伯兄写《国语》本，以寿诸版，问叙于余，余为之哭朋友，直书记其事”。

其所刻书有：

1.《北隅掌录》（国图普本42196）二卷，清黄士珣撰，有“道光乙巳（按即二十五年，1845）冬月钱唐汪氏校刊”楷书牌记，前有道光十七年丁酉黄氏自序及汪迈孙刻书序，书口下镌“振绮堂校刊”五字，棉纸，书幅高大，刻印精雅。

2—4.《国语校注本三种》（国图普本8679），包括《国语明道本考异》四卷、《国语三君注辑存》四卷、《国语韦注发正》二十卷三种，清汪远孙撰，有“道光丙午（按即二十六年，1846）闰五月振绮堂汪氏刊藏”篆书长方牌记。汪远孙殁后，适孙、迈孙继续延请陈奂整理其兄遗著。

5.《诗毛氏传疏》（国图普本63014）三十卷，清陈奂撰，条例后有陈氏附记，云兹书于“庚子四月六日开雕，丁未（按即道光二十七年，1847）八月七日雕成”。

6.《湖船录》（国图普本600093）一卷，清厉鹗撰，有“道光丁未冬日钱唐汪氏校刊”隶书长方牌记，书口下方镌“振绮堂校刊”五字，棉纸，书幅阔大，刻印精善。末有金城跋云，其舅汪远孙刻《东城杂记》时亦“欲并刊兹书，以检旧本不获而止”，今从罗镜泉处乞得，乃“请于少洪舅氏付诸梓人，以绍小米舅氏之志”。

7.《汉书地理志校读本》（国图普本8679）二卷，清汪远孙撰，有“道光戊申（按即二十八年，1848）春二月振绮堂汪氏刊藏”篆书长方牌记。书前有汪迈孙刻书序云，长兄远孙去世后，已请陈奂将《国语校注本三种》“修整成书”，又“复请硕甫重加对雠”此志，“以付剞劂”。

其藏书、刻书处，除振绮堂、水北楼、观训斋外，尚有道盥斋。又，据《汪穰卿先生传记》卷一云，汪远孙下世后，兄弟析家，三房迈孙购得振绮堂隔壁之屋道福堂。道盥斋、道福堂或为同一处而异名也。其藏书印有“汪迈孙”白方、“臣迈孙”朱方、“钱唐汪氏迈孙所得”朱长方、“右驿琴隐”白方等。

汪遹孙（1807—1862）　字次律，号蓉垞，又号锄梅，汪诚第四子，曾唯之父，生于嘉庆十二年（1807）丁卯十月十七日巳时，于同治元年壬戌（1862）五月二十七日殉难，年五十六。系杭州振绮堂汪氏第四代另一位主人。幼失怙，长病重听，废举子业，从乌程费丹旭（晓楼）学，通画理，山水人物酷肖。咸丰十年庚申春，杭郡陷落，虽幸免于难，而家赀落矣。同治元年五月二十七日，与其女同殉难于杭郡武林门外之米市巷。有《馀闲虚室稿》二卷，已毁。

其他尚有汪迪孙（1809—1835），字子惠，号同白，汪诚第五子，生于嘉庆十四年己巳（1809）正月二十日午时，卒于道光十五年乙未（1835）九月十八日巳时，年仅二十七。少聪慧，随诸兄读书。有咯血症，久不愈，遂废举业，专理家政，为诸兄所倚重。性好施与，亲族有难，走相告，无不满其意而去。汪述孙（1816—1847），字幼能，号镜仙，汪诚之季子，生于嘉庆二十一年丙子（1816）四月二十四日辰时，卒于道光二十七年丁未（1847）九月初四日，年仅三十二。

適孙以子侄多，析居于仁和里羲和园之荫园，与名流觞咏其中，一如其长兄远孙东轩吟社故事。其师费丹旭即馆于荫园。又，据《汪穰卿先生传记》卷一云，汪远孙下世后，兄弟析家，四房適孙迁居冯山人巷。或许荫园即在此巷。因適孙以下三人年少，《东轩吟社画像》《清尊集目》均无其名。吴衡照《辛卯生诗》四卷（国图普本90214），各卷末镌“受业汪迪孙校字”七字，说明其二十一岁时即参与长兄远孙刻此书时之校雠活动。

又，《振绮堂书目》（国图普本目440/8432）有汪曾唯跋云，“先考昆弟六人，继承先志，遇有佳帙，购求又夥。伯父小米公、又邨公，叔父子惠公、幼能公，自道光丙申至丁未先后谢世。伯父少洪公、先考蓉坨公恐子侄年幼，书籍散佚，重缮《振绮楼简明书目》二册，请长洲陈硕甫检校一过，注明何人编撰，以便翻阅”。按：国图善本（16878）《振绮堂书目》四卷二册，此目为振绮堂四部分类系列之最简明者，我疑即汪迈孙、汪適孙所简抄者。汪曾唯所刻并跋之目并非此目。此目并未刊行，以其过于简略也。又按：南京图书馆（11485）《浙江采进遗书总录》十一卷，乾隆四十年刻本，有罗以智跋，云道光二十八年“陈硕甫属为汪氏振绮堂勘对书目”。说明迈孙、適孙确曾请陈奂校对《振绮堂简明目录》，故陈氏又托罗氏以《浙江采进遗书总录》一一校对汪氏书目。

藏书处除振绮堂之外，尚有荫园、馀闲虚室。藏书印有清赵之琛为之所刻“蓉坨”朱长方。

第五代：汪曾唯

汪曾唯（1829—1898）　字子用，号梦师，汪宪之玄孙，汪诚之孙，汪適孙之子，生于道光九年己丑（1829）二月初六日卯时，卒于光绪二十四年戊戌（1898）十月初四日巳时，终年七十。附贡生。自咸丰七年（1857）游宦鄂北，至九年（1859）冬归里。十年（1860）二月即遭城陷，八月再至鄂。十一年（1861）十一月二十八日杭城再陷。同治年间或归故里，或返鄂，或客都门。至光绪八年始补鄂咸宁县知县兼儒学训导，旋遭“李在铨京控”一案，被迫请假。不久案件查清销案，系李氏“素有疯疾，混写情词寄都”。自云“余需次楚北二十馀年。为澄清此案，曾唯撰刻《去旧染污录》一卷”。

曾唯系杭郡振绮堂汪氏第五代主人，在杭郡遭兵燹后，竭力收拾残余之书及书籍刻版，经整理、补刻，刊印书籍甚多。我曾获睹其《振绮堂藏板书目》一纸，共十九种，仅清张之洞撰《辅轩语》一种未见外，馀皆过目。现列目如下：

1.《莲子居词话》四卷（国图普本 88468），清吴衡照撰，有“同治丁卯（按即六年，1867）冬十二月，闽高行笃补题”书签，书中即夹有《振绮堂藏板书目》。此重印本为白棉纸，书幅阔大，刻印精美。

2.《尚书古文疏证》八卷（国图普本 1547），清阎若璩撰，有“同治六年岁在丁卯钱唐汪氏振绮堂补刊”楷书长方牌记。

3.《依旧草堂遗稿》不分卷（国图普本 26851），清费丹旭撰，有“同治戊辰春，钱唐汪氏振绮堂开雕”楷书牌记。费丹旭相继馆于汪氏兄弟，至適孙时居荫园。清曹籀序云，汪氏兄弟与费丹旭交甚厚，“寝之食之且揄扬之”，“今小米之从子子用将以其稿谋付剞劂氏”。有汪曾唯所撰《传》。

4.《劫馀存稿》二种（国图普本 28100），一为清吴受藻撰诗集，弟吴绩鉴辑，一为清王鼎诗撰，朱世篁辑，有“同治戊辰（按即七年，1868）秋，钱唐汪氏振绮堂开雕”楷书牌记。前有谭献叙。又该年八月望日汪曾唯刻书跋，详述汪氏于咸同间与吴、王二人之交往，涉及咸丰十年、十一年杭郡两次陷落之事。

5.《左通补释》三十二卷（国图普本 96），清梁履绳撰，此书系汪远孙所刻旧本。又有“光绪元年（1875）三月补椠。会稽后学赵之谦题记”。末有：“余家藏书处也。自明季迁杭，至嘉庆初，积版六十馀种，悉毁于火。嗣又校刊三十馀种，咸丰末再毁于寇。同治甲子春，今湘阴左相国克复杭州，余自鄂归，收拾烬馀得十有馀种，然皆散佚不完。里居三年，先后补镌，是书残缺尤多。戊辰秋，重之鄂州，未暇及此。吴县潘姻丈介繁……助余校勘，以还旧观。刊成谨识颠末于后。光绪元年乙亥秋九月钱唐汪曾唯。”

6.《列女传校本》八卷（国图普本 123940），清梁端撰，光绪元年冬潘介繁跋称为曾唯重刻本，又有汪曾本跋称，“咸丰间粤寇之乱，振绮堂藏书散佚殆尽。惟各种书版仅有存者。此书之版佚去几半”。

7.《东轩吟社画像》（国图普本 XD10018、58895）一册，清费丹旭绘画、黄士珣记、诸可宝传，有“光绪二年丙子秋八月，泉唐汪氏振绮堂开雕”篆书长方牌记。末有诸可宝跋云，同治五年丙寅冬，汪曾唯归里，收拾经“庚辛之难”残余板片，请诸氏助其“整比振绮堂烬馀书板，检得汪远孙《国语考异》

《辑存》《发正》《汉书地理志校本》及《咸淳临安志》《清尊集》、阎征君《古文尚书疏证》、厉征君《湖船录》、黄明经《北隅掌录》、吴教授《莲子居词话》诸板本，仅无残佚；它如梁孝廉《左通补释》、梁端《列女传读本》，则失其半；杭编修《道古堂全集》则有十之二三；朱检讨《词综》、赵部郎《水经注释》、厉征君《辽史拾遗》《东城杂记》、汪先生《三祠志》、梁孝廉《两般秋雨庵诗》及《随笔》、年丈（汪远孙）《借闲生诗词》、梁夫人《玉台画史》，又皆止是十之一二焉”，年来，汪曾唯“谋补诸书，以还旧观”。

8—14. 国普（8679）《振绮堂遗书》七种，包括：《国语明道本考异》四卷、《国语三君注辑存》四卷、《国语韦注发正》二十卷、《汉书地理志校读本》二卷、《借闲生诗词》，以上皆汪远孙撰；又《列女传校读本》八卷，系其夫人梁端撰；《玉台画史》系其继配汤漱玉撰。该《遗书》七种前有光绪六年十二月十六日浙江巡抚谭钟麟撰《崇祀乡贤录》。

15.《樊榭山房全集》四十七卷（国图善本14635），清厉鹗撰，有“光绪甲申（按即十年，1884），钱唐汪氏振绮堂刊”牌记。

16.《去旧染污录》一卷（国图普本9791），此即曾唯申述所涉案件而成，有光绪十一年（1885）自序。

17.《师友渊源录》一卷（国图普本123374），清陈奂撰，有“光绪十二年孟春钱塘汪氏涵雅堂刊本”正方牌记。

18.《振绮堂书目》四卷（国图普本目440/8432），此目与国图善本（1450）汪远孙所编书库插架书目同，不分卷，二册，共四十三橱。而非汪远孙、適孙所抄之《简明目录》。曾唯刻此目，强分为四卷。但书末有其光绪十二年六月二十六日跋，是研究振绮堂汪氏藏书及书目不可多得之文献。曾唯云，“至咸丰辛酉，杭城两遭兵燹，散佚殆尽。同治甲子浙省恢复，于灰烬中”又获得振绮堂各书目、题识、书录等全本、残本，“合而观之，插架之书，百不存一，良可慨也”。振绮堂大规模藏书散佚于咸丰末之兵燹，应该说是无疑的。兵燹之后，已“百不存一”。大体振绮堂汪氏大规模藏书事业至此已告终结。

19.《道古堂全集》四十八卷（国图普本25802），清杭世骏撰，有“光绪十四年戊子中春泉唐汪氏振绮堂检理旧板校订补刊”三行长方牌记，末有汪曾唯刻书跋。

20.《宋六十名家词》四函二十四册（国图普本112916），有“汲古阁原本，钱塘汪氏重校刊”篆书无边框牌记，由清黄士陵于光绪十四年中夏题签。各种之末有（明）毛晋之跋，全书未见汪氏刻此书序跋。

21.《沧江红月词》三卷（国图普本101140），清汪初撰。汪初，字绛人，号问樵，系汪瑜之长子，汪端之兄，生于乾隆四十二年丁酉正月初一日子时，卒于嘉庆十三年戊辰九月十五日寅时，年三十二。仁和县学附监生，官四川候补布政司库大使，亦善诗词。此书初刻于嘉庆九年，似出自汪诚所刻，再刻于曾唯，末有“光绪十五年己丑秋七月”汪曾唯跋，又有此年夏“息庐”题签。

22.《振绮堂诗存》不分卷（国图普本24988）一册，清汪宪撰，此书系光绪十五年十月（阳月）汪曾唯刻本，末有“玄孙曾唯恭校，来孙加年、大燮再校”署款。前有谭献所撰刻书序。

23.《松声池馆诗存》四卷（国图普本85022），清汪璐撰，有“光绪十五年冬振绮堂重雕”牌记，书末镌“光绪十五年己丑冬曾孙曾唯，玄孙加年、康年重刊谨校”一行。

24.《咸淳临安志》一百卷（国图善本83），原为汪远孙刻本，兵燹后获得此书板片，乃重印之。书末有汪曾唯光绪十七年辛卯春跋，云“自宋南渡巨编，越八百岁，一旦流布人间，俾承学之士得所观摩，藏书之家无烦借录。迨经咸丰庚、辛，两罹兵燹，失去八十二叶，又舆图十四叶”，“至光绪庚寅距校刊之年岁序一周，翻检是书，版框之破损者，命木工补之，字体之残缺者修之”。

25.《二如居赠答诗》二卷《词》一卷（国图普本26819），清汪鉽撰，有“光绪十七年岁在重光单阏阳月钱唐振绮堂开雕”楷书四行牌记。汪鉽，字式金，号剑秋，钱唐人，与费丹旭为密友，亦东轩吟社成员。

26—29. 据《振绮堂藏板书目》，汪曾唯所刻尚有黄士珣《北隅掌录》、厉鹗《湖船录》、《清尊集》及张之洞《𬨎轩语》等。

咸丰兵燹之后，汪曾唯掇拾振绮堂残余板片，重新印出或补刻几达三十种，可谓振绮堂汪氏之贤子孙。其刻书之业绩鲜为人知，故予一一考而列之于此。

振绮堂藏书经咸丰兵燹后“百不存一”。汪诒年亦言，“振绮堂藏书自经庚申、辛酉两次兵燹后，已散佚殆尽”（《汪穰卿先生传记》按语）。但曾唯仍竭力收拾残余。国图善本（1800）《类次书肆说铃》二卷，明叶秉敬撰，万历年间刻本，为论次《道德经》《庄子》《白虎通》等数十种古文献之目录学著述，鲜为人所知，上钤“汪子用藏”白方、“振绮堂兵燹后收藏书”朱大方；上海博古斋2011年春季古籍善本《图录》1197号《文选纂注》十二卷，（明）张凤翼撰，万历间刻本，亦钤此二印。周心慧《明代版刻图释》第一册256页《张燕公集》二卷，明嘉靖十六年刻本，钤“汪鱼亭藏阅书”朱方、“振绮堂兵燹后收藏书”朱大方；上海崇源公司2004年春季古籍善本《图录》1038号《松雪斋文集》二卷，元赵孟頫撰，明正德刻本，亦钤此两印，后归曹大铁收藏。说明兹书系汪曾唯兵燹后重获其高祖汪宪所藏明刻本。又，我友彭令先生撰文介绍，他在一朋友家见到汪曾唯批注本《礼记正义》四十卷，上亦钤“振绮堂兵燹后收藏书”朱大方。他判定此印系出汪曾唯，而非其高祖汪宪，颇具见识，证据确凿。俗话说，百足之虫僵而不死。振绮堂藏书虽“百不存一”，然今天仍时不时遇见其遗籍。如清江标刻《汉事会最人物志》三卷，刻牌记曰：“光绪乙未（按即二十一年，1895）借仁和汪氏振绮堂写本刊”。光绪二十三年丁酉刻《草阁集》，亦有“钱唐丁氏以振绮堂旧钞本上板”牌记。国图普本（22400）《倚松老人诗集》三卷，书口镌“振绮堂抄本”五字，系据宋本所抄，经士礼居黄氏、五十万卷楼莫氏递藏。又《七家后汉书》二十一卷（国图善本4721），清汪文台辑刻本，有崔国榜序，云此书所据底本乃朱彝尊藏，“后归钱唐汪氏振绮堂。辛酉乱后，汪氏藏书尽散”，已“无从借阅矣”。我相信，全国各家图书馆尚有振绮堂旧籍者当不少，惜难作这方面的统计。

第六代：汪玉年、汪康年

汪玉年（1857—1927）　字伯赓，号伯敔，其父汪曾学系迈孙之三子，字子义，号意云，生于道光十五年乙未（1835）正月十二日巳时，卒于民国元年壬子（1912）八月十二日巳时，终年七十八，县学附贡生。南京图书馆（111127）《新刻石室先生丹渊集》四十卷《拾遗》二卷，宋文同撰，明万历间刻本，有汪曾学跋，后归丁丙八千卷楼。玉年生于咸丰七年丁巳（1857）六月十九日酉时，卒于民国十六年丁卯（1927）二月初九日戌时，终年七十一。

汪玉年系杭州振绮堂第六代向浙江图书馆捐存兵燹后所剩振绮堂刻书板片之代表。《汪氏振绮堂宗谱》（国图普本JP366）后附汪玉年所撰《捐存书版纪略》，云：“吾家在前清嘉道间刊刻书籍至夥。咸丰季年，杭城两次失陷，振绮堂藏书既坐是散失。即庋藏之书板亦毁损不少。顾燹后掇拾之馀，尚存卅馀种，经先伯父子用（按即汪曾唯）、子养（按即汪曾本）两父分别修补完善，复经子用公增刊若干种，又向湖北书局购入若干种。其书版先庋存于馆驿后道福堂，旋移存上兴忠巷正名堂，旋又移存贺衙巷俭永堂。民国十年，俭永堂房屋相继售去，余乃与同堂诸人商酌，以为若租屋以储版，岁耗租值既不赀，甚或有迷失及蠹蚀之患，且城中出租之屋，大率浅隘逼窄，尤时时以回禄为虞。为安全计，不如悉数捐存公立图书馆，既可永久保存，不致散佚，更可由图书馆将各书随时印售，亦足使不绝如缕之先代著述，流通于当世，于公私均不无裨益。诸弟及诸犹子咸以为然，告诸同里诸耆硕亦咸伟斯议。遂于十一年一月与图书馆订立议据八条，即日将各书移存图书馆内，并由馆长呈报浙江教育厅转呈省长，咨报教育、内务二部，以昭信守。玉年于祖宗遗泽、乡邦文献，或亦可告无罪欤？兹将议据及《书版目录》汇录于后，庶后之人或有可考云。玉年谨识。”

后附十一年一月二十一日定议八条之《议据全文》及《书版目录》。目录包括捐存之三十五种，未见者有：《易》《书经》《诗经》《礼记》《春秋左传》《大学》《中庸》《论语》《孟子》、清厉鹗撰《樊榭山房全集》及《湖船录》、清吴淦辑《唐诗启蒙》、《琴台合刻》等。又有汪玉年附记之“燹前所刊”、“版已无存，盖损失者已多矣，并志其目于此，藉备参考”者有十七种，未见者有：清赵一清撰《水经注释》及《水经注笺勘误》、清汪家禧撰《三祠志》、《御题书苑菁华》、清惠栋撰《太上感应篇笺注》、清李堂撰《冬荣草堂诗集》、清朱彝尊辑《词综》等。

汪康年（1860—1911）　小名初官，初名灏年，字梁卿，年十九更今名，字穰卿，号毅伯，晚年因灰心时事，又自号恢伯，汪宪之六世孙，汪曾本之长子，诒年之兄。父曾本，字子养，号养云，汪迈孙之次子，生于道光十二年壬辰（1832）七月二十九日亥时，卒于光绪八年壬午（1882）十一月十一日亥时，年五十一。汪曾唯重补刊《列女传校本》有曾本所撰跋，谓曾唯以阮元文选楼所藏宋本校过。汪康年于咸丰十年庚申（1860）正月初三日卯时生，宣统三年辛亥（1911）九月十三日未时卒于天津，年五十二，葬杭州西湖桃源岭叶面山。光绪十五年（1889）举人，十八年（1892）进士。尝应张之洞之招，课张之洞孙辈刚孙、道孙兄弟。甲午之败，痛心疾首，大声疾呼变法，著自强三策。光绪二十二年丙申（1896）创设《时务报》于上海，二十四年戊戌（1898）复设《时务日报》，旋易名《中外日报》，三十三年丁未（1904），设《京报》于京师，宣统二年庚戌（1910）设《刍言报》，皆风行海内，名闻天下。有《雅言录》《汪穰卿遗书》等。

汪康年“于书无所不览，自群经、诸子、历史、舆地、小学、天算以至古文、骈文、诗词之学，靡不探讨而研究之。三十五岁以后，从事报馆，公私应酬，日不暇给，而就寝之顷，犹必阅书十数页，以为常云。又好抄书，古籍秘本，非力所能蓄者，不惮辗转假借，手自移录。课徒里中时，尝觅得沈氏《南北朝舆地表》，时方岁暮，例得解课一月，即将原本手录一本，一字不遗。其后往来南北，随时搜购秘籍，又从交好中借抄。故生平所得罕见之书颇夥”（《汪穰卿先生传记》)。康年系汪宪之裔孙，振绮堂藏书毁于咸丰兵燹，然康年濡染至深，在风尘仆仆、倡言变法自强之际，仍一日不忘读书、抄书、藏书事。一九一八年（戊午），其弟诒年（颂阁）“以其遗籍捐置上海工业学校之图书馆”（唐文治《同年汪穰卿先生传》，《碑传集补》卷五十二）。

伦明《辛亥以来藏书纪事诗草稿》第三十三首咏诗云：“《雅言小录》多奇秘，历数遗书某某藏。”诗后言《雅言录》“述所见遗籍，皆载明现藏某家。如张石（洲）〔州〕《延昌地形志》、祁（韵）〔鹤〕皋《皇朝藩部要略》稿本，存陈士可处；纪文达《四库全书提要》稿本，存河间张氏；钱辛眉《元史纪事》，存翁叔平处；王船山《龙源夜话》，存朱肯甫处；毛岳生《元史》，在应敏斋处。按图索骥。又言江建霞有屈翁山《崇祯宫词》及《三吴纪》《五藩记》，又有《测圆海镜》，与今本多异。又沈子良家多写本野史，葛止水家有元裕之《算书》，所举之人，或尚在，即殁亦未远，宜可指名以索也”。伦明又谓其家学渊源传自振绮堂，亦雅喜目录之学，于书多写题识。王重民师《中国善本书提要》经部诗类有伦明所藏《韩诗外传》十卷，明刻本，今在国家图书馆，书衣题识云：“此书得于沪上醉六堂书肆，索价甚昂，以其纸色古旧，初印，出重价购之。今春过沪，访购佳本，一无所得，从此古书日少，书贾居奇，虽明刊之佳者亦不可多得矣。”

汪康年喜刻书。“晚年，乃议用活字版次第排印，以六册为一集，名曰《振绮堂丛书》，惜初集甫竣，先生即逝世矣。身后，诒年检点遗箧，得未刻书十馀种，又得遗稿数册，皆杂记旧闻及时事。复裒集生平所作报论，得数十篇，拟为次第刊行。先生毕生辛勤所留遗于身后者，谨此而已。”（《汪穰卿先生传记》）按：康年所刻《振绮堂丛书》为初集，共十种，有管鹤手稿《拳匪闻见录》一卷、家藏稿本《韩南溪四种》、汪远孙《经典释文补续偶存》一卷、汪远孙《借闲随笔》一卷等，其余皆钞本、传抄本，其书甚精雅。有“光绪二十年泉塘汪氏振绮堂刊，武进屠寄署检”长方牌记。又有“宣统庚戌泉唐汪氏印于京邸”隶书牌记。书前有陈三立《振绮堂丛书序》，谓为“钱塘汪子康年所辑刊也”，且记汪氏言曰：“吾于是书务张阐幽微，适用而已。”各书之末皆有康年所撰跋，这些跋多撰于宣统二年庚戌和三年辛亥。十种书中已无一种系振绮堂旧藏，即使其堂伯祖汪远孙遗稿《经典释文补续偶存》一卷及《条例》一卷、《借闲随笔》一卷，亦系购自杭州书肆扶雅堂，而非家藏之旧书，可见兵燹对振绮堂藏书损毁之严重。

诒年，字颂穀，汪曾本之次子，康年之弟，生于清同治五年丙寅（1866）

十一月初九日丑时，卒年不详。诒年协助其兄康年管理《时务报》《时务日报》《京报》《刍言报》等事务，时称“杭州二汪”。其兄殁后，诒年为之辑刻《汪穰年先生遗文》三卷（包括《时务报》论说汇录、《刍言报》论说撷萃、《书牍辑存》三种）；民国九年（1920）辑刻《汪穰卿先生遗著》八卷附遗像，并撰《年谱》一卷附印于书首；民国二十七年（1938），撰写《汪穰卿先生传记》七卷卷首一卷。诒年于民国十九年（1930）尚纂辑《汪氏振绮堂宗谱》四卷。继其兄之遗志，从遗箧中裒辑十二种，刻为《丛书》二集，包括其六世祖汪宪辑《列女传》不分卷、清方象瑛撰《明史分稿残编》二卷、清张海撰《西藏纪述》不分卷、清黎庶昌撰《奉使英伦记》不分卷、清佚名撰《克复谅山大略》等，多为罕见之单卷小品。

2016年5月13日凌晨4点谨识。藏

·新书目

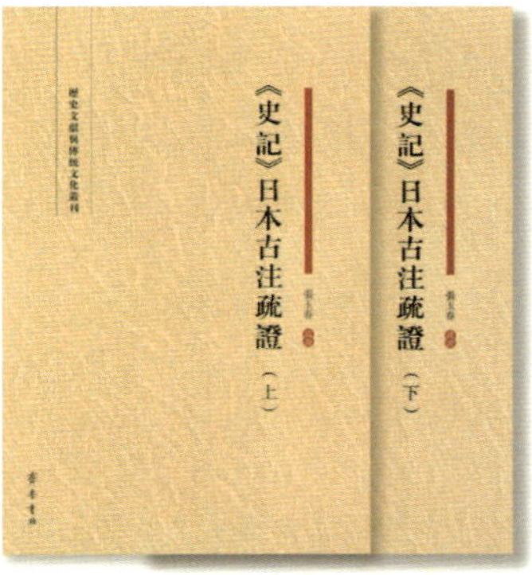

《史记》日本古注疏证

张玉春疏证
齐鲁书社 2016年2月版
16开　平装
定价：168.00元
书号：978-7-5333-3309—6

镰仓、室町时代，日本学者注解《史记》颇兴，然原本多亡佚不存，幸京都建仁寺僧月舟寿桂（1460—1533）及其弟子将所见古注抄录于《史记》黄善夫刊本中，予以留存，尚可窥一斑。此本现藏于东京日本国立民俗博物馆，其中古注旁征博引，多见六朝、隋唐以前佚书，兼及多种《史记》版本比较。《〈史记〉日本古注疏证》是国内外首次对此本古注的全面疏理考证，对《史记》研究及依靠《史记》的中国古代社会、历史、文化研究具有重要参考价值。

岭南藏书家唐岳

肖　卓

岭南自古物庶民丰，民众喜好藏书。然辛亥之前关于藏书家之记载寥寥，叶昌炽的《藏书纪事诗》仅收录丁日昌、曾钊和李文田三家。之后，伦明的《辛亥以来藏书纪事诗》记载岭南藏书家30余人。收录藏书家最堪完备之《文献家通考》，列举了65位岭南地区的藏书家。历史上的岭南涵盖广东、广西与海南三地，以上文献中论及的岭南藏书家均以广东一地为主，广西藏书家仅《文献家通考》收录临桂龙启瑞、王鹏运、况周颐，象州郑献甫和玉林苏懿谐五位。其他文献中尚有全州谢良琦，临桂陈宏谋，祖籍江西临川、寓居桂林的李秉礼等几位。有关藏书家唐岳，《清代广西的私家藏书》一文中略有记载。

一、粤西历史上的唐氏家族及唐岳其人

唐氏为广西临桂一大望族，其祖辈有唐仁、唐义与唐智三兄弟，唐岳为唐仁之子。唐家在桂林城有座唐氏庄园，为唐仁与唐岳父子所建，始建于清同治年间。庄园依山面溪，坐东朝西。庄内由北至南分三间大院，唐仁三兄弟分别居之，除亭台楼舍外，还有神庙、家祠、书塾等。

唐仁（1781—1864），字尧心。清嘉庆六年（1801）举人，十七年（1812）进士。历任柳州、庆元、泗城、镇安府学教授，升内阁中书。咸丰年间，因抗击太平军有功而保举四品衔名，赏戴花翎。其教子有方，所得俸禄半以买书教子，子嗣亦颇有声名。三子启荫，咸丰九年（1859）进士，历官广东韶道、甘肃巩秦阶道、云南候补道。四子启藩，同治六年（1867）副榜，议叙员外郎。唐岳（1821—1873）原名启华，字仲方，又字仲实。唐仁次子。道光二十年（1840）乡试第一。咸丰年间，与弟启荫辅佐其父办理团练，叠保郎中，加鸿胪寺卿衔。

喜好藏书，藏书达十万卷，朱琦所著《孟子五说》后“附志”言唐氏“家藏善本书至数千卷”，手自批校，丹黄满篇。室名雁山别墅，藏书处曰涵通楼，或函雅楼，或十万卷楼。所著有《涵通楼师友文钞》《鹦鹉赋十六首》等。

二、唐岳与雁山园

雁山园，又名雁山别墅，素有“岭南第一园”之称。唐岳因办理团练有功，清政府加封其鸿胪寺卿，且赏有一大笔银子，清同治八年（1869）唐岳开始用这笔钱营建雁山园，别墅历时四年始成。《临桂县志》记载，“岳既建别墅，冠盖云集，宴会演戏无虚日”，可谓“声势显赫，雄视一方”。

全园主要由涵通楼、澄砚阁、碧云湖舫等建筑组成。涵通楼即唐岳藏书之处，为歇山二层楼阁，雕梁画栋，十分堂皇，是为全园的主体建筑。楼前戏台乃唐岳宴客会友之处。澄砚阁为园主之卧室，亦为二层楼阁，在二层处有曲折长廊与涵通楼相通，涵通楼东侧则有长廊与碧云湖舫相连，三座楼阁连成一体，山水与亭台楼阁相映成趣，美不胜收。

同治十三年（1874）唐岳被朝廷征调，客死异乡，自此家道中落，园子渐趋荒废，几易其主。清末两广总督岑春煊为其第二任主人，岑氏“兴残埋圮，润色烟霞，涵通、澄砚之胜，略复旧观”，并将其更名为“西林花园”。后岑氏将园林捐给民国广西省政府，更名为“雁山公园”。

提起雁山园，或许有人将其与唐氏庄园混淆，其实两者并非同一园子。唐氏庄园是在雁山园始建两年之后建成的，雁山园是唐岳的私人园林，而唐氏庄园虽亦为唐岳所建，但主要还是为家族所筑，即唐氏三兄弟所共有。

三、唐岳及其藏书

龙启瑞《送唐子实归里》有句云：“唐子有书癖，归装论五车。”“知己赠长剑，旁人嗤蠹鱼。”朱琦《孟子五说》所附志亦言唐氏“家藏善本书至数千卷”，刘名誉《纪游闲草》之《雁山园》则曰：“……涵通楼……往者藏数万轴书于此。”《中国近现代人物名号大辞典》记载：“藏书多达十万卷，称雄西粤。”十万卷之数或由唐岳的一枚“十万卷楼”藏书印推衍而来，然唐氏藏书并无目录流传，我们无从考证，只能从前人的只言片语中推测其大致规模。

清同治十年（1873），唐岳客死异乡，唐氏遂家道中落，雁山园亦渐趋衰落，1907 年唐岳之子将雁山园转售清末两广总督岑春煊，1927 年岑氏又将园子捐与广西政府。这期间涵通楼里藏书去向并无交代，直至 1935 年中山大学校长邹鲁亲自从桂林唐氏藏书中购入一批图书，凡三千余册，唐氏藏书才初见端倪。

中大校报记载当年邹鲁校长购入桂林唐氏藏书3000余册，中大图书馆善本书目收入唐氏藏书经部7种95册，史部14种100册，子部13种87册，集部25种240册，丛部4种111册，共计63种633册，善本书占到此批书的五分之一强，实属不易。其中明刻本36种，清康熙刻本8种、乾隆刻本12种。明刻中以嘉靖本最早，有8种之多，可见藏书的总体质量颇佳。所藏四部书中以经部最少，集部居多。书中多有钤印，可知者有“桂林唐氏仲实珍藏图籍”“函雅楼藏书印”“桂林唐氏珍藏”“桂林唐氏仲实珍赏图籍”“十万卷楼”“仲实珍藏印”“涵通楼”“唐岳校读”“涵通楼藏书印”“桂林唐氏珍藏书籍”“桂林唐氏仲方珍藏图籍之印”“唐岳点戡”“桂林唐氏”“棣华书屋”“仲实手校”“仲实”“桂林唐氏仲实珍藏书画之印”“桂林唐氏启华”“仲实珍赏”“仲实珍藏”“仲方校读”“唐启华藏”等。藏书印镌刻秀雅，章法严谨，当为名家所刻；印色亦朱墨灿然，赏心悦目。

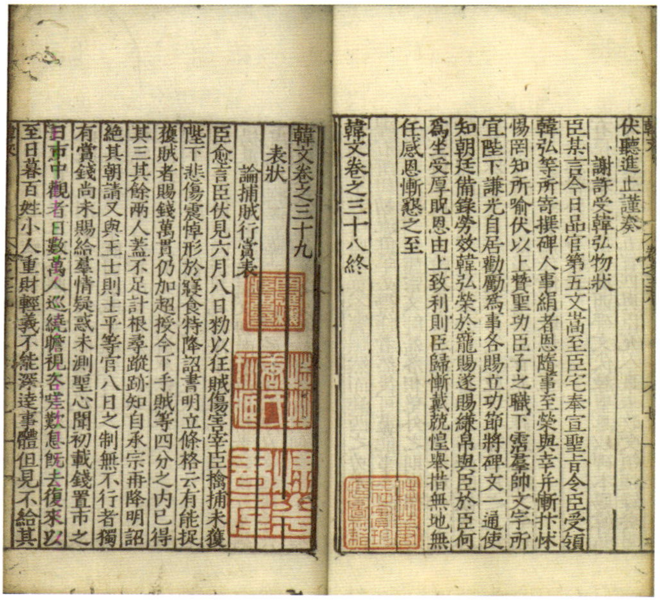
伏聽進止謹奏
謝許受韓弘物狀
臣某言今日品官第五文嵩至臣宅奉宣聖旨令臣受領
韓弘等所寄撰碑人事絹者恩隨事至榮與幸并慚忭怵
惕罔知所喻伏以上賛聖功臣子之職下霑羣帥文字所
宜陛下謙光自居勸勵為事各賜立功節將碑文一通使
知朝廷備録勞效韓弘榮於寵賜遂賜縑帛與臣於臣何
為坐受厚貺恩由上致利則臣歸慚戴兢惶衆措無地無
任感恩慚戀之至
韓文卷之三十八終

韓文卷之三十九
表狀
論捕賊行賞表
臣愈言臣伏見六月八日勑以狂賊傷害宰臣擒捕未獲
陛下悲傷震悼形於寢食特降詔書明立條格云有能捉
獲賊者賜錢萬貫仍加超授今下手賊等四分之內已得
其三其餘兩人蓋不足計根尋蹤跡知自承宗乖降明詔
絕其朝請又與王士則士平等官八日之制無不行者獨
有賞錢尚未賜給羣情疑惑未測聖心聞初載錢置市之
日市中觀者日數萬人巡繞瞻視咨嗟歎息既去復來以
至日暮百姓小人重財輕義不能深達事體但見不給其

唐岳藏书印

唐岳藏书与校勘密切相关。其藏书非为藏而藏，实为校勘之用。《韩非子》一书丹黄满纸，全书天头地脚甚至字里行间均有唐岳的校勘笔迹，其参照本有宋本、今本；所参酌文献有《史记》《韩诗外传》《战国策》《晏子春秋》《荀子》《道藏》《文选》等；亦有过录顾广圻、王渭等人校勘成果者。

例如："'几不难矣'，《国策》作'岂其难矣'，王渭曰'能当作难'（按：原文'臣以为天下之从，几不能矣，内者吾甲兵顿'）。"又如："顾云：'奉禄'当作'持禄'。见本书'三守'，《晏子春秋·问下》云'士者持禄，游者养交'。《荀子·臣道篇》云'以之持禄养交而已耳'。国贼也，又见《韩诗外传》。"

核之唐氏藏书目录，发现其藏有明毛氏汲古阁刻本《诗外传》、明刻本《史记》、明刻本《重刊鲍氏战国策》《二十字全书》、明末刻本《晏子春秋》、明凌氏刻四色套印本《南华经》、明闵氏刻朱墨套印本《列子冲虚真经》等，从而可以确证其藏书用于校勘之实用目的。

唐岳的藏书题跋中揭示有诸多信息，为深入研究提供了可资参考之材料，大致整理如下：

1. 唐岳的师友。唐岳曾师事吕璜、梅曾亮，与朱琦、彭昱尧、龙启瑞、王拯亦相往来，岭西五大家之藏书于唐岳影响颇深，从藏书题跋可窥其一斑。中大馆藏《韩文》卷十末有朱墨题识"同治壬申八月三日唐仲方重读于雁山园之涵通楼，并用紫笔录定甫评点于上"。另有蓝笔题识"道光丁未，余在京师曾录上元梅先生评点韩集于旧藏东雅堂本，同治壬申秋仲既录友人王定甫评"。题识所言"梅先生"即梅曾亮，"王定甫"即王拯。另一藏本《朱文公校韩昌黎先生外集》卷十末有题识："咸丰十一年九月用朱笔录吕月沧先生所传姚姬郎中评点于卷，其绿笔所录者，则卢轩《韩笔酌蠡》中语，其偶有合亦附录……"该题识中吕月沧即吕璜。唐岳于韩昌黎集研究中广泛抄录、引用梅曾亮、吕璜、王拯等师友的评点，可见其受"岭西五子"的影响不可谓不深。

除抄录师友的批语外，唐岳亦直接从友人处获赠一些书籍。如《嘉祐集》中有唐岳的三段题跋，其一为"右老泉集，友人王定甫所赠者。甲辰岁，余处京师，日向厂肆求老泉集善本，讫无所得。乙巳夏，下第南归，濒行，定甫乃出是集见赠，曰：'此本虽恶，然终胜于无。'余受而置之笥中，久未暇读。今年冬，家居无事，乃从友人处假得明刻本，详细加校正。卒读之后，以所假本归其主，因识数语于此云。道光丁未仲冬朔后一日桂林唐仲实跋于万卷草堂"。其二曰："此集乃蜀中所刻三苏集割下者，纸板最劣，而讹误尤多，旧本分十五卷，而此则裂为廿卷，又失脱《制敌》、《论题》、张仙画像、《宋吴侯职方赴阙序》、《贺欧阳枢密启》四首，又脱《香》诗一首，又《洪范论》旧本有图，苏氏族谱后有谱，此皆无之，并摘记于此。明刻旧本大字每页十行，每行十九字。"其三"右老泉集二十卷，元本十六卷，裂为廿者，不知始自何人。余既假得明刻本，校正后，复将原本卷第篇目次第附记于下，庶存古本之旧云尔。石壁山人再识”。

以上题跋首先明确了唐岳道光甲辰至乙巳年在京备考，曾向厂肆求苏洵文集的善本，然一无所获。至其落第欲南归之时，好友王拯将此本送予他。道光丁未年，唐岳冬居无事，始读此集。此书正如王拯所言，版本不好，书商将原来的十六卷割裂成二十卷，使人误以为另一版本，且书中脱漏讹误太多，让人不忍卒读。由是唐岳又从友人处借得明刻本再行校勘，将脱漏的内容予以补钞，讹误之处加以改正，终得一较完善之本。另外值得注意的一点是，最后一条题跋落款为石壁山人，或因王拯号龙壁山人，唐岳又自号石壁山人，此书乃王拯所赠，唐岳或为表达谢意和尊敬之意新取此号。

2. 唐岳的研究兴趣。唐岳研究领域广泛，经史子集均有涉猎。唐岳曾先后于道光乙巳年（二十五年，1845）和咸丰庚申年（十年，1860）两次对《水经》进行校勘。道光乙巳春，唐岳尚在京都，其题跋中也透露了些许当时藏书来历与校读场所等。如一题识曰：“道光乙巳春正，唐子实阅于京师裘家街之雷州会馆。”又题识曰：“道光乙巳春正，得此于厂肆，阅校一过，时二月初六日桂林唐子实识。”咸丰庚申年重新校读则记录相对简略，通常如“咸丰庚申腊月，桂林唐仲方重读一过，加朱点定”之类。

韩愈集亦唐岳研究兴趣所在，其所藏韩文入藏中大图书馆的善本有七部之多，分别为明嘉靖十六年（1537）游居敬刻四十一年（1562）何镗印本《韩文》两部、明嘉靖十六年游居敬刻三十五年（1556）莫如士印本《韩柳文》、明刻清天德堂重修本《朱文公校昌黎先生文集》、明万历茅一桂刻《唐宋八大家文钞》本、清康熙席氏琴川书屋自刻《唐诗百名家全集》本、清乾隆四十九年（1784）刻本《新刊五百家注音辩昌黎先生文集》。有关韩昌黎集的研究为桐城派岭西五子的共同兴趣所在，从批校题跋及钤印即可知。前文所列举题跋中已提及梅曾亮、王拯、吕璜三子，《唐诗百名家全集》中又出现了“翰臣手校”“经德堂藏书记”等藏书印，翰臣为龙启瑞的字，经德堂为其室名，有《经德堂文集》，可见此书经龙启瑞与唐岳递藏。

唐岳先后对《韩文》《朱文公校昌黎先生文集》《新刊五百家注音辩昌黎先生文集》三书进行了校勘批点。以《韩文》为校勘之底本，除抄录岭西五子的批点之外，尚补录有高密李宪乔、常州施晋的批点，并题跋曰：“高密李子乔宪乔，曩官吾粤，平生尤用力韩诗者，评点精辟，多所发明。同治戊辰夏五过录一道。子乔在粤，于门人学诗皆教以张、贾，自诗乃独宗韩云。又有施晋雪帆者，常州人，嘉庆间诸生，有能诗名，于韩诗亦有评点，但略甚，不及李之二三，今用赭笔录于卷。”书中所书题识二十七条，所录评点多至五家，可见唐岳于韩文用力之勤，精研之深。

3. 唐岳的治学时间与地点。《韩非子》卷二十末题识曰：“道光癸卯（1843）六月朔后二日，唐岳仲方氏点勘于十万卷楼。”《韩文》卷十末题识曰：“同治壬申（1872）八月三日，唐岳仲方重读于雁山园之涵通楼。”此两条记载了唐氏居桂林时校勘于自家藏书楼中。《韩文》中题识曰：“道光丁未（1847），余在京师，曾录上元梅先生评点韩集于旧藏东雅堂本。”《王阮亭古诗选》中题识曰：“道光丁未（1847）五月，寓京师逆旅，假梅伯言先生所藏□□先生评点本，手校一过。”《晏子春秋》题识曰：“奋若年始安，唐仲实购于都。”以上诸条为唐氏点勘于京师的例证。由此，我们可大致了解唐岳治学主要集中于京师和临桂两地，这与他上京赶考及回乡主持团练的经历相关。时间跨度则从道光二十五年（1845）至同治十一年（1872），可知其去世前一年尚在潜心研读《韩文》。

4. 反映当时粤西文人交游情况。道光年间，吕璜、朱琦、彭昱尧、龙启瑞、王拯入京师，同拜于梅曾亮门下研习古文，师徒交游唱和，逐渐形成了粤西“桐城派”，其五人亦被称为“岭西五子”。咸丰四年（1854），唐岳将往来于涵通楼之师友文集汇为《涵通楼师友文钞》十卷，收录梅曾亮、吕璜、朱琦、彭昱尧、龙启瑞与王拯六人之散文共计 197 篇，其中不少为他们之间酬唱应和之作。如梅曾亮《柏枧山房全集》收录有《和王少鹤》《赠朱伯韩归里》《赠龙翰臣修撰典试广东叙》等。朱琦《怡志堂文初编》中则有《伯言先生六十初度同人集龙树寺设饮赋诗邵蕙西舍人诗先成因次其韵》《王定甫招集西舫小饮翰臣诗先成次和二首》等。彭昱尧曾为吕璜先生撰《又吕月沧先生诔》。龙启瑞《经德堂文集》与《浣月山房诗集》收录《春草四首和王少鹤》《答朱伯韩前辈去岁见赠诗一首》等。其《送唐子实归里》曰：“亲知如北雁，一一向南飞。渐觉乡音少，尤伤同调稀。关河恨修阻，景物惜芳菲。招隐向何处，桂山深翠微。”诗歌揭示了诗人感叹同乡相继南归，知音难觅之情。王拯《龙壁山房诗文集》更是体现了其与各人往来之密切，如《清明日同彭子穆昱尧唐子实启华谒吕礼北先生璜墓作》《与彭子穆书》《与朱伯韩御史书》《与梅伯言先生书》《复唐先生书》等。

唐岳的批校题跋进一步印证了粤西文人在京的交游切磋之风。《水经》中若干题识即可视为明证，如“道光乙巳春正十六日桂林唐子实校读一过。时与王定甫同寓”，“道光乙巳二月朔夜唐子实校读一过。时彭子穆自汴梁来，与定甫纵谈至四更”。王定甫即王拯，彭子穆即彭昱尧。

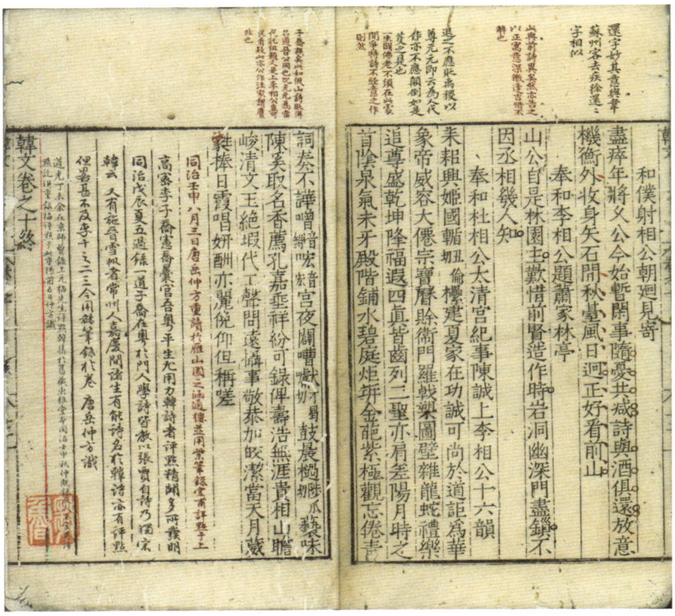

唐岳批校题识

唐岳作为近代岭西的藏书家，他于岭西文化的传播与传承起着至关重要的作用，正是他所辑的《涵通楼师友文钞》才更明确了“岭西五大家”的地位，亦是他的涵通楼藏书让我们了解了那个时代粤西文人交游切磋之风尚。因而可以说，唐岳是岭西近代文化史、文献史中一个很关键的人物，值得我们更进一步的研究。

岛田翰骗取过云楼藏《杂剧》二种补说

李 军

岛田翰（1879—1915），字彦桢，近代日本著名汉学家，汉学家岛田重礼幼子，著有《古文旧书考》四卷。又曾师从竹添光鸿，并协助其编撰《左氏会笺》。因其在归安陆氏皕宋楼藏书流入日本过程中加以斡旋，并撰《皕宋楼藏书源流考》而为我国学人所熟知。作为著名的版本目录学家，岛田翰也曾先后盗卖日本足利学校藏善本《论语》、金泽文库藏宋版《文选集注》、《大藏经》等一百数十种文物典籍，终因擅越雷池，在听闻即将被刑拘之前，于 1915 年 7 月 28 日在横滨家中饮弹自尽，惨淡收场。钱婉约《岛田翰生平学术述论》[1] 曾详细介绍，文中还述及岛田氏数次来华，借访问学者、藏书楼机会，索赠俞樾的著作手稿，并骗取顾氏过云楼善本数种。1905 年，岛田翰到苏州拜访大儒俞樾，获赠手稿四卷。 1912 年 3 月，手稿竟被他售予东京旧书店，最终被日本国会图书馆购去，收藏至今。钱婉约在谈及岛田翰骗取顾氏过云楼藏书时，不禁感慨“这些有借无还的珍贵典籍，不知是否又被岛田翰拿到哪里去牟利生钱了”。

近因研究民国间顾氏过云楼藏书的流散问题，涉及岛田翰所骗取之书问题，故重加考察，发现当年岛田翰所骗取之元刊《古今杂剧三十种》、明嘉靖刻《杂剧十段锦》二种，早已回流国内，安然藏于中国国家图书馆，爰将相关流转始末补考如下。

岛田翰骗取顾氏过云楼藏书的时间，刘蔷《苏州顾鹤逸藏书考》[2] 认为此事是发生在壬子（1912）岁以前，主要依据是张元济致缪荃孙书札：

小山老前辈大人惠鉴：前日刘、张两书估承命送旧本来，感谢之至。中以影宋钞《芦川词》、苏天爵《名臣事略》为最佳。有《朱子大全》，疑非宋椠，培老亦疑之。究为何本，老前辈必能评决也。《芦川词》（顷已买定，价约摊得百四十元，尚有他书并买也）有荛老跋，未见刻本。今录呈，共四纸，并附沅叔来信一函，祈察入。书凡五册（一百十五番），索值三百元。《事略》《大全》两种，培老拟截留，索价一千又六十元，可谓奇昂矣。又有《吕氏乡约》，亦佳，止四十番，开价二百四十元。该估所望过奢，恐难成议。然元济终欲购一二种，以副盛意也。岛田翰来，至顾鹤逸家，购去士礼居藏元刊《古今杂剧》、明本《杂剧十段锦》、残宋本《圣宋文选》，闻出资皆不少，令人为之悚惧耳。肃此。祇颂著安。晚元济顿首。旧历端节。[3]

《张元济全集》编者亦据张氏壬子年五月初一日致傅增湘函推定，此函作于民国元年五月初五日。函中提及，张氏抄新得黄丕烈旧藏《芦川词》题跋予缪荃孙，盖缪氏当时正致力搜集黄跋，编辑《荛圃藏书题识》。缪荃孙即于壬子（1912）九月为此书作跋，载于吴氏双照楼所刻此书后。可见，张氏此函作于民国元年（1912），似无疑问。

民国二十年（1931），傅增湘所抄《顾鹤逸藏书目》发表时，曾对过云楼已散出善本加以注明：

《古今杂剧》，士礼居藏，一楠木匣。

《杂剧十段锦》，朱竹垞、钱遵王藏，十本。

《司马相如传》，一本。

《历代地理指掌图》，二本。

《震泽编》，汲古阁藏，二本。

《潘笠江集》，二本。[4]

以上六种书下，均括注“已去”二字，应是傅增湘事后补入。傅氏之到苏州顾家看书，据《藏园群书经眼录》所及，似有两次，一次是民国元年（1912）壬子二月，一次是民国二年（1913）癸丑。而前一次，他在顾家还看到《古今杂剧》原书。《藏园群书经眼录》卷十九著录“《古今杂剧三十种》三十卷”：

元刊元印本，巾箱本，半叶十行、十四行、十六行不等。目列后（略）。顾鹤逸藏书，壬子二月观。[5]

如果书已被岛田翰骗去，肯定不会有如此详细的行格记录，三十种子目虽在《经眼录》中省略，但相信在日记中还是有的，若非看过原书，是不太可能采集到这些信息的。所以可以确定，岛田翰往顾家借书，必在傅增湘第一次观书之后，张元济致函缪荃孙之前，即民国元年（1912）二月至五月之间。

关于岛田翰以借书之名，骗取过云楼藏书具体有哪些？元、明两种《杂剧》

刻本，一般都认同，至于第三种，甚至三种之外，是否还有其他书，仍存有争议。张元济书札中提到第三种书是宋刻《圣宋文选》残本，而王荫嘉在《铁琴铜剑楼藏书目录》之《新雕注胡曾咏史诗三卷》一书批注中说“胡曾《咏史诗》，士礼居宋本为顾鹤庐丈所得，早经一日本人干没云。今仅存影抄副本”[6]。黄跋本宋刻胡曾《咏史诗》原本，自顾鹤逸收藏后，下落不明，乃至有学者认为“或遭回禄、兵燹，亦未可知”[7]。王荫嘉所记，为此书流传下落提供了新的线索。民国元年（1912）五月十五日，王国维致缪荃孙函曾提及：

岛田带来之书，除《杂剧》外，尚有宋刊《圣宋文选》，尚有稿本、写本等，共三十部。闻田中有购之之意。将来必可见其目录也。

此次岛田所购书，是否出顾鹤逸家？南中尚见佳本否？[8]

无疑岛田翰在此之前，已经回到日本。从张元济端午一函到此时，不过十天时间，可证岛田氏回日本约在五月间。王函证明张元济所说宋刻《圣宋文选》残本，确有其书，此外尚有稿本、写本，怀疑是《江浙间所见所获名人遗著》[9]之属，也不排除真有宋刻《胡曾咏史诗》在其中。听闻岛田翰当年向顾家借书的借条，尚存顾氏后人处，希望有朝一日能够公布，则相关疑问自可涣然冰释。

目前可以肯定，元刻本《古今杂剧三十种》、明嘉靖刻本《杂剧十段锦》、宋刻本《圣宋文选》三种，是被岛田翰骗去的。傅增湘《顾鹤逸藏书目》将《杂剧》二种列入“已去”之目，有可能是张元济函告缪荃孙的同时，也写信告诉过傅增湘。也有可能是次年傅增湘再到过云楼看书时，从顾氏处获悉。故《顾鹤逸藏书目》中除此二书外，另有四种，也被列入“已去”之列。尚未整理出版的《傅增湘日记》稿本中若有相关线索，相信有关细节必会大白于天下。

一、元刻本《古今杂剧三十种》

在近代藏书史上，很多名贵的善本都有离奇曲折的流传故事，元刻本《古今杂剧三十种》，因系黄丕烈旧藏，遂在被人谈及时，常与黄丕烈旧藏的另一种脉望馆抄校本《古今杂剧》相混淆。其实，前者是元刻本三十卷，包含杂剧三十种，八册，自过云楼流出后，不久便进入中国学者王国维、罗振玉等人的研究视野中；后者是明刻配抄本，包含杂剧二百四十二种，六十四册，至民国二十七年（1938）方才重现于苏州，经郑振铎先生百计筹谋，终归国有。而今，黄丕烈旧藏的这两种《古今杂剧》在中国国家图书馆中完聚。

民国元年（1912）春，岛田翰从过云楼借得元刻本《古今杂剧三十种》后，一去不返，到上海时似曾拜访张元济，诡称书是从顾家购买获得，之后，带回日本，很可能是与俞樾所赠的稿本一起交文求堂书店出售。当时恰好罗振玉避居日本，从书店购得此书。而王国维也一同侨居日本，正在研究宋元戏曲，对罗氏所获此书非常重视，曾加以深入研究、广泛介绍。日本学者狩野直喜及其弟子青木正儿、吉川幸次郎等，也对此书做过深入研究。[10]郑振铎在《跋脉望馆抄校本古今杂剧》长文中，认为此前“最大的发现是《元刊杂剧三十种》，这是黄荛圃旧藏，经罗振玉、王国维的发见而流传于世的”[11]，而不知此书是顾氏过云楼旧藏，也出自苏州。

在《王国维年谱长编》中，对王氏研究元刻本《古今杂剧三十种》也有涉及，将他研究此书的时间，定为民国元年（1912）七月。主要依据北京故宫博物馆所藏王国维致缪荃孙书札，即《艺风堂友朋书札》中收录之原本，旧为潘博山收藏，后与潘氏所蓄明清名人手札一同入藏北京故宫。因此，1984年新编《王国维全集·书信》一册中所收王致缪函，与《艺风堂友朋书札》所收无异。王氏六月七日致缪荃孙函云：

> 《元刊杂剧三十种》已见过，系黄荛圃藏书，各本有“大都新刊”“古杭新刊”字样，行款、字之大小亦不一，系杂凑而成者。唯确系元刊，非明初刊本也。其中《元曲选》所有者十三种，字句亦不同。无者十七种，可谓海内外秘籍。而此十七种中，有甚可贵之品，如关汉卿之《拜月亭》、杨梓之《霍光鬼谏》（见《乐郊私语》）等在内。唯刻手不佳，其式样略如今之七字唱本。此为到东以来第一眼福也。《圣宋文选》所缺为卷一、卷二、卷七至卷十一，共七卷。维所得明钞残本系大字本，卷数亦不能配补。[12]

王国维《东山杂记》中有“罗振玉藏《元刊杂剧三十种》”一条云：

> 上虞罗氏所藏《元刊杂剧》凡三十种，旧藏吴门顾□（疑为“氏”），去岁日本人某购之以东，为罗君所得，乃黄荛圃故物也。荛翁题跋，屡称其所藏词曲之富。以明李中麓所居有词山曲海之名，故自名其室曰“学山海居”。[13]

明言此书为苏州顾氏之物，日本人应该就是岛田翰。书上有“士礼居藏”白文方印，故言为黄荛圃故物。此书中并无黄丕烈题跋，所谓“荛翁题跋”似是脉望馆抄校本《古今杂剧》上的黄跋。从时间上看，罗振玉获得元刻本《古今杂剧三十种》的时间约在民国元年（1912）夏。民国三年（1914）三月，日本帝国大学又向罗氏借取底本，请陶子麟覆刻印行，题为《覆元椠古今杂剧三十种》。十年后，上海又据此出版石印本，改题为《元刻古今杂剧三十种》。

1958 年，更被影印收入《古本戏曲丛刊》第四集，遂化身千百，流播人间。之后一百年间，《古今杂剧三十种》研究著作层出不穷，均受其惠。而鲜有学者谈论过云楼藏书之惠及学林，以及此书流落东瀛与回归故国的始末。

综上所述，元刻本《古今杂剧三十种》于民国元年（1912）从苏州流转到日本，实际上却一直未离开中国学者视线，缪荃孙更从张元济、王国维两处熟知其流转之经过，后由罗振玉携回国内，今藏中国国家图书馆。《北京图书馆古籍善本书目》集部曲类著录三十种子目甚详，不再赘录。

二、明嘉靖绍陶室刻本《杂剧十段锦十集》

傅增湘抄本《顾鹤逸藏书目》中，著录《杂剧十段锦》，称其为“朱竹垞、钱遵王藏，十本”，清初钱曾、朱彝尊递藏是没错，却只有一本，并非所谓的“十本”，或许是将“十集”误记所致。

《北京图书馆古籍善本书目》集部曲类著录《杂剧十段锦十集》十卷，明朱有燉撰。明嘉靖三十七年（1558）绍陶室刻本。一册。九行十九字，小字双行同，白口，四周单边。袁克文跋。[14] 书后有长方牌记“嘉靖戊午仲 / 夏绍陶室刊”，书中有“谭应征印”白文方印、“景卿藏书”白文方印、“西田痴翁”朱文方印、“心水”朱文方印、“臣鉴明古”白文方印、“李氏收藏”、“愚公榭”朱文长印、“虞山钱曾遵王藏书”朱文长方印、“竹垞珍藏”朱文方印、“郁松年印”白文方印、“泰峰”朱文方印、“田耕堂藏”朱文方印、“功甫借观”朱文长印、“上第二子”朱文方印、“臣克文印”朱文方印、“双莲花庵”朱文方印、“曾在周叔弢处”朱文方印等。

从明末一直到民国，《杂剧十段锦十集》经谭应征（公度）、钱谦贞、钱曾、李鉴（明古）、朱彝尊、郁松年、潘曾沂等递藏之后，归于顾氏过云楼。岛田翰由过云楼借出后，携往东瀛，由董康（1867—1947）从日本购得，回流国内，又经袁克文、周叔弢递藏，最后捐存中国国家图书馆。黄裳在《关于自庄严堪》一文中说，周氏藏“明刻百五十许种，中竟有嘉靖绍陶室刻《杂剧十段锦》，为钱遵王、朱竹垞旧藏，不能不使人惊叹其目光如炬，能拔佳本于书丛”[15]，足见此本之佳，已为藏家所艳称。

民国元年（1912），董康获得此书后，于次年托日本小林忠治郎以珂罗版影印问世。书后同样也有王国维《杂剧十段锦跋》：

《杂剧十段锦》十卷，明嘉靖戊午绍陶室刊，分甲、乙、丙、丁十集，凡十种。内《关云长义勇辞金》《李亚仙花酒曲江池》《蟠桃会八仙庆寿》

《赵贞姬死后团圆》《黑旋风仗义疏财》《清河县继母大贤》《豹子和尚自还俗》《兰红诉良烟花梦》八种，见钱遵王《也是园书目》，皆明周宪王有燉撰。其《汉相如献赋题桥》《胡仲渊贬窜雷州》二种，撰人无考。……然则此书，十中之九为海内孤本矣。卷首有钱遵王藏印，而不见于《也是》《述古》二目，殆为晚年所得，后归朱竹垞、郁泰峰，今归武进董授经廷尉。廷尉以是书传世甚希，不自閟惜，乃用玻璃版精印百部，以广流传，而属国维书其后。窃谓廷尉好古，精鉴不减遵王，至于流通古书，嘉惠艺林，则尤有古人之风，非遵王辈所能及已。癸丑八月。[16]

书前有癸丑（1913）重九后三日课华词隐序云：

《万卷堂书目》著录宪王《诚斋乐府》七册，实即此书。近唐栖朱氏结一庐亦收之，而误为宋之杨城斋，且仅十卷，恐非卅一种之旧矣。朱书后归丰润张氏，张侨寓金陵。辛亥国变，藏书散佚。文求堂主人田中君竭力收购，独缺此书。意者已罹台城之浩劫欤？是集亦上年出钜金获自文求堂者，卷端自史明古而下，朱记累累，夙为艺林珍秘，已可概见。诚恐过眼烟云，倏归寂灭，亟属小林君仿古香斋本，用玻璃版精印传世。[17]

课华词隐，怀疑就是董康本人，因同年董氏托小林氏影印《刘梦得文集》作跋虽署本名，却同记作于日本平安（即京都）之“东山寄庐”。跋中提到明代收藏家史明古（名史鉴，1434—1496），应是清人李明古之误，此书刊刻时，史氏已去世六十余年。从序文所述，董康是从文求堂主人田中庆太郎（1880—1951）处购得此书。前引王国维致缪荃孙函云，田中有意购岛田从中国带回之书。而民国元年（1912）七月廿四日王致缪函中又说：

昨日田中有电云，有要事至津，或系到沪与岛田合购书籍。现岛田之来，恐为田中作伙计也。[18]

田中与岛田既是同学，又是志趣相投的朋友，两人是否像王国维所说，曾经合伙买书贩售，尚无确证。不过，岛田死后，田中庆太郎还将岛田翰遗稿编为《访馀录》，附《古文旧书考》印行，二人之交好，不言而喻。

民国三年（1914），董康离开日本返国，将《杂剧十段锦》带回国内。未几，此书被售予袁克文（1889—1931）。民国五年（1916）二月，袁氏曾作题跋云：

《杂剧十段锦十集》，皆明诚斋藩邸所制，尚有《诚斋乐府》传世，刊本都不易觏。董授经大理得此书于倭岛，予以五百金易之。董尚藏有《诚斋乐府》，求价尤巨，不可遽获，而拳拳之怀，终不能遣耳。丙辰二月二十九日识于后百宋廛中，寒云主人。（钤“惟庚寅吾以降”朱文方印、

“双莲花庵”朱文方印）[19]

袁氏藏书，在其生前就已开始流散，此书被周叔弢（1891—1984）从书丛中“拔得”，仅加印记，而未作跋。不过，在周叔弢《唐皮日休文薮》一跋中提及：

此《皮子文薮》，明正德袁表刻本，乙丑十二月余得诸江都方氏，旋遭继室许氏之丧，丙寅正月斥卖藏书，为营斋奠，归渠氏者为多，此其一也。当时匆促，未及钤印，只题卷尾，以志珍惜之意而已。阅十七年，壬午十二月，观书渠氏，忽见此本，如睹故人，遂以重值赎之，剑合珠还，良足快意，且可与成化本《甫里先生文集》并储也。卷中有谭公度印记，余所藏嘉靖本《杂剧十段景》、天顺本《揭文安公文粹》，皆谭氏书。钱牧斋称为纨绔儿郎，不知其于汗简墨汁有少因缘如是者。晴窗展阅，益令人缅想其风度不置云。叔弢。[20]

壬午为民国三十一年（1941），距袁克文离世已十载。而此书入自庄严堪后，再未流散，最终与元刻本《古今杂剧三十种》在三十余年后，聚首于中国国家图书馆。

岛田翰从顾氏过云楼骗取的元、明刻本《杂剧》两种，经历从中国到日本、再从日本回中国的过程，不过两三年时间。而正是在这两三年间，由于王国维、罗振玉、董康以及日本学者狩野直喜等人的关注与研究，使得两种流传数百年的秘笈，离开过云楼之后，迅速被翻印、翻刻，广泛流传，为近百年中国古代戏曲学的研究提供了珍贵的资料。这一切的起因，或是岛田翰的窃书，但是不能将功劳归于岛田氏，毕竟他借书不还、贩卖牟利，早已突破了学术研究的底线，沦为利欲熏心、不惜铤而走险的商贩。

过云楼藏《杂剧》二种的流散，及其副本的流播，在民国间的影响颇为广泛而深远。影印本、覆刻本的流通，更早在顾鹤逸去世之前，顾家对此一直秘而不宣，使得熟研二书的学者，未将两书与过云楼联系在一起。有人或许认为，顾氏藏书不盖藏印，为窃书者偷窃降低了风险，但岛田翰一直宣称是购买，而非骗取，其实有没有藏印，已经不是重点。或许更多的还是过云楼顾氏的宽容、隐忍，使得民国以来近百年，学界对于岛田翰窃书的始末知之甚少。若顾氏后人果真保存有岛田翰的借条，倘能早日公布，还原当年的真相，为这段百年前的悬案，画上一个句号，未必不是一件好事。

两种《杂剧》之外，另一种宋刻《圣宋文选》残本，具体面目如何，未见傅增湘、张元济等记录。不过，前文所引民国元年（1912）王国维致缪荃孙函，记述《古今杂剧三十种》时，顺带提及《圣宋文选》残本，缺七卷，计卷一、卷二、卷七至十一，或许就是岛田翰从过云楼骗取之书。而明治四十五年（1912）田中氏《文求堂唐本书目》中也有宋椠本《圣宋文选》三十二卷，价伍百元 。[21] 所记是否为同一种书？不得而知，现今流落何处，亦有待追查。

注释：

1．钱婉约《岛田翰生平学术述论》，《中国文化研究》2009年秋之卷，第197—206页。

2．刘蔷《苏州顾鹤逸藏书考》原刊《中国典籍与文化》1998年第1期，增订为《过云楼藏书考》，收入《昌彼得教授八秩晋五寿庆论文集》（台北学生书局2005年版），后改名《苏州顾氏过云楼》，收入论文集《清华园里读旧书》（岳麓书社2010年版）。陈海燕《过云楼藏书书目图录序》多袭其说。

3．《张元济全集》第三卷《书信》，商务印书馆2007年版，第497页。

4．《顾鹤逸藏书目》，载《国立北平图书馆馆刊》第五卷第六号，1931年，第81—96页。

5．傅增湘：《藏园群书经眼录》，中华书局1983年版，第1161页。

6．李军：《王荫嘉藏〈铁琴铜剑楼藏书目录〉批语辑存》，《版本目录学研究》第六辑，北京大学出版社2015年版，第447页。

7．赵望秦：《胡曾咏史诗注本考索》，《中华文史论丛》第75辑，上海古籍出版社2004年版，第224页。

8．《艺风堂友朋书札》，上海古籍出版社1981年版，第1020页。

9．沈燮元文有《记岛田翰所见之中国古籍》一文，考订《江浙间所见所获名人遗著》著录各书，载《北京图书馆馆刊》1992年第1期，可参看。

11．郑振铎：《西谛书话》，生活·读书·新知三联书店2005年版，第320页。

12．袁英光、刘寅生：《王国维年谱长编》，天津人民出版社1996年版，第84页。

13．周锡山编：《王国维集》第三册，中国社会科学出版社2008年版，第373页。

14．《北京图书馆古籍善本书目》，书目文献出版社1987年版，第3020页。

15．黄裳：《春回札记》，福建人民出版社2001年版，第97页。

16．周锡山编：《王国维集》第三册，中国社会科学出版社2008年版，第411—412页。

17．《杂剧十段锦十集》卷前，民国二年（1913）南兰陵诵芬室主人仿古香斋袖珍本影印本。

18．《艺风堂友朋书札》，上海古籍出版社1981年版，第1022页。

19．周一良等：《自庄严堪善本书影》，国家图书馆出版社2010年版，第1568页。

20．周一良等：《自庄严堪善本书影》，国家图书馆出版社2010年版，第1079页。

21．见富田界《近代日本汉籍的流入》一文附表，载王勇主编《书籍之路与文化交流》，上海辞书出版社2009年版，第278页。藏

清代著名藏书家蒋光焴与学者钱泰吉之交游考述

金晓东

蒋光焴（1825—1892），字绳武，号寅昉、吟舫、敬斋，清代咸同间浙江海宁著名藏书家，其衍芬草堂藏书丰富，多善本佳刻，商务印书馆《百衲本二十四史》即选蒋氏藏宋刻《晋书》为底本影印，著有《敬斋杂著》三卷、《洪范通论》一卷等。钱泰吉（1791—1864），字辅宜，号警石，浙江嘉兴人，精校勘，著有《甘泉乡人稿》二十四卷、《清芬世守录》二十六卷、《海昌备志》五十二卷等。

目前研究钱泰吉及其著作的成果，有寇淑惠《钱泰吉和他的〈曝书杂记〉》[1]、陈娜《钱泰吉及其〈曝书杂记〉研究》[2]、张丽华《论〈甘泉乡人稿〉的文献学价值》[3]，但关于蒋、钱二人交游情况，至今无学者论及。笔者经复旦大学吴格先生介绍结识蒋光焴重孙蒋通教授，获见蒋家世传珍贵文献。《故交遗翰节存》《名人尺牍节录》《西涧草堂书目》均未刊世，为研究蒋光焴与钱泰吉交游提供了大量新材料，对清代藏书史与版本学史均有不可忽视的价值。

钱泰吉长蒋光焴三十五岁，其《甘泉乡人稿》收录有他为蒋光焴所作书跋、铭文、书序等各种文字十数篇，其《与衎石兄述家世文字书》文后附有蒋光焴跋语，读之可知海宁蒋氏与嘉兴钱氏为姻亲关系：

> 州广文钱警石先生为我大母太安人族叔祖，而从学于我舅祖特斋先生，以故早岁即与吾祖游。[4]

钱泰吉是蒋光焴祖母的族叔祖，长其五辈，为蒋光焴太舅祖，但在古代大家族中，这种亲属关系并不足以令两人多么亲密。蒋光焴与钱泰吉关系密切，源于该跋中所云钱特斋先生。

钱特斋（1766—1844），名尔琳，善书法，衍芬草堂内思不群斋匾额即为钱尔琳手笔。钱特斋论辈分是钱泰吉族孙，却又是钱泰吉的老师。钱尔琳以坐馆教书为生，钱泰吉十六岁时，开始跟从钱尔琳学习。钱尔琳的妹妹就是蒋光焴的祖母钱太安人。蒋光焴的祖父蒋开基（？—1821）在临终时，把蒋星华等子孙托付给钱尔琳教育：

淳村雅重先生之学行，及疾革，与先生约：幸谢生徒，居我家，以终教我子。先生固辞而后许，于是先生馆于蒋氏三十年。先生好读《资治通鉴》，为其甥霁峰及甥之孤子光焴道往古兴衰治乱之源。[5]

蒋星华（1806—1828），字霁峰，是蒋光焴生父。钱尔琳一人竟然是钱泰吉、蒋星华、蒋光焴三个人共同的老师，这不得不说是一种特殊的缘分。

一、藏书交往

咸丰末，太平军过江浙，蒋光焴凭私人之力，携万卷藏书沿长江而上，途经四省到湖北汉口。这一时期虽然也有藏书家如常熟瞿氏携带藏书迁徙避难，但就书籍数量与迁徙路程而言，难有出蒋光焴之右者，故张裕钊评价蒋光焴云“笃好之深，殆非世人所能易也”[6]。

钱泰吉亦喜藏书，其藏书处号“冷斋”，藏书过万卷。钱泰吉精于版本之学，道光间其《曝书杂记》付梓后，海内争相购读，颇具反响。作为师长，钱泰吉自然会对蒋光焴藏书多有指点：

1. 指导辨别版本。蒋光焴幼年丧父，自幼受教备受钱氏家学熏陶，蒋光焴平日凡购得善本，多请钱泰吉过目，钱氏亦详加指点。如：

顷接手函，并宋刻巾箱《诗经》一册，欣赏之至。此为秦版所自出（得价闻系百金），衎翁本未见，当亦相同，或印得较精耳。眉上音甚佳，《东山》“敦”字，一音“都回”“敦彼”，一音“佳丹”“有敦”，分晰极明，不误也。经文间有从俗者，“朔日然”，《定之方中》“终然允臧”，“然”字不误。“家伯维宰”，亦不误。[7]

钱泰吉在《曝书杂记》中对巾箱本五经有专门论述，他判断此书为无锡秦氏刻巾箱本的底本，与其兄钱仪吉所藏相同，还指出页眉处注音为此书佳处。按此书当是靖江本，眉栏注有字音。民国间傅增湘于《藏园订补郘亭知见传本书目》中断其为明刊本，并言清人多误为宋刻，故钱泰吉之论亦无可厚非。再如《甘泉乡人稿》收录了《严思〈资治通鉴补〉活字本》《跋宋律》《跋宋本小字晋书》《跋张子简所钞汲古阁影宋本酒经》《跋吴氏伯与历代宰相传》《跋蒋氏所藏钞本草堂诗笺》等跋文，均是钱泰吉为蒋光焴所购善本而作。古代藏书家所藏从不会轻易示人，更何况宋元珍本，这足见蒋光焴对于钱泰吉的信任。

2. 帮助结交书友。钱泰吉广通声气，与劳格、刘喜海、汪远孙、邵懿辰、袁芳瑛、钟文烝等藏书家均有交往。蒋光焴通过钱泰吉广交书林同志。如湘籍藏书家袁芳瑛，藏有一部旧刻残本《杜工部草堂诗笺》，后附鲁訔《年谱》，钱泰吉认为极罕见。蒋光焴藏有旧抄本《杜工部草堂诗笺》，亦附鲁訔《年谱》。咸丰七年（1857）秋，时任松江太守的袁芳瑛，通过邵懿辰、钱泰吉结交蒋光焴，对校了《草堂诗笺》：

弟代校《草堂诗笺》一过，缘尊藏实系两刻，与弟处所有不甚相合，且公冗鲜暇，未见相副，奈何奈何。兹仅将补抄卷及原本暂为奉缴，或俟弟处排纂全书告竣后，再为商办，何如。承赐种种，领谢之馀，尚未有报，愧甚愧甚。钱世丈晤时，祈寄声道谢。近日又新有所得否，邺架之储，想更见所未见也。[8]

蒋光焴与袁芳瑛交往之时，著名经学家钟文烝正在做袁芳瑛幕宾，蒋光焴还由此结识钟文烝：

咸丰七年。湘潭袁漱六太守界借《草堂诗笺》，时钟子勤在其署中，遂相与订交。[9]

不久后，钱泰吉又推荐钟文烝赴衍芬草堂任蒋家西席：

寅昉贤外甥览。顷接袁漱翁信及寄沈仲雅之洋，深感雅意。札中所谈馆事……荐师与荐医同，本不敢参赞，前因足下言曼亭（按：戚士元）不能续就，而荐子勤。[10]

戚士元字曼亭，为嘉兴钱氏之婿，其妻钱斐仲系钱载曾孙女。钱泰吉因戚士元不能续任蒋氏西席，即推荐钟文烝赴衍芬草堂。据蒋光焴之子蒋溉根《自题像额》云“乙卯入塾，从德清戚曼亭，嗣又历钱伯声、钟子勤、沈新予、单棣华诸先生授读”，知钟氏确在蒋家坐馆。

3. 帮助购买善本。钱泰吉每遇罕见善本，若力不能得，则推荐蒋光焴购而藏之。蒋得书，钱借阅得内容，相得益彰。如《甘泉乡人稿》卷九中所记《严思〈资治通鉴补〉活字本》：

壬子九月，邵武杨渺沧翁以其友江夏童氏活字本《资治通鉴》二百九十四卷、《刊误》二册托售，见之狂喜，力不能得。乃属蒋寅昉光焴藏之。[11]

钱泰吉绩学有素，曾助蒋光焴购买下宋蔡襄手书《茶录》卷子：

《茶录》云是手卷，有御题……望足下留存五砚，勿令他往为妙。此件不特安澜之宝也。不知是墨迹，是宋搨本？……墨迹若真，不必题跋，亦值重价也。张氏《清河书画舫》载《茶录》真迹，但录文跋，殆自《莆田集》中录出，未必见真迹也。《庚子销夏录》《江邨销夏录》中，不知有否。[12]

此部蔡襄卷子确为蒋光焴购得，咸丰末年还与蒋氏万卷藏书一同远赴湖北，有幸逃过劫火，然同治三年（1864）蒋光焴返回硖石途中，却为劫匪掠去，现已不知所踪。

4. 影响藏书风格。嘉兴钱氏为世代书香，康乾间有钱陈群、钱载等名臣，道咸间钱仪吉、钱泰吉号称二石，享誉儒林。钱泰吉藏书万卷，对其藏书风格，蒋光煦有精当评价：

虞山也是翁述赵清常之言曰，有藏书者之藏书，有读书者之藏书。杭堇浦谓读书者之藏书必自经史始。则视清常之言，尤为要领。嘉兴钱警石先生秉铎吾州，尽携所藏书置学舍中。……近更出《曝书杂记》以示生徒。光煦得而读之，大都以经史为宗。信乎堇浦所谓读书者之藏书也。[13]

钱泰吉藏书即藏书者之藏书，在传统知识分子眼中，这是一种褒扬。蒋光焴自幼接受钱泰吉指点，其藏书理念亦与钱泰吉近似：

惟念光焴幼孤失学，所有书本，先泽居多。稍长，稍稍买书。其时乡枌百里之间，以生沐从兄储藏最夥，他如唐镜香、濮春泉亦好收藏，多收秘笈。弟则谓书为天下公物，但能真好而肯流传，何分彼此，因此不相争买，秘笈无多，但买读本书之足本而精好者。如秦汉古书及《史》《汉》，经书、小学诸书，又多所重复。……或因同此一书，各家刊刻，注本、校本，各有所长，各有所用，多多益善。[14]

据稿本《西涧草堂书目》统计，共记录书籍1605部，其中宋刊本25部，元刊本27部，旧刊本22部，明刊本76部，手稿及钞本146部，总共24813册。其宋元版数量无法与皕宋楼、海源阁、铁琴铜剑楼等藏书楼抗衡，但是蒋光焴读本书数量大、品种全，说明蒋深受钱氏影响。

二、刻书交往

蒋光焴嗜古好事，其藏书之外还刻书，一生曾刊刻过《葬书五种》《衎石斋记事续稿》《诗集传音释》《洄溪医案》《重订外科正宗》《蓬莱阁诗录》《孟子要略》等书籍。蒋光焴多次出资、底本请钱泰吉率领同道、门生精心校勘，一同合作刻书。

1. 蒋光焴出资促成《甘泉乡人诗文稿》付梓。钱泰吉对从兄钱仪吉感情至深，决心在哥哥著作未全部寿板之前，不将自己的著作付梓。蒋光焴于是出资刊刻《衎石斋记事续稿》，实现了钱泰吉的夙愿：

十年来同人劝府君以诗文寿世。府君时以衎石先生未全刻为憾。每曰给谏之文，天下之文也；予之文，譬之于人，勉为一乡之善云尔，未可问世也。是年蒋君光焴刻衎石先生《记事续稿》成，府君欣然色喜，乃节修脯所入，刊《甘泉乡人诗文稿》二十四卷。[15]

蒋光焴此举既保存了钱仪吉著作，又促成钱泰吉《甘泉乡人稿》出版面世，可谓两得，为学林贡献不小。

2. 钱泰吉为蒋氏刻《诗集传音释》出力。咸丰四年（1854），蒋光焴开始刊刻《诗集传音释》，以蒋光煦藏影元至正十一年（1351）双桂书堂本为底本，请多位学者参与校勘，历时四年，号称此书最善之本。期间钱泰吉为此书出力最多。据《钱泰吉年谱》：

往岁丙辰，海昌蒋寅昉光焴校勘元卢陵罗中行复《诗集传音释》二十卷。以正统本及胡氏一桂《诗传纂疏》、朱氏公迁《诗传疏义》、许氏谦《诗名物钞》为主，参之史氏荣《风雅遗音》，而益以他集，校其异同，成《诗札记》，附刊于后。府君为之荟萃增订。[16]

钱泰吉虽已近古稀之年，仍倾尽全力，将《校勘札记》再三增订，希望《诗集传音释》成为善本：

位西属速成，然一书欲留行数百年，岂可不慎。若欲早成则上年已有印本，不至今春也。惟愿修改时不草率，乃妙耳。《札记》已写两遍，今又有增添，须更清稿。……刻本一出，海内必流播，意欲为数百年来《集传》最善之本，不敢不慎也 。[17]

此外，钱泰吉希望蒋光焴所刻《诗集传音释》能够尽善尽美，有宋刻遗风，专门请其老友释达受为蒋光焴摹写仿宋牌记：

刻《诗经》面页之后，可刻斋名。序目之后，亦可仿胡氏本刻一图记。尊意酌定后，可属达受描之，必妙。若每卷之后刻一图记更妙，宋板往往如此。[18]

释达受是道咸间金石、篆刻大家，阮元誉为“金石僧”，释达受亲手摹写仿宋牌记，确实为此书增重不少。

3. 钱泰吉介绍蒋光焴结识刻书前辈。如海宁许梿、许楣兄弟。许氏与钱氏为姻亲，许家有古均阁，刊刻过大量书籍。许梿与蒋光焴交游时，年事已高，但作为前辈，给予蒋光煦许多指点。

三、治学交往

蒋光煦虽然非以学问名家，但一心向学，多以藏书支持钱泰吉治学。

1. 提供《史记》版本。钱泰吉一生致力《史记》校勘。观《甘泉乡人稿》中《校史记杂识》，便知钱泰吉汇集版本的辛苦。如道光二十年（1840）开始，钱泰吉以武英殿本校明凌稚隆《史记评林》，赴杭州商借文澜阁本。道光二十一年（1841），钱泰吉通过朱紫贵借明震泽王氏本，又从汪氏振绮堂借得莆田柯氏本，抄录汪远孙、吴春照校语，是年冬，当他欲再向振绮堂借看柯本《世家》时，汪氏则以时局不稳为由拒绝。道光二十二年（1842），钱泰吉经好友陈奂转托胡培翚方又将汪氏柯本借出。道光二十八年（1848），刘喜海至海宁，钱泰吉借阅到刘氏所汇宋本四种，未及看北宋元祐本《史记三家注》，刘喜海便携书离开海宁赴北京。此外即便是同一版本的《史记》，也会存在差异，如钱泰吉久寻王延喆本不得，朱紫贵终于借到，但书后序有数字漫漶，不可辨识，不久钱仪吉将新得王本寄到，其书却缺后序，直到道光二十八年，钱泰吉才借得朱述之新购王本，将那几个字补上，古人借书、校书之难如是。

咸丰初年，蒋光煦接连购得《史记》数种版本，使得钱泰吉可以从容借阅，不再像以往那样艰难。《甘泉乡人稿·馀稿》中《校〈史记〉杂识》云钱泰吉曾向蒋光煦借阅过蒋光煦所藏白文《史记》、元中统本、游明本、王本等多种本子：

> 日来校游本《史记》，加惠不浅，如有馀年，尚须假邺架各本一校。惜《正义》无善本，总难满志耳。闻廿一日到城，是晚即可在小斋畅谈，盼盼。《史记》白文，及邺架旧藏真王本，望携数册来，日内正在校游本，可以参看也。[19]

此外，钱泰吉还向蒋光煦商借过宋本《晋书》、《肇域志稿》抄本、《国榷》抄本等稀见史籍。蒋光煦对于钱泰吉《史记校勘记》始终关注。同治初年蒋光煦移居武昌，钱泰吉移居安庆时，两人通信间依然谈及《史记校勘记》：

> 贵州独山莫子偲友芝欲为仆录《史记校勘记》，子偲极诚笃勤慎，若一年无事可望写成。[20]

2. 钱泰吉一生对蒋光煦施教。蒋光煦经常向钱泰吉请教治学问，钱泰吉则对其悉心指导，如《甘泉乡人稿》载有《与蒋寅昉论诗书》，娓娓道来，巨细不遗，足见关爱之情。钱泰吉作为长辈与老师对蒋光煦毕其一生，教育从未间断：

先文端公谓“功夫不怕狠，只怕整”，斯言可以铭佩。病后不能久坐作字，草此奉答，即颂侍安。并问潭祉。癸亥二月二十五日，泰吉手泐于安庆省城。[21]

落款“癸亥”乃同治二年（1863），两人分居徽、鄂两地，钱泰吉将习书家法告知蒋光煦，乱世之中，精心指导如故。

清代藏书家蒋光煦与著名学者钱泰吉之间关系密切，他们的交往可谓相得益彰，在各自的生活与学术领域、各自人生中都扮演了重要的角色，对清代江南地区的藏书史、出版史、学术史等起到积极的推动作用。蒋、钱二人的交游关系，揭示出清代学者与私人大藏书家之间互容互存、互帮互助的文化生态关系。对这种关系的探索，并分析其对清代文化史带来的种种影响，是目前学术史研究相对薄弱的环节。随着学术环境的稳定与开放，新史料层出不穷，为这种研究提供了新的源泉。

注释：

1. 寇淑慧：《钱泰吉和他的〈曝书杂记〉》，《贵州文史丛刊》2006 年第 4 期。
2. 陈娜：《钱泰吉及其〈曝书杂记〉研究》，北京师范大学 2008 年硕士学位论文。
3. 张丽华：《论〈甘泉乡人稿〉的文献学价值》，山东大学 2010 年硕士学位论文。
4. 蒋光煦：《与衎石兄述家世文字书跋》，《甘泉乡人稿》卷二，清同治十一年（1872）刻光绪十一年（1885）增修本。
5. 钱泰吉：《特斋先生墓表》，《甘泉乡人稿》卷二十，清同治十一年（1872）刻光绪十一年（1885）增修本。
6. 张裕钊：《濂亭集·文集》卷二，清光绪八年（1882）查氏木渐斋刻本。
7. 《故交遗翰节存》钱警石信札第二。
8. 《故交遗翰节存》第二册，袁芳瑛信札第三。
9. 蒋光煦：《庚实斋读书年月谱》卷一，清同治蒋氏刻本。
10. 《故交遗翰节存》钱警石信札第二十六。
11. 《故交遗翰节存》钱警石信札第二十七。
12. 《故交遗翰节存》钱警石信札第二十八。
13. 《故交遗翰节存》钱警石信札第二十。
14. 蒋光煦《敬斋杂著》卷二，清同治蒋氏刻本。
15. 钱应溥《钱泰吉府君年谱》“咸丰四年”文，光绪七年（1881）刻本。
16. 钱炳森《钱泰吉年谱》，光绪七年（1881）刻本。

17、18、19、20、21.《故交遗翰节存》钱警石信札第四。

汪訚及其《明清蟫林辑传》

王 琼

清末民初，近代公共图书馆产生和发展的同时，藏书史研究沿着叶昌炽《藏书纪事诗》的脉络不断发展，出现了大量藏书史研究的著作，20世纪30年代是藏书史蓬勃发展的时期。江苏省立国学图书馆图书馆员汪訚的《明清蟫林辑传》便是在这样的时代背景下产生的。除范凤书先生《私家藏书风景》一书中曾为《明清蟫林辑传》撰写提要，其他研究资料较少述及。汪訚的人生历程如何，此书的学术价值到底如何，在近代藏书史研究中有怎样的地位和价值，对于近日的研究者有哪些启示，这都是值得探究的问题。

一、汪訚其人及著作

汪訚（约1898～？），字霭庭，一作蔼庭。江苏南京人。早年毕业于南京钟英中学，后在之江大学图书馆、江苏省立国学图书馆工作多年，1952年随同江苏省立国学图书馆并入南京图书馆。民国时期图书馆工作人员主要分为三类，一是图书馆学专业毕业生，二是普通高等学校的毕业生，三是中等学校毕业生。[1]汪訚就属于第三类，从南京钟英中学毕业后进入图书馆工作，曾担任江苏省立图书馆保管兼编辑员等职务，在长期工作实践中，成长为一名熟悉藏书家故实的图书馆员，最终完成了《明清蟫林辑传》等一系列藏书史论著。

丰富的藏书资源和博学多才的同事为汪訚的藏书史研究工作提供了便利条件。截至1934年，江苏省立国学图书馆藏书26264部，185262册，其中善本书居52592册，普通书居117070册。[2]汪訚任职江苏省立国学图书馆时，柳诒征任馆长，全馆职员共16人。柳诒征是当时知名学者，重视书籍保护、整理和编目。范希曾受邀在江苏省立图书馆从事《国学图书馆总目》编纂工作，其著作《书目答问补正》于 1931 年出版。从汪訚论文著作发表的时间看，汪訚研究工作的开展得益于江苏省立国学图书馆丰富的藏书资源，以及柳诒征、范希曾等同事的影响和带动。

目前所见汪訚公开发表的文章有 10 篇（见表一），发表时间主要集中在 1928 年至 1934 年，1944 年《覆舟山小志》发表。其中《明清蟫林辑传》在 1932 年首次出版。

表一　汪訚著作列表

作品名	发表／出版情况	发表／出版时间
馆藏名家旧藏书表	《中央大学国学图书馆》第一年刊、第二年刊	1928（第 1 期）、1929（第 2 期）
馆藏名人手校书表	《中央大学国学图书馆年刊》	1928
修补书籍一览表	《中央大学国学图书馆年刊》	1928
馆藏历代名人年谱集目	《中央大学国学图书馆第二年刊》	1929
馆藏历代名人年谱集目补	《江苏省立国学图书馆第三年刊》	1930
馆藏历代名人年谱集目续补	《江苏省立国学图书馆第四年刊》	1931
明清蟫林辑传	《图书馆学季刊》第 7 卷第 1 期、第 8 卷第 4 期	1933、1934
	中华图书馆协会	1932
八千卷楼宋本书录及续	《钱业月报》1944 年第 10、11 期	1944
覆舟山小志	中日文化	1944
	南京通志馆编《南京文献》第三号铅印本	1947
	南京出版社《南京稀见文献丛刊》	2010
前江苏省立国学图书馆馆藏南京文献目录	南京博物院油印本	1957
馆藏拓本影片目	未发表	—

《馆藏名家旧藏书表》著录江苏省立图书馆藏卢文弨、朱彝尊、黄丕烈、鲍廷博等 177 人藏书。以人为纲，人名下有人物小传，后列书名卷数。如多人递藏，在卷数后小字题“互见某某”。表末 37 种未题人物小传或仅著录“时还轩”等藏章，且多只有一种藏书，当为资料较少，无法考证藏书家生平事迹。此目录对于考察江苏省立图书馆藏书授受源流有一定的参考价值。《馆藏名家旧藏书表》以人为纲，有小传，且多人递藏采用“互见”方式著录，对于图书馆旧藏著录有参考价值。但因所收录者只限于该馆甲库所藏书籍，所以并不完善，未收录宋元本。[3]

《馆藏名人手校书表》著录劳格、惠栋、黄丕烈等40余人，人名下列书名、卷数。《修补书籍一览表》著录民国十六年七月至十七年六月修补书目51种。《八千卷楼宋本书录及续》著录八千卷楼藏宋本40部，并撰提要。

《馆藏历代名人年谱集目及补目》收国学图书馆所藏年谱300余种，“以谱主时代先后为次，注其生卒年月，详其刊刻板本，用备读馆书者稽览”[4]。其排列以谱主时代先后为次，每种年谱著录书名、撰人、刊本、生卒年月等，补目收年谱90余种、续补目收年谱45种。此目录对研究历代名人生平事迹有一定参考价值。

《覆舟山小志》是搜集编排了历代关于南京覆舟山相关文献资料，是南京历史上第一部关于覆舟山的志书。此书2010年由南京出版社点校出版，收录在《南京稀见文献丛刊》中。但点校者指出：“需要着重指出的是，不知是由于当时印刷过程中的校对不精，还是作者在搜集整理资料过程中的治学不严，此书引用的文献材料错讹、阙漏乃至重复之处比比皆是，令人触目惊心。……可以毫不隐晦地说，《覆舟山小志》是笔者目前所见到的《南京文献》铅印本中质量较差的一部，也是相对比较单薄的一部。”[5]

《前江苏省立国学图书馆馆藏南京文献目录》著录该馆收藏有关南京及南京人的著作凡459种，按经、史、子、集、志、丛六部分类排列，经部31种、史部112种、子部69种、集部201种、志部33种、丛书部13种，每书著录书名、卷数、著者时代、县名、姓名、版本等，按经、史、子、集四部分类排列，是研究南京地方史的参考资料。[6]

从汪訚的学术经历和著作经历可以看出，汪訚长期在图书馆从事文献编目工作，并进行了一定的梳理和分类，藏书史研究是其专长。研究工作以各类目录整理见长，而立论发挥少。

二、《明清蟫林辑传》

《明清蟫林辑传》于1933年、1934年《图书馆学季刊》发表，后由该刊抽印发表。《图书馆学季刊》是我国第一份现代图书馆学期刊，在民国时期的图书馆学期刊中，无论从文章的理论性和质量还是从作者的知名度和分布来看，堪称当时图书馆专业期刊的龙头。[7]此刊注重图书馆学理论研究，尤其注重介绍西方先进的图书馆学理论和方法。因此，《明清蟫林辑传》作为记录藏书家事迹的著作，能在《图书馆学季刊》发表，充分说明《明清蟫林辑传》的学术价值。

《明清蟫林辑传》著录明清两代藏书家事迹，按照朝代排序，每位藏书家单列一段。《明清蟫林辑传》卷前题：“鞠裳先生撰《藏书纪事诗》七卷，网罗前文，捃摭逸事，搜扬潜德阐章之功，诚不朽也。然犹有生不越室巷，名不绖通人，独藏书事迹，或仅见于邑志，散入史乘，又岂少哉？”汪訚也指出，汇著是编的目的，“非敢补叶氏之不足，聊以觇盛衰之概，古籍存亡，有足征矣”。颇有孔子述而不作、信而好古之意义。

此书受叶昌炽《藏书纪事诗》影响，又不完全囿于《藏书纪事诗》的结构和模式。与传统意义的文献学家、藏书家如叶昌炽等相比，汪訚作为近代意义上的图书馆馆员，在藏书家传记的撰写上有自己的特点。

第一，主题鲜明体裁创新。《明清蟫林辑传》每个藏书家独立成传，在藏书家姓名下述字号、籍贯、生平事迹及藏书事迹，长短不拘，皆能成文。材料选择均围绕藏书展开，其他材料弃而不用，有意识加强语言之间内在逻辑联系，不是单纯的材料罗列。此书常直接引用《藏书纪事诗》或引用《藏书纪事诗》所辑史料，但力求将所引资料融会为独立篇章。

《藏书纪事诗》详述典籍之源流，阐扬藏书家之潜德，是藏书史研究史上具有里程碑意义的作品。《明清蟫林辑传》与《藏书纪事诗》材料罗列以及每条下列多个藏书家相比，在体例上更有可取之处。

如明代藏书家王时敏、王乃昭在《明清蟫林辑传》和《藏书纪事诗》中的著录分别如下：

《明清蟫林辑传》：

> 王时敏，字烟客，太仓人，文肃公锡爵之孙，卫之子，以门荫官玺丞，工诗，善楷隶山水；《明画录》有“娄东埽花庵鉴赏王时敏印”“王时敏鉴赏书画记印”。《天禄琳琅续编》《平津馆鉴藏书籍记》
>
> 王乃昭，手钞书籍，与孝章先生同乐。有“虞山王乃昭图书”及“乐饥”“懒髯”“槐隐”诸印。《藏书纪事诗》

《藏书纪事诗》卷二：

> 《明画录》：“王时敏字烟客。太仓人。文肃公锡爵之孙，衡之子。以门荫官玺臣。工诗，善楷、隶、山水。”吴伟业《和王太常西田杂兴韵》其六云：“萧斋散帙知耽癖，高座谈经早解围。”又《归村躬耕记》：“吾友王烟客太常，治西田于归泾之上，去城西十有二里。”《天禄琳琅续编》：“《内经素问》，有‘娄东’‘扫花庵鉴赏’‘王时敏印’‘烟客氏’四朱记。”《平津馆鉴藏书籍记》：“《通典详节》，有‘王时敏鉴赏书画

记’印。”昌炽案：太仓王氏文肃郡望为太原，弇州山人郡望为琅邪。文肃藏书有“王氏赐书堂”印记。

《士礼居藏书题跋记》：“《汪水云诗集》，有‘乃昭印信’‘乐饥’两图章。近日见虞山王乃昭手录诗稿，始知乃昭与牧翁同时而稍后，善于书法。”昌炽案：余藏乃昭手录《沈石田诗》，亦士礼居物，有“虞山王乃昭图书”及“乐饥”“懒髯”“槐隐”诸印。荛翁跋云：“余偶读金孝章《春草闲房诗集》，有《赠乐饥翁》一首，诗云：‘虞山有客王髯叟，历落嵚崎世无偶。孤踪暂寄童子师，所急初非为升斗。平生苦爱属奇书，见辄相夸得某某。丛函巨轴姑舍诸，小品遗编时在口。闲来袖钱向书肆，目涉手探凝立久。吾侪一一老蠹鱼，假借搜罗费奔走。不知老至况云疲，矻吃抄藏辰至酉。叟更苦心能爱画，鉴别收藏尤不苟。前惟古农并二王，近续阿咸堪劲后。小铛自起旋烹茶，兴发还倾半壶酒。寓楼朝暮总看山，挂画摊书增二友。君不见东邻老翁富田亩，日困催科容瘠黝，尽将珍玩售途人，尚恐愆期遭吏殴。又不见西家主人书满屋，高彝不观供鼠宿，子孙持卖不论钱，蝉走尘封乱绳束。叟无泛爱且密娱，心严目冷与众殊。观人取友亦如此，意贵立俗存廉隅。只今六十头如雪，断断不肯因人热。乐饥有志讵可迁，穷老弥坚厉高洁，谓予斯世少完人，宜共初终保清节，试看岭上岁寒松，傲雪凌霜可交结。予闻叟言益凛然，敢不永矢心如铁。古来贫士凡几何，为尔悠悠数前哲。’据此，则乐饥之爱书可见，其手钞书籍与孝章先生同乐此不疲矣。因附着于此，以见此书出名人手钞，未可以寻常钞本论也。”又案：《天禄琳琅续编》：“贡文靖公《云林诗集》，有‘乃昭’及‘乃昭氏’两印，又有‘王氏家藏’‘王印积德’‘王印慎德’三印。”积德、慎德，疑是先生后人。

两者对比而言，《明清蟫林辑传》著录更为清晰明了，少枝蔓。

第二，收录藏书家广泛。《明清蟫林辑传》收录藏书家数量较多，与《藏书纪事诗》相比，主要增加了两类人员，一是人在历史上有名，而藏书事迹未被发掘的。如宋濂为明初文学家、名臣，不以藏书著名，《明清蟫林辑传》加以收录，并引《澹生堂藏书约》云：“（宋濂）尝读书青萝山中，聚书万卷”。又如曹寅、吕留良等。一是藏书者与藏书事迹均籍籍无名者。如清代藏书家陆嘉淑、俞绶、徐介寿、江之鳌等，材料均来自地方志，陆嘉淑出自《硖川续志》、俞绶出自《宁国府志》、徐介寿出自《光绪兰溪县志》、江之鳌出自《黄冈县志》。

第三，材料来源广泛。在《明清蟫林辑传》撰写过程中，汪訚充分发挥了图书馆的工作便利，查阅大量各类史料，共引用史料，包括史传、地方志、碑帖、文集、书籍目录等，特别是包含了大量方志。全文引用书目标注近千处，引书共计 315 种，其中 202 种引用 1 次，43 种引用 2 次，11 种引用 3 次，17 种引用 4 次，6 种引用 5 次，6 种引用 6 次，5 种引用 7 次，3 种引用 8 次，3 种引用 9 次，引用 10 次以上书目列表如下：

书　名	引用次数		书　名	引用次数
铁琴铜剑楼书目	10		金陵通传	19
楹书隅录	10		天禄琳琅	21
长洲县志	11		松江府续志	22
嘉兴府志	14		道光苏州府志	24
杭郡诗三辑	15		新采 / 辑	26
明诗综	15		两浙輶轩录	34
明史	15		常昭合志稿	40
山东府志	15		藏书纪事诗	54
杭郡诗辑	16		丁氏藏书志	55
士礼居藏书题跋记	16		—	—

《明清蟫林辑传》也有不足之处，此处谈两点。一是句读文字错漏较多，句读标点错误较多。如“顾韡”条，原文标点为“尤嗜古金石文蠹啮焚馀亦所珍惜，穷力购之，食脱粟衣，悬鹑不顾也”；此处标点有误，当为“尤嗜古金石文，蠹啮焚馀，亦所珍惜。穷力购之，食脱粟，衣悬鹑，不顾也”。“顾璘”条引书“晏于春秋史方山跋”，当为“晏子春秋史方山跋”，如此种种，不胜枚举。二是缺乏严谨学术规范，如引用不规范。有引书名，亦有书名篇名同时引用，如“钱榖”条书“爱日精庐藏书志”，“顾璘”条书“爱日精卢藏书志晏于春秋史方山跋”。方志名称前有加朝代，亦有不加，如“唐寅”条书“乾隆苏州府志”，“陈察”条则书“苏州府志”。间有引用书名作“新采”“新辑”“各家书目”等，其中作“新采”有 5 处、作“新辑”有 21 处、作“各家书目”有 8 处，疑为汪訚新搜集的资料。

汪訚中学毕业后进入图书馆工作，在长期工作中接触了大量书籍，刻苦钻研，做出了很多学术成果，但因未受过系统的学术训练，研究过程中，虽然掌握了大量资料，但是细节问题，如字词校对、句读标点以及引用等方面都存在疏漏之处。作为图书馆人，汪訚的经历当引以戒，其《明清蟫林辑传》《覆舟山小志》的选题都极有价值，《覆舟山小志》还在 2010 年由南京出版社收入《南京稀见文献丛刊》，足见其价值，然而此两书都有文字讹误、校刊不精、句读错漏等方面的问题。

在抗战期间，汪訚曾任伪职，出任图书专门委员会主任，与汪伪政府人员交往密切。此种经历也可能在一定程度上影响了他的学术生涯，使其在抗战胜利之后没有任何研究成果，其人也湮没不闻。

注释：

1．王维新：《民国时期图书馆员职业探析》，《图书馆》2009年第1期。

2．庄文亚编：《全国文化机关一览》，世界书局1934年版，第286页。

3．石祥：《杭州丁氏八千卷楼书事新考·导言》，上海古籍出版社2011年版，第3页。

4．汪訚：《馆藏历代名人年谱集目》，《中央大学国学图书馆年刊》，1929年（第2期）。

5．《献花岩志·牛首山志·栖霞小志·覆舟山小志》卷首《导读》，南京出版社2010年版，第15—18页。

6．申畅等编：《中国目录学家辞典》，河南人民出版社1988年版，第415页。

7．史兴传：《我国最早的图书馆专业期刊探析》，《图书馆工作与研究》2005年第5期。藏

·新书目

宋代序跋全编

曾枣庄主编
齐鲁书社2015年11月版
16开　精装
定价：2600.00元
书号：ISBN 978-7-5333-3421-5

序、跋两种文体虽然早已出现，但大量使用并取得高度成就，出现较多题跋专书，则自宋代始。本时期序跋集中反映了宋人的文学观、生活观、价值观等，是研究宋代文化、文学和社会生活的重要资料。《宋代序跋全编》收集并分类汇编宋人单篇序跋，分序和题跋两大部分，又将序按类划分为书序、赠序、字序、记序，归类清晰，查检便捷。书前有编者数万言的研究性“前言”，书后附“引用书目索引”等。

富冈铁斋重刊本《孙吴约说》递藏记

严晓星

一

富冈铁斋（1837—1924）先生，作为一位了不起的大画家，在我原先的印象里分量已经够重了。七年前读青木正儿的《琴棋书画》（卢燕平译，中华书局2008年版）里那篇纪念他的文字，才知道他还有作为学者，尤其是军事学者的一面：

> 我第一次知道铁斋翁不仅是画家，也是汉学者，是在刚走出校门不久的大正初期。一天，我在武德会的武术专门学校用于汉文讲读的教科书中，偶然发现了庆应二年铁斋校订刊行的《孙子吴子约说》二卷……这应该是翁三十二岁（引者按：庆应二年为1866年，富冈时年三十）时在洛东圣护院村开设私塾讲汉学的时候。可能是为给塾生讲授而校刊的吧。据翁之跋文，此书收有明末人何言《登坛正鹄》一书中的两篇，此外有武侯心书、将传、军器图、阵式图、将略等，皆关军事，他当时好像准备陆续进行校刊。现在，原版本已经是不易到手的珍本。校刊这类书固然是时势所趋，其好尚当然与翁之书画作品中充溢的气魄相一致。

青木特地指出校刊这类书是“时势所趋”，很可见富冈的平生志趣。富冈的青壮年时代，正是江户末期。自嘉永六年（1853）“黑船来航”起，幕府与美、俄等西方国家相继签订不平等条约，日本民族的自尊意识达到高潮，倒幕呼声骤起，尊王攘夷运动由此而勃兴。对此，幕府残酷镇压，屡兴大狱，却反而唤起了更多的志士参与到反抗行动之中。这些志士的很大一部分来源是“国学者”，究其根本，甚至连“尊王攘夷”这样的精神资源都来自中国。受汉文化影响极深的富冈与尊攘派密切交往，积极参与倒幕，也就是自然之事了。后来有学者说："《七书》袖珍本在幕末大动荡时期出版最多，因为便于揣入以京都为政治中心东奔西走的志士怀中，抚摸着那些或盖有图章、或留有血痕的书遥思当年，有无限感慨的同时，也能觉察到这部书的伟大。"（《武经七书解题》，东京三教书院1935年版，转引自《日本孙子书知见录》，齐鲁书社2009年版，第85页）《孙子》《吴子》正是《七书》中最核心的两部，而富冈校刊的《孙子吴子约说》也正是巾箱本，即今之所谓袖珍本。

富冈用以翻刻的明刊底本《登坛正鹄》，如今仅知中国南开大学、日本前田育德会"尊经阁"各藏有一部，另日本国立民族博物馆"牧野文库"藏其中《孙子约说》，谓为珍本，确乎其实。翻刻本《孙子吴子约说》（或《孙吴约说》）则应该不难找。借助"日本所藏中文古籍数据库"，可知至少有六家图书馆藏有此书，其中两家另藏《孙子约说》一册；此外，美国加州大学洛杉矶分校藏有《吴子约说》一册。但翻检《孙子学文献提要》（军事科学出版社1994年版）、《日本孙子书知见录》，《登坛正鹄》《孙吴约说》条目均转录自他书，连提要都没有，显然未见原本。可以想象，翻刻本虽不及明刊珍罕，但时过一个半世纪，真要刻意去找又谈何容易。

巧的是，这些年中国旧书迷的胃口实在太好，连民国平装书、红色收藏之类也能一一炒红，引得和刻本大量内销，充斥网络书店，竟让我足不出户就得到了这部《孙吴约说》。

书为一帙两册，分别为《孙子约说》《吴子约说》，皆黄色面底，皮纸和

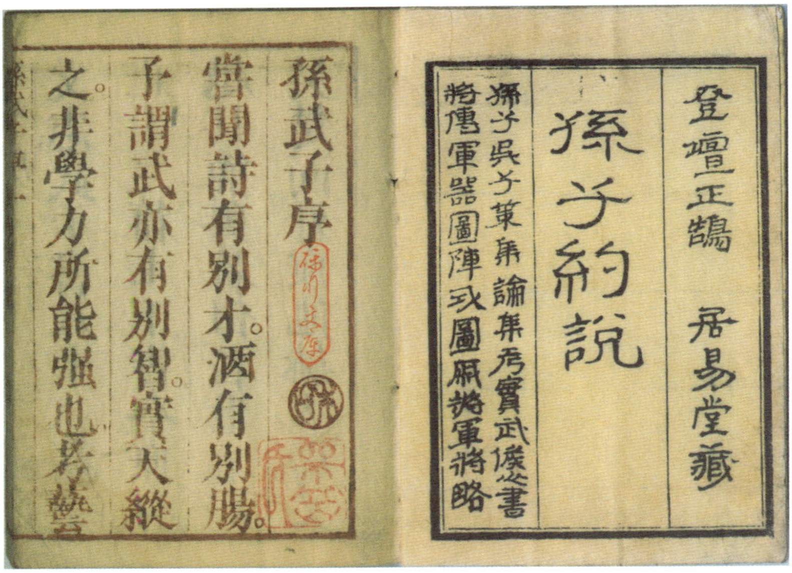

《孙子约说》内封与序

装。两册正文版刻尚可，卷首均有何言序，作红印，印制不甚佳，色久而暗。《孙》书牌署“居易堂藏”，《吴》书牌署“铁斋居工校”“富冈氏藏”，卷末署“居易书院藏，庆应二年丙寅七月”，人名堂号，俱出富冈铁斋。后列“弘所平安书房”为竹苞楼、文光堂，盖即经销书铺。其中竹苞楼始建于江户初期，后迁于京都本能寺对面，至今仍在原址营业，主人已传至第七、八代。两百年来，竹苞楼交接的文人名士不计其数，得以收藏颇为可观的书札等墨迹，后汇编为《竹苞楼来翰集》（临川书店 1982 年版），其中就有富冈铁斋写给竹苞楼主人的两通。尝倩人寻来，翻检一过，内容不外书物买卖、款项结算之类，想必是他们交往的主要内容，但恐非全部——比如竹苞楼就曾长期悬挂富冈题写的匾额。

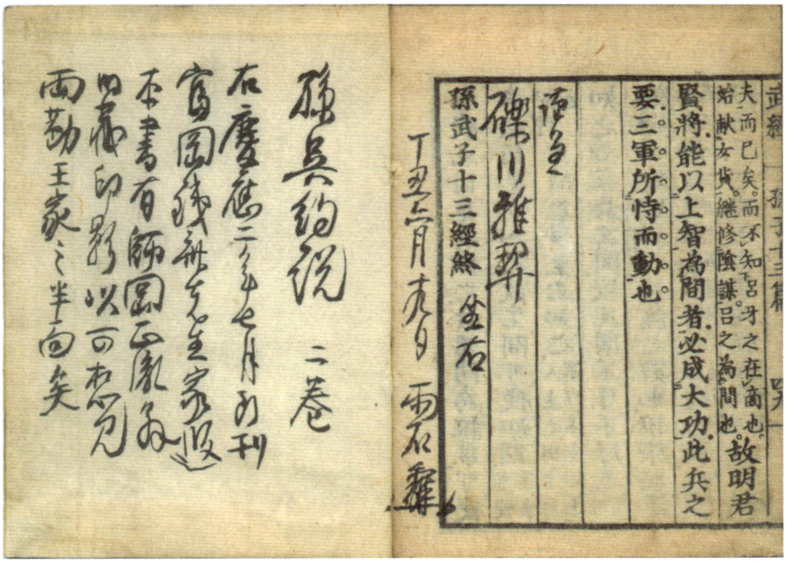

《孙子约说》末叶及跋文

此本卷末又增刻富冈之《跋》二叶：

明人何言著《登坛正鹄》，有《孙子》《吴子》《武侯心书》《策集》《论集》《考实》《将传》《阵式图》《军器图》《戚将军将略》等十一书。今特校刊《孙》《吴》二书，以颁世之同好者，其馀九卷相嗣授梓。此注间有疵谬错脱，而无他本之可参校者，因不妄改删，姑袭其旧，当俟善本出，乃订正完补耳。皇庆应建元乙丑冬十一月上浣，铁斋富冈节识于居易书堂。

青木正儿“好像准备陆续进行校刊”的推测，当本于此。实际上，我没有查到富冈刊行其馀兵书的任何一种——就在此书付梓之际，武装倒幕已是如火如荼，半年后孝明天皇忽然驾崩，明治天皇继位，内战又持续了一年有半，彻底结束幕府统治，继之以维新开国大业。值此千年未有之大变局，满怀抱负的富冈想必是不能袖手于风云之外的。兵法可致用，刊于纸上终究见效慢了些。

二

《孙》《吴》首页均都有朱文藏印三枚，位居最下为篆书方形“师冈氏”，自然是首位收藏者所钤，其中“冈”字于中土篆法之外自出机抒，若非从两册封面签条上的圆形楷书朱文印“师冈”佐证，还真不容易确认。

《孙》册卷末更有原藏者的墨笔跋文一叶，点明了这位“师冈氏”之名：

> 孙吴约说二卷
>
> 右庆应二年七月所刊，富冈铁斋先生家□（疑为“版”字）。本书有师冈正胤翁旧藏印影，以可想见两勤王家之半面矣。

事关“勤王”，且与富冈并列，让人顿时郑重起来。检日本《国史大辞典》第13卷（吉川弘文馆1992年版），即有“师冈正胤”词条：

> 师冈正胤（1829—1899）　江户、明治时代的国学者、神官、勤王家。名正胤，通称丰辅，号节斋、布志乃舍。文政十二年（1829）十一月生于江户。父为医者师冈理辅。至京都，师从大国隆正。嘉永三年（1850）至江户，成为平田笃胤没后弟子，跟随平田铁胤学习日本国学典籍。其后，参加京都的尊王攘夷运动。文久三年（1863）二月，与三轮田纲一郎等十数人自洛西等持院将足利氏三代木像之首并排位盗出，于三条河原枭首示众（足利氏木像枭首事件）。被关押在上田藩六年，其间，著有《筱竹日记》《忍草》《囚屋遣怀》《细竹丛》。明治元年（1868）获赦，举为徵士（明治元年新政，自各藩举荐藩士及有才之人，召为太政官，供职朝廷），出任刑法官，历任监察司知事、弹正台大巡查，明治三年转任宣教权重博士，明治六年为官币大社松尾神社大宫司兼权少校正，继为神道事务局教授。明治十五年至十八年就职宫内省文学御用课，晚年尽力振兴神道。明治三十二年一月二十三日去世。年七十一。墓在东京都台东区谷中多宝院。女儿千代子为幸德秋水之妻。

原来师冈正胤便是鼎鼎大名的幸德秋水（1871—1911）的岳父，也是一位国学者，精神导师即平田笃胤（1776—1843）。当时起而反抗幕府的志士之中，平田笃胤一派影响极大，词条中提到的“足利氏木像枭首事件”的参与者，差不多都是他的门人与信徒。这件倒幕维新史中的著名事件，主角之一正是师冈正胤。

尊攘派的“攘”，是指“攘夷”，即击退西方势力的入侵，退回闭关锁国的状态，这一目标可谓激进，在艰难而复杂的斗争环境中，他们使用的手段也开始激进起来。“佐幕派”固然要杀，支持与西方接触的“开国派”也要杀；大狱的主事者、检举者、执行者固然要杀，他们的家臣、家属也要杀；大狱骤兴时吓得去自首者固然要杀，去刺杀目标家中采集著述材料者也要杀……“足利氏木像枭首事件”正是在这一背景之下发生的，但它极其特殊：师冈正胤他们并没有真正杀人，却起到了其他刺杀事件所达不到的政治影响。

文久三年（1863）春，幕府将军德川家茂将在三月上京晋见孝明天皇的消息流传开来，一下子成为各派政治势力关注的焦点。江户幕府将军上一次上京，还是宽永十二年（1635），当时的将军是德川家光。因此，将军上京，不仅是尊攘派与佐幕派的角力场，同时也是日本两百多年来未见的盛事。大伙儿正在“各自想拳经”，二月二十二日（4 月 9 日），有人闯进了京都葛野郡衣笠村的等持院——这是由室町幕府（1336–1573）的初代将军足利尊氏所建立的一所寺院，寺中至今仍保留有足利尊氏墓，也供奉着足利历代将军的木像。来人取走了足利尊氏及其继任者足利义诠、足利义满的木像三尊，来到三条大桥以南数百米的河滩上，将木像枭首，并立牌曰“今乃万事复古、一新旧弊之时”。

砍的是四五百年前将军的木像之头，威胁和恐吓的却是今日将军之本尊；虽是借古讽今，倒幕的主张却是昭然若揭。可以想象，在将军即将到来前夕发生这样严重的事，会有怎样的震撼力。接下来，师冈正胤和他伙伴们的命运也让人似曾相识：被人告密，锒铛入狱，倒幕成功之后，重归人间，就是上引词条中所写种种。而他们也很快就会知道，他们一派原本与幕府的核心矛盾之一的“攘夷”主张被放弃，新目标是“倒幕开国”。勤王成功、天皇秉政之后，日本走上了维新之路，这就是“形势比人强”。

明白了此节，也就知道了跋文作者何以将富冈铁斋、师冈正胤并列为“两勤王家”。他们政治立场接近，皆富汉学素养，年齿相差不大，一生中有六十年的时间互相重叠，彼此相识甚至有更多交往正常不过。就算没有，这部《孙吴约说》也足够将他们联系在一起：富冈是校刊者，师冈是第一位收藏者。他们对这部古代军事经典的关注，让青木正儿觉察此乃“时势所趋”，题跋作者看出“两勤王家之半面”（半面者，犹言另面），意思其实差不多，均指向某些细节所呈现出的大时代共性。

两册书的书根有墨书笔迹“孙子”“吴子”，从日本拍卖网站上的几幅师冈书法与日本天理大学图书馆复制来的师冈稿本《咏歌改良日记》（首叶下端正钤有那枚“出人意表”的“师冈氏”印）来看，这四个字比较符合师冈正胤的书迹特征，尤其是它所包含的三个“子”字，上端三角部分无一例外占了一半的高度比例，与几幅书法作品和《咏歌改良日记》稿本中的“子”更如出一辙。

三

前引那叶墨笔跋文没有落款，却与书中另两处墨书的笔迹相当接近，当出自同一人之手。另两处墨书，一在《孙》册末页，一在《吴》册首页，分别是：

谨呈砾川雅契坐右　丁丑六月十九日　雨石（下有花押，无法辨认）

砾川贤台　己卯初夏　雨石

由此可知，题跋者就是这位“雨石”，他分两次（1937、1939）将这部书送给了“砾川”。两册卷首“师冈氏”之上的两枚藏印，自下而上分别是圆形朱文篆书“和”、竖长型朱文楷书“砾川文库”。“砾川文库”对应“砾川”，那么“和”对应的就可能是“雨石”。“雨石”和“砾川”，就是现今可知此书的第二、三位收藏者。

但若无提示，“雨石”签名之下的那枚花押几无辨识的可能，且这两个字委实太过普通，以之为名为号者恐怕不知凡几，几乎无法“定位”。偏倒是同赏此书的友人不肯放弃，上穷碧落下黄泉，将考察目标锁定了一位尝用过“雨石斋主人”“雨石斋逸人”“雨石生”等号的浮世绘学者，名唤井上和雄（1889—1946）。和雄，正应了卷首的那枚“和”字朱印，而得此提示，那枚花押也迎刃而解，就是“和雄”二字。

继续深挖，忍不住感慨研究艺术史的果然是妙人——这位井上和雄写过《庆长以来书贾集览》（汇文堂书店1916年版）、《书物三见》（书物展望社1939年版），可见他必是一个沉浸于读书、淘书之乐中的资深书迷。《书物三见》函套上面的字与《孙吴约说》的题赠、题跋字迹分明出自一人之手；而书中又有一篇《能六斋之半面》，开篇即云：“……我想要探讨的半面，目前还未见任何公开发表的文章。”注重“半面”，一以贯之。

友人又在饭岛利种《雨石、井上和雄之年谱》（刊于日本浮世绘协会会刊《浮世绘艺术》第57期，1978年）中发现了更直接的证据：文章配图中有井上和雄藏书印一纸，那枚“和”字圆形朱文印赫然在焉；又有作于昭和十一年（1936）、十八年（1943）的书迹各一，落款“和雄”，与花押运笔高度相似，不同者只是二字不如花押紧密乃至重叠罢了。“雨田”之为井上和雄，墨迹为井上和雄手书，至此可为定论。

从年谱可知，井上出生在九州南端的鹿儿岛，家中世代都是鹿儿岛岛津公的神官。十二岁那年在京都冈崎念完小学，他以学徒身份进入古书行业。十九岁那年，他认识了奇人宫武外骨（1866—1955），在其指导下调查德川时期的书商书店，迈上了研究的道路，次年又从事浮世绘画师传记的写作。二十八岁皇典讲究所毕业后，获武等司业的神官资格。三十三岁，创办日本浮世绘协会，成为《浮世绘之研究》的编辑兼发行人。四十六七岁时，一度获得京都市寺町幸神社的掌拜命的神职。五十岁时移居本州藤泽，八年后去世。他大约发表文章三十馀篇，除了前面提到的两本著作，还有《宝舟集》（伊势辰商店1922年版）、《新旧时代》（明治文化研究会1925年版）、《浮世绘师传》（渡边版画店1931年版）、《浮世绘标准画集》（高见泽出版社1932年版）、《宝船考》（昭森社1936年版）等。《书物三见》卷末附有他截至当时的编著书目十二种。“雨石”之号，是他就读于皇典讲究所时所取，典出明治天皇所作的一首和歌“檐雨滴石兮信欲穿，何不起行兮排万难”（雨だれにくぼみし，軒の石見ても。かたきわざとて，おもひすてめや）。

井上晚年曾写信给次子说：“我自从十二岁以来、直到五十七岁的今日，一直持续恶战苦斗。”以不断的“恶战苦斗”描述自己的一生，可以想见过得何其不易。其中重要的一环，是长子体弱多病，开销极大。他因贫而移家藤泽后，自颜其居“求仁舍”，这几乎是在告诉世人，虽然困窘终身，但毕生有真爱，理想在此，追求在此，成就也在此，求仁得仁，别无所怨。他殁后二十一年，神奈川豆本会出过一册服部清道《井上和雄之生涯》，未见，据云极薄，且系“豆本”（袖珍本）。这或许只能证明，彼时仍有人记得他而已。

师冈正胤那位才华横溢的女儿千代子（1875—1960）到八十六岁高龄才去世，生于井上之前，卒于其后，但显然最晚在三十年代，这部《孙吴约说》就已经流散出来了。井上和雄得之于何处，不得而知。友人注意到，那位改变井上命运的奇人宫武外骨，编过一份著名刊物《滑稽新闻》，投稿者中有一位森近运平，是千代子的夫婿幸德秋水的学生。井上不仅早早受教于宫武外骨，还曾在他的大阪雅俗文库做编辑员约两年（1911—1913），接触相当密切，完全可能与森近直接交往，从而接触到师冈家的藏书。

当然也不能排除另一种可能：井上与师冈都曾是神官，他们虽无交集（师冈辞世时井上年方十一），但既为同行，难免会有近似的交游圈、相同的行业场所，也就大大提高了井上得到这部《孙吴约说》的概率。何况他出身古书行业，对这些“书物”，想必保持着一份超出寻常的敏锐罢。

四

“砾川文库”有稽可查，却先后有过两家。它先是成为福井藩松平家的藏书印记，如今在早稻田大学图书馆“柳田文库”中的一册明治十年（1877）版森春涛《新文诗》中，可以看到钤有一枚朱文篆书方印“砾川文库”（据悉，松平家还另用过一枚“砾川松平家印”）。而《孙吴约说》上的这枚朱文楷书竖长型印“砾川文库”，则出自学者尾岛硕宥（1876—1948）的藏书。两个“砾川文库”之间，似乎没有什么联系，应该仅仅是巧合。

尾岛硕宥尚有斋号“砾川堂”。斋号与文库的得名，可能来自尾岛所居住的东京小石川区——“小石”与“砾”发音相同，故小石川又作砾川。葛饰北斋的浮世绘名作《富岳三十六景》中《砾川雪旦》所绘，正是当年从这一带远望富士山的景色。据云，浮世绘画家砾川亭永理、剧作家恋川（与“砾川”音近）春町都曾居留于此，故以“砾川”取入字号，似即此地文人的特色。尾岛的“砾川堂”“砾川文库”，不过又添了一例。

中国古代的天文、历法专家，往往还通晓术数、风水之学，日本不少学者也一样。尾岛硕宥正是这样一位学者。“砾川堂”之号，至少从他的伯父兼养父尾岛硕闻起就有了。尾岛硕闻原姓浅井，尾张国中岛郡毛受村（今位于爱知县西部）人，取母国“尾张”之“尾”，以“尾岛”为姓。他于净土宗传通院修佛，为传通院学寮主，以大讲义之身份尽心教导，同时兴盛易学，是一位风水专家。明治十三年（1880）创立常觉寺，为住持。大正十三年（1924）曾参与发起“气学天道会”，在日本特色阴阳术的建立过程中有些影响。尾岛硕宥幼名浅井庄三郎，八岁到东京伯父处，受其熏陶，改名硕宥，继承尾岛家家业，也继承了尾岛家的家学——“砾川堂”大约可算是家业与家学的共同标志。

尾岛硕宥（1935年许）

以“砾川堂”名义刊行的著作，我至少找到了五部的信息：《方鉴必携》（尾岛硕闻编，1878年初版、1889年“改正”版，1937年尾岛硕宥“订正增补”版）、《方鉴大成》（尾岛硕闻著，尾岛硕宥印刷1888年初版，1890年订正再版）、《家相新编》（尾岛硕闻著，尾岛硕宥发行印刷1901年版）、《九星宝典》（尾岛硕宥编纂，1917年）、《实用新方案世界方位一览》（尾岛硕宥著，1940年）。尾岛硕宥六十二岁时，将五十九年前初版的《方鉴必携》“订正增补”加以重刊，似乎有传承家学的意味。除了这里提到的著述，他身后，儿子尾岛硕心还搜集遗作，编了一部《易道随想：尾岛硕宥遗稿》（中央公论事业1970年版）。看题目，当不外易占之说。书后还附有尾岛硕宥关于历学、花道、文化史的一些著作目录，颇不乏未刊稿本。

学术旨趣往往决定藏书方向。“砾川文库”大量收藏天文、历法、易占类书籍，可谓独树一帜，在当时便已受到重视。东京科学博物馆编《江户时代之科学》（博文馆，1934年）曾提到，尾岛硕宥藏有明崇祯三年（1630）刊本的汤若望译作《远镜说》，由此可见江户时代中后期，耶稣会士的汉文译著如何为日本知识界人士所重视，并推动了日本历法的修改。有一份介绍说，他的藏书主体由具注历（流行于日本奈良、平安时代的一种历书，在日历下方注明季节、凶日吉日与祸福等）、假名历、地方历书（伊势历、会津历、江户历等）、绘历、大小历（表示大小月份的历书）、怀中历、各种略历及明治有关改历的资料构成，其中不乏片假名版历（假名书写的历书）、初期的伊势历、现存最古老的丹生历、秋田历、南部绘历（田山历、盛冈绘历）这些珍贵的历书。但这也只是他收藏之一角而已。近代以来，中国学者张葱玉、李一氓、周一良都曾搜集明清两代历书，而尤以周氏质量为高、数量为大，但他们是顺带为之，终不及尾岛家两代人倾尽心血，毕生念兹在兹。

然而，这样一批藏书，在风云变幻的大时代中又何其渺小。一九四二年四月十八日，美国空军开始轰炸东京，在此后三年多的战火中，“砾川文库”损失惨重，所余无几。一九四八年，其中的部分历书为国立国会图书馆购入，作为一项富有特色的收藏，后来曾在“个人文库展”中陈列。至于其余的藏书，从此再无消息。

如此说来，《孙吴约说》竟是历经那场战火而幸存的烬余了。

《孙吴约说》函套内钤有五个朱文小字“寒山寺制帙”，透露出一些有意思的消息。日本寒山寺坐落于青梅市之泽井，始建于昭和五年（1930）七月，也就是说，现存的函套已非庆应二年之原配，必定制作于建寺之后。井上和雄初次赠书时（1937年夏），原帙应已不存或残损，若二册不在一处，便随取随赠，若欲次第读完，便次第赠之。去寒山寺定制函套，应该在尾岛硕宥得到《吴子约说》、配全两册（1939年夏）之后。函套签条上所书“孙子吴子（全）”，当即出自尾岛之手。以两册一函的书持赠友人，正常而礼貌的做法当然是一起奉上，但井上分了两次，时隔两年，可见他与尾岛交谊的亲密和深厚。井上有一部《人名簿》专载往还师友，尾岛想必名列其中，惜不能得而见之。

不妨坦言，从世俗角度来说，本书未必何等珍罕；东邦维新以来，人才辈出，群星闪耀，三位递藏者置身其中，亦非第一流人物。但我对于这部《孙吴约说》的珍惜，并不因此而减少。花费偌大气力，勾稽三位递藏者的生平与志趣，固然是满足一点小小的对岁月的好奇之心，实则也是因为朱墨数点，足以驰骋想象：一百五十年来，这两册小书，见识过富冈铁斋壮岁的学者风度、澄清之志，也曾栖身书架，静听师冈正胤与志士们谋划雄图，近观井上和雄在“恶战苦斗”中流连书物，还曾与尾岛硕宥视若珍宝的历书一起，浴火“二战”，劫后重生。历史的残山剩水一路逶迤而下，后来者亲近不可重现的时光，也只有凭借这一二碎影了。

乙未大暑后六日至大寒前二日。

（本文承赵鹏、刘晨、陆蓓容、苏枕书四位好友鼎力襄助，从搜集材料到辨识、考证、翻译、审读，无不尽心，始得草成。）藏

·新书目

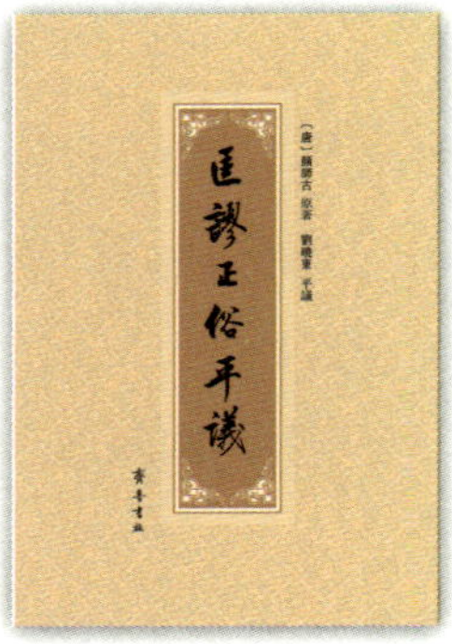

匡谬正俗平议

〔唐〕颜师古原著　刘晓东平议
齐鲁书社 2016年4月版
32开　平装
定价：36.00元
书号：ISBN 978-7-5333-3447-5

《匡谬正俗》是一本刊正误解字义和误读字音的书。唐代颜师古撰。颜师古博学多识，精于文字、音韵、训诂之学。刘晓东教授依据精善版本，逐条校点平议，旁征博引而又言简意赅，沿用文言，句式典雅，颇具古人遗风。

最是吾门家学好，征公风雅未全衰

——对话新风楼第二代主人王令策

云从龙　王令策

作者按：2011 年盛夏，我所在的一家杂志社策划了一期与书有关的文化专题。因了这个机缘，我第一次走进了江西民间现存最大的私人藏书机构——新风楼，和它的第二代主人王令策先生聊了足足一个上午，八大山人、石涛、黄宾虹、李盛铎、蔡敬襄、胡思敬等很多我之前半生不熟或者从未听闻的名字从王先生的嘴里时不时地蹦出来。我第一次发现，藏书绝非只是淘书、买书那么简单，而是一门大学问。当年九月，我采访王先生的文章出刊，将近九千字。此外，我还有一个巨大的收获，就是和王先生成了忘年交。

2013 年，我迁居到小凌云巷，距离新风楼仅一街之隔，和王先生的见面自然也多了起来，聊得最多的当然是咨臣老先生的藏书与著述。大约从这个时候开始，王先生开始着手整理他父亲的手稿，开始的时候预计是五十万字，然后是一百万、二百万，现在已经突破四百万字了，还没有看到一个清晰的尽头。我每次去新风楼，总会看到王先生孤身一人、不修边幅地坐在电脑旁边，一个字一个字地敲打父亲的手稿。每见此景，我仿若看见了咨臣老先生的影子，所谓家风、文脉的承传，在这里看得清清楚楚。

2014 年，《藏书家》杂志的执行主编王振良先生写信约稿，计划刊发关于新风楼的专稿，我欣然同意，现在另一部分访谈也得以与读者见面。考虑到几年来我对新风楼两代藏书家的持续了解以及一些实际情况的变化，我对访谈录进行了几处顺序调整，希望能有助于读者更加准确、客观地了解江西藏书史上最后的这一点星火。

新风楼第二代主人王令策（文博 摄）

“我父亲在江西藏书史上起到了一个承前启后的作用”

云从龙：王老师您好！作为江西民间第一藏书楼的主人，请您大体介绍一下江西藏书的历史及令尊在这方面的成就与地位。

王令策：就藏书史来说，中国的任何一个大学者，在他的背后都是有一大批藏书作为支撑的。孔子就是一个大藏书家，他可以说是中国第一个私人藏书家。江西的第一个藏书家应该是南朝吴兴陆修静在庐山创建的简寂观。他是道教的，专门收藏道教的书籍，专业性质比较强。

可以这么说，自有人读书之后，就有人开始收藏图书。江西的藏书家，据我不完全的统计，截止到宋朝，就已经有五六十位了。每一个藏书家都是一个大学者。比如我父亲，严格来说他不是一个藏书家，而是一个学者。他买书，往往是需要什么就买什么书。我父亲没有当过官，收入也不高，既没权，也没钱，但他对书有一种锲而不舍的感情。

作为真正的藏书来说，一是版本要好。二是要收集完整所有的版本。就一本书来说，需要从初刻一路研究下来，一直到今天薄薄的一本印刷版，只有把这些全部研究透了，才能称得上真正的藏书家。三是作为一个藏书家，要有雄厚的经济实力。比如江西近代史上有名的藏书家，有一个叫李盛铎，他曾经在朝廷当过官，很有钱，因此而收到了一些好书。另外有一个藏书家叫胡思敬，他是戊戌变法的亲历者，著有《国闻备乘》，他是一个受传统文化影响比较大的人，辛亥革命以后他不愿再出仕，一臣不事二主嘛！就回到了江西，在今天东湖东岸、二中北面建了一座房子叫“问影楼”。他建了这座房子以后就专门从事收书和著书工作。他收藏了许多江西文献方面的书籍，而在所著书籍中，最有影响力的叫《豫章丛书》，这部书的影响很大。他去世之后，由于没有人继承，藏书全部捐给了江西省立图书馆，这些藏书基本上构成了该图书馆的基础图书。另外一位叫蔡敬襄，他曾经创办了南昌女子学校，1928 年南昌搞城市扩建，南昌拆除城墙，城砖堆积如山，蔡敬襄不畏艰苦，从中收集到大量刻有明代年号、江西各府州县名称的城砖三百余块，经过精心筛选、清洗、拓片等大量工作，最后编成了一本叫《南昌城砖图谱》的书。可惜的是只有手写本，而且只有两本。其中一本辗转流落到了英国，现在收藏于伦敦图书馆，另外一本不知所终。还有一位藏书家叫张劼，他有一个藏书楼叫“闲云馆”，他是明朝内阁首辅大臣张位的后人，我父亲经常去他那里看书。

这几个藏书家的图书后来基本上都被国家收编了。这其中有一个时代原因，清朝推翻以后人人都提倡科学，西方观念进入了中国，图书馆的概念也随之进来了，于是就出现了国家公立的图书馆，印刷业也发达了。这些因素刺激了公共图书馆的发达，同时也使私人藏书的空间缩小了。在这个意义上，我父亲的藏书在江西藏书史上可以说是起到了一个承前启后的作用。有人这么说，我父亲是江西古典藏书家中的“殿军”。对于这个观点，我是同意的。

“我父亲当年遇上了一个好时代”

云从龙：新风楼的藏书是怎样收集起来的？

王令策：我父亲当年遇上了一个好时代。新中国成立以后，原来的地主、大户家的金银财宝全部被查抄了，家藏图书也被抄得乱七八糟，我家的藏书能幸存下来也是很偶然的因素。

我家为什么会有那么多清代同治以后的书籍呢？就是因为在社会运动期间，有一个人家里的书全部流了出来，那是一个封建大官僚家庭，到“三反”“五反”时期已经是第三代人了，我父亲和他们家算起来还是表舅关系，为了生活，被逼得实在没办法，就把这些书全部交给了我父亲。可以说，这是一个巨大的缘分，我父亲差不多从那时候起就开始收藏书籍。另外我父亲还结识了像张劼、王梅笙、丁立中这样的前辈，再加上他正当盛年，对版本学、目录学等都有比较深厚的研究，这样就慢慢地积累了很多人脉，积少成多，也慢慢地成就了今天的新风楼。

云从龙：刚才听您讲了几位江西近代比较著名的藏书家的故事，他们都有这样一个共同的特点，就是经过了一代人呕心沥血的努力，积聚了大量藏书，最终却因为没有第二代、第三人去继承，走向了衰落。新风楼也经历了您和您父亲两代人，现在您也上了一定的年龄，对于后面的一些事情，您有没有考虑过？

王令策：有时候会有一些想法。人的寿命是有限的，我迟早有一天要死亡的，这些藏书在我身后又将会面临怎样的结果，这个确实也很难说。我现在有一个女儿，按照传统的说法，我是不能把这些传给我的女儿的。但如果我女儿有兴趣，我就给她呗，不给她给谁呢？她毕竟是我的一脉血，我一定要把它传下去啊。但是她要是不感兴趣呢？那我该怎么办呢？这实际上是一个很痛苦的问题，我有时候也不敢想，很少去想，只能顺其自然。当然，我会尽我毕生的力量，继续将藏书楼维持下去。我所说的维持，我认为应该把它维护成一个小小的能代表南昌文化的标杆。现在南昌市面上也有很多人收藏旧书和古籍，比如说连环画，但是他们的目的是什么，这个就很难说得清楚。如果一本书有人愿意出高价买，那么这个收藏就永远没完没了，而且，现在的好书也很难收到，可以说凤毛麟角。

云从龙：您现在还会出去淘书吗？

王令策：会啊。不过去得很少，因为淘不到什么好书。我主要淘地方志一类的图书，打个比方，如果看到某个县的方志或者南昌史志，只要碰到我就会买，这一类书一般印量很小，大多都在1000—2000册，价格也高，所以碰到就要买，错过就没有了。

云从龙：令尊去世之后，您在收书的过程中有没有遇到过什么特别好的书？

王令策：没有什么好书！看到的线装书都是一些大路货，随便从我家的藏书中拿出一本都比它们好，而且也没有那个必要。比如说《史记》，线装本的，对我来说现在收这样的书做什么呢？阅读不方便，保存不方便，而且现在新印的各方面都很不错。

“将我这里的书全部搬走，我不同意！”

云从龙：您父亲生前所收集的这些旧书目前保存得怎么样？

王令策：还是一种比较自然的状态吧，没有什么特别的损坏。

云从龙：这几年有没有政府组织或公共资源和您接洽过保护藏书楼的

事情？

王令策：有，有很多人都来与我谈过。但他们都是希望能将这里的书全部搬走，这是我不能同意的。或者说给我另外建一个房子，书放在那里，还是由我保管。我都没有同意。因为这件事对他们来说是一件工作，对我来说是一个事业，我不可能把我们两代人的心血就这样轻易地交给别人。

云从龙：有没有想过通过收费这样的形式，对外借阅或开放，这样也可以减轻您的维护成本？

王令策：想过。但是怎么去收费呢？今天你收一个人的钱，明天来了一个我的朋友介绍的朋友前来，你该怎么去收费呢？大家都是朋友，没这个必要！同时还有一点，就是原来我家所藏的一些资料文献，经过我父亲几十年的研究整理，现在基本上都已经成书公开了，所以人家一般也用不着到我这里来，通过二手、三手资料就可以了，除非一些非常特别的资料。

"'新风楼'的命名与当时的社会风气有关"

云从龙：我刚才进来的时候看到门廊上有"立三书屋"四个字，但外界都知道这栋楼叫新风楼，这之间有什么联系吗？

王令策：我父亲最早住在重光里，那是抗战胜利以后做的一整栋房子，他取名叫"凯庐"，有胜利凯旋的意思。他最早的书房名叫"卷雨楼"，为什么叫这个名字呢？是因为他居住的那个房子一打开窗户，就能看到赣江对岸上西山的梅岭，这个名字取自王勃的"画栋朝飞南浦云，珠帘暮卷西山雨"。后来他又搜罗到大量信札，又将自己的书房取名为"千简斋"。后来为什么又叫"新风楼"呢？这主要是跟五十年代前后的政治风气有关系。有的人也有另外一种解释，认为是"义务为社会提供免费借阅的一种新风尚"，我认为这个说法是比较牵强的。

"立三书屋"是我祖父书房的名字，"立三"就是"三立"的反称，就是立德、立功、立言。我祖父有四个儿子，以德、功、言为他们取名字，分别叫迪德、迪功、迪言，我父亲是老四，就给他取名迪諏。

"小时候经常有人来找父亲"

云从龙：您最早受父亲的熏陶和影响是在什么时候？

王令策：有意识地受他熏陶，时间就比较晚了，大约是在九十年代，那时候才知道了他所收藏的这些书的意义。这之前人也年轻，为五斗米奔波的多一些，没有时间去跟他做这些事情，也不像过去的人能自学，坐得下来，去做做读书笔记、读书卡片。现在还有几个人会去做卡片？网络上“啪”地一搜就能搜出来。我父亲读书学习时经常会做卡片、做笔记。前段时间，我父亲去世十周年时搞了一个学术座谈会，在会上，江西师大商学院的院长王东林教授说，他现在还保存着王咨臣老先生当年指导他们做的卡片，那是二十世纪八十年代的事情了，现在看起来还特别亲切。

云从龙：跟随父亲这么多年，这中间有没有什么印象特别深刻的事情？

王令策：我跟他实际上没有学到什么，我父亲不善于教别人。印象深刻的倒是那时候经常会有人来找他，我那时候还小，就很奇怪怎么总是会有人来找他。当然时间长了，耳朵里也会灌那么一点文史知识。

有两件事留给我的印象特别深。一个是我父亲讲过的一个笑话。他说在新建县有一个汉王庙，那里求梦非常灵，有一个人要去考进士了，就到庙里去求梦，结果梦到自己头上顶着一块西瓜皮。那个人百思不得其解，“头顶西瓜皮”到底是什么意思呢？结果到了放榜的那一天，排名在他前面的那个人乳名正好叫“西瓜”，他这才明白，原来“头顶西瓜皮”就是他要落在“西瓜”的后面了。（笑）我当时听了这个故事觉得很神奇，父亲怎么知道那么多故事啊！还有一件是比较晚的时候，大概是七〇年吧，我当时已经十二岁了。因为我父亲在六九年被下放，七〇年的时候我们全家为纪念下放一周年，就去县城照了一张相，在相片上父亲写了“新吴”，这个“新吴”是什么意思呢？我当时想不明白，想问又不敢问，因为父亲平时不苟言笑，只在家里抄抄写写。后来我才知道“新吴”原来是奉新县的旧称。当时我同样很好奇，他是怎么知道这个的，也没敢去问，只是在心里留下了一个疑窦。

藏书楼的很多工作，要有钱，要有人

云从龙：您现在一直在整理藏书楼中的资料，有没有亟需的一些什么，或者说现在最想做什么？

王令策：一是资金。二是比较专业的人士。最想做的事情嘛，最重要的是我家里所藏的那些亲笔信，比如像曾国藩、李鸿章、汪精卫等人的亲笔信件，现在要尽快地整理出来。第二个是我家的一些关于新建县的文献，可以这样说，在晚清到“文革”以前，这一段时间的文献资料，新建县博物馆的资料都不一定有我家的多。我父亲在解放前新建县文献委员会做过协纂，筹备过《新建县志》的编撰，因为这个缘故也收集到了很多资料，再比如我家所收藏的新建县人物书画有几百幅，新建县博物馆都不一定有我家的多，这些东西现在都需要人去整理。另外还有一些孤本图书，需要整理。

还有就是我父亲的文集也要整理出来，我父亲最早的一篇文章大概是在三几年。我粗略估计了一下，整部文集至少有二百万字，再加上我父亲一生的著述很庞杂，版本学啊，目录学啊，考证学啊，专著、论文等，这些粗算起来二百万字是最少的，也是一个很大的工程。另外一个就是想给我父亲写一本文学传记，这个工作已经在开展了，我打算在他诞辰一百周年，也就是 2014 年的时候推出来。还有一个就是我家的藏书目录要做起来，我指的是单纯的线装书和各种文献目录，要把这些搞清楚。这些工作都需要一步步地开展，也需要相关人士的协助。

·新书目

《〈孔子研究〉精华》（1986—2015）

中国孔子基金会编
齐鲁书社 2016 年 3 月版
16 开　精装
定价：168.00
书号：978-7-5333-3481—9

《孔子研究》是中国孔子基金会主办，专门反映孔子、儒学和中国传统思想文化诸方面最新、最重要的研究成果及学术动态的国际性中文学术期刊。本书选取《孔子研究》从创刊（1986）至现在（2015）三十年来刊登的重要文章 60 篇，力求展现《孔子研究》三十年的高质量、高水准、高品位，展现其总结文化遗产、繁荣学术的一贯宗旨。

吴兴陆氏十万卷楼丛书价目

子　岳

王静安先生论及浙西藏书，曾举姚氏咫进斋、陆氏皕宋楼为有清一代之殿军：“国朝自蠡舟董氏、疏雨刘氏、芳菽严氏后，尤不易更仆数，而姚彦侍方伯之咫进斋、陆刚父观察之皕宋楼实为之殿。光绪之末，陆氏书流出海外，姚氏之藏亦归京师图书馆，浙西文献为之俄空。”（《传书堂记》）

陆心源，字刚甫，号存斋，浙江归安人，先后建造守先阁、皕宋楼、十万卷楼收储书籍。皕宋楼藏书清光绪三十二年（1906）售予日本静嘉堂文库，一时文人学者，扼腕痛惜，如董康曾发“古芬未坠，异域长归，反不如台城之炬，绛云之烬，魂魄犹长守故都也”之叹。此事促使端方在江南收购丁氏八千卷楼筹建江南图书馆，又收得归安姚氏、南陵徐氏藏书送京师图书馆储之官库，并再图收购铁琴铜剑楼藏书而事不终果。陆氏皕宋楼藏书东去为当时一大文化事件，触动当时朝野上下，推进江南藏书由私转公之进程。

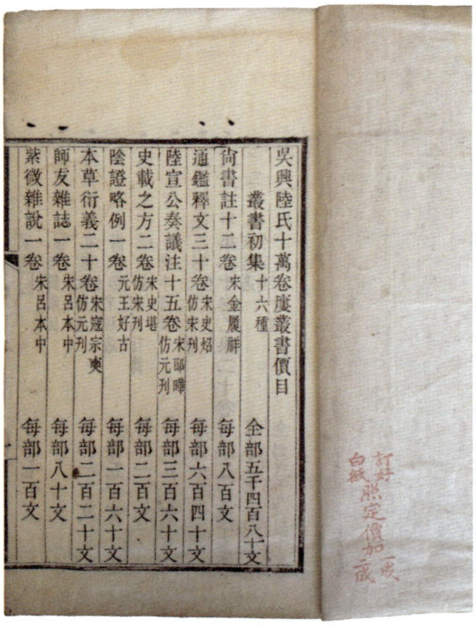
吳興陸氏十萬卷樓叢書價目
叢書初集十六種　全部五千四百八十文
尙書註十二卷　宋金履祥　每部八百文
通鑑釋文三十卷　宋史炤　仿宋刊　每部六百四十文
陸宣公奏議注十五卷　宋郎曄　仿元刊　每部三百六十文
史載之方二卷　宋史堪　仿宋刊　每部二百文
陰證略例一卷　元王好古　每部一百六十文
本草衍義二十卷　宋寇宗奭　仿元刊　每部二百二十文
師友雜誌一卷　宋呂本中　每部八十文
紫微雜說一卷　宋呂本中　每部一百文
訂好白紙照定價加一成

《吴兴陆氏十万卷楼丛书价目》

陆氏所得古刻名钞，刻为《十万卷楼丛书》。陆氏又搜罗地方艺文，汇作《湖州丛书》。其自撰之稿，则名以《潜园总集》别行。近自吴中购得《吴兴陆氏十万卷楼丛书价目》一册，乃清末陆心源十万卷楼所刻丛书价格，共计《十万卷楼丛书》《湖州丛书》《潜园总集》三种。《价目》行款，半叶十行，行大小字约二十字。黑口，单鱼尾。板口仅镌叶数，共五叶。白纸刷印。首行题“吴兴陆氏十万卷楼丛书价目”，以下分载《十万卷楼丛书初集》《二集》《三集》《湖州丛书》《潜园总集》分目价格。其中《三集》后有“仿宋椠两种”、《潜园总集》后有“别行”六种价目。每类之首，标明整部总价。类中各书，分列书名、作者，下标“每部几文”。外封内叶印有红字“订好 / 白纸　照价加　一成 / 二成”，知各书标价不含装费，刷印后装订需加价一成，若选用白纸精印，则需加价二成。外封有原藏家墨笔题“十万卷楼”“书目”两行，下钤“除却巫山”白文闲章，不详何氏。书中天头有用墨点勾点之迹，当是原藏家选购所点。目中标价，皆以铜钱计算，惟《古砖图释》一书，采用新式石印，以银元计价。

案陆氏所刊《十万卷楼丛书》，《初集》刊于光绪五年，《二集》刊于光绪八年，《三集》刊于光绪十八年。陆氏卒于光绪二十年，此目所载《潜园总集》，较《中国丛书综录》少《宋史翼》一种。《宋史翼》一书为光绪三十二年（1906）其子树藩所刻，刻成之后即以之冠《潜园总集》之首，《价目》未收此书，则当刻于光绪三十二年之前。又目中《群书校补》下注“《古文四声韵》一卷、《千金方》七卷嗣出”，知此时《潜园总集》尚未刻完。其中《仪顾堂文集》标二十卷，且注“新增重刻”，案陆氏文集生前先后增订，有八卷、十二卷、十六卷之别，版式皆半叶十行，行二十字。其身后重刻二十卷本为定本，版式半叶十行，行十八字。最初收入《潜园总集》者为十六卷本，系同治十三年福州所刊。二十卷本刊于光绪二十四年，有俞樾署检并序。由价目所载可知，光绪二十四年重刻二十卷本《文集》后，即以之抽换原来十六卷本，编入《潜园总集》。今各馆《潜园总集》所收《仪顾堂文集》，有十六卷本者，有二十卷本者，而《中国丛书综录》仅著录十六卷本。由是可知《价目》所标即光绪二十四年至光绪三十二年间某年之售价，而借此又可稍知当时丛书抽换之情形，则此目于研究十万卷楼所刻丛书，岂小补哉！

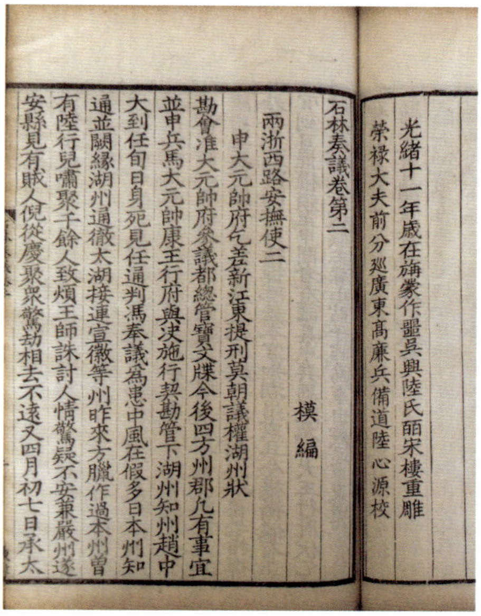
光緒十一年歲在旃蒙作噩吳興陸氏皕宋樓重雕
榮禄大夫前分巡廣東高廉兵備道陸心源校
石林奏議卷第二　模編
兩浙西路安撫使二
申大元帥府乞差新江東提刑莫朝議權湖州狀
勘會淮大元帥府參議都總管寶文牒今後四方州郡凡有事宜
並申兵馬大元帥康王行府與決施行契勘管下湖州知州趙中
大到任旬日身死見任通判馮奉議為患中風在假多日本州知
通並闕緣湖州通徹太湖接連宣徽等州昨來方臘作過本州曾
有陸行兒嘯聚千餘人致煩王師誅討人情驚疑不安兼嚴州遂
安縣見有賊人倪從慶聚衆驚劫相去不遠又四月初七日承太

十万卷楼影宋刻《石林奏议》

清末民国，藏书家佞宋风气延及

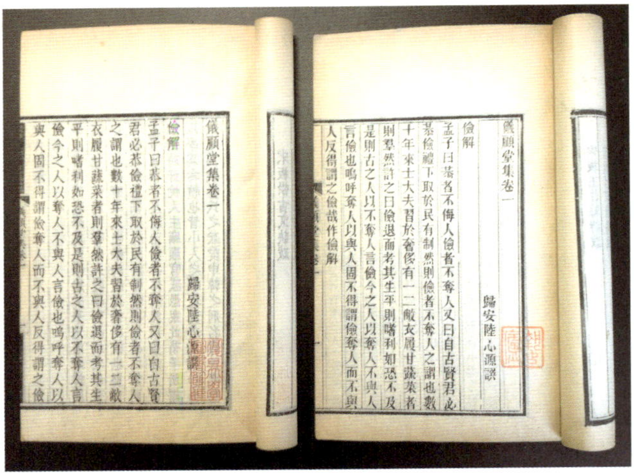

《仪顾堂文集》十六卷本（右）与二十卷本（左）

刻书。有此一派，专喜仿宋影刻，纵未得见宋版原本，亦以影宋钞本付刻。其甚者写成一种仿宋字体，以意为之。另一派则不在形式，专注内容，以当时最寻常硬体字刻板，志在流通。前者有黎庶昌、杨守敬《古逸丛书》，徐乃昌《随庵丛书》等，后者有陆氏《十万卷楼丛书》、姚觐元《咫进斋丛书》等。盖前者为鉴赏家趣味，后者为实用之态度。黎庶昌刊《古逸丛书》，萧穆曾有一函，讨论刊刻《白氏长庆集》是否影刻，即举《十万卷楼丛书》为例。其札云："顷接所校所示诸件，均为精审，刻工屡经尊谕，将来手段日见其高，后来有欲校刊古书者，可以皆如所愿，则执事之功大矣。至《白氏文集》，弟所不欲照日本本摹雕者，一在工本加倍，省半可以另刊一书。一在照日本摹刊，后来纸墨印工，必亦加一两倍乃成一部，寒士有欲得此，必定为难。凡流传古书，只为存此原书起见，非为存字画起见。且日本此等摆板字画亦不甚精工，非《古逸丛书》之精部可比也。此意惟陆存斋及王益吾两君深明之，存斋取旧藏古精本刊为《十万卷楼丛书》，只用通行宋字中本，益吾刊《续古文辞类纂》等书，亦用小字中本行之，皆风行宇内，且有翻刻通行者。存斋又以己意仿宋椠摹刊《叶石林奏议》等书，与尊刊《古逸丛书》每年营销颇少，亦以工价较高，非寒士所及故也。穆尝谓刊书虽是一人私事，而欲其书之流传，即为一件公事，既为公事，则应以众人之心为心，不能专执一己爱奇爱好之偏见。"萧穆所持乃一实用态度，刻书能存此书文本内容即可，故札中云"凡流传古书，只为存此原书起见，非为存字画起见"，主张以当下最寻常之刻书手段印行。又举陆氏《十万卷楼丛书》与王先谦《续古文辞类纂》为例，以"小字中本"，故能流布海内。陆氏《价目》中有"仿宋椠两种"，札中所举《石林奏议》即在其中，《价目》定价一千文，而萧穆称其与《古逸丛书》工价较高，问者寥寥，营销颇少。实则陆氏所刻丛书，多用折中之法，除"仿宋椠两种"为影刻宋本外，其余各书标"仿宋""仿元"者，皆存旧本行款，而仍用硬体匠字刻板，费省而功同。《十万卷楼丛书》之价格，萧穆谓寒士能及，其值几何，今得此《吴兴陆氏十万卷楼丛书价目》，可得一窥究竟。兹钞录其全本如次，以供海内雅好同鉴。

吴兴陆氏十万卷楼丛书价目

丛书初集十六种　全部五千四百八十文

尚书注十二卷　宋金履祥　每部八百文

通鉴释文三十卷　宋史炤　仿宋刊　每部六百四十文

陆宣公奏议注十五卷　宋郎晔　仿元刊　每部三百六十文

史载之方二卷　宋史堪　仿宋刊　每部二百文

阴证略例一卷　元王好古　每部一百六十文

本草衍义二十卷　宋寇宗奭　仿元刊　每部二百二十文

师友杂志一卷　宋吕本中　每部八十文

紫微杂说一卷　宋吕本中　每部一百文

可书一卷　宋张□　每部七十文

东原录一卷　宋龚鼎臣　每部八十文

葬书集注九卷　元郑谧　仿元刊　每部一百文

医经正本书一卷　宋程迥　每部五十文

人伦大统赋二卷　金张行简　每部一百文

乙巳占十卷　唐李淳风　每部五百六十文

道德经注二卷　元董思靖　仿元刊　每部一百六十文

夷坚志甲集二十卷乙集二十卷丙集二十卷丁集二十卷　宋洪迈　仿宋刊　每部一千八百文

丛书二集二十种　全部三千九百四十文

明本排字九经直音二卷　缺姓名　仿元本　每部二百四十文

周秦刻石释音一卷　元吾丘衍　每部八十文

切韵指掌图一卷　宋司马光　仿元刊　附宋邵光祖检图例　每部一百二十文

许国公奏议四卷　宋吴潜　每部二百六十文

绍陶录二卷　宋王质　每部一百文

诸葛忠武侯传一卷　宋张栻　每部八十文

保越录一卷　元徐勉　足本　每部八十文

北户录三卷　唐段公路　仿宋刊　每部一百四十文

岁时广记四十二卷　宋陈元靓　足本　每部一千二百文

注解伤寒发微论二卷　宋许叔微　仿元刊　每部八十文

注解伤寒百证歌五卷　宋许叔微　仿元刊　每部一百六十文

广川画跋六卷　宋董逌　足本　每部二百文

衍极五卷　元郑杓　足本　每部三百六十文

文房四谱五卷　宋苏易简　足本　每部二百四十文

汉官仪三卷　宋刘攽　每部一百文

自号录一卷　宋徐光溥　每部一百文

友会谈丛三卷　宋上官融　每部八十文

蔡中郎文集十卷　汉蔡邕　兰雪堂本　每部二百四十文

诗苑众芳一卷　宋刘瑄　每部八十文

作义要诀一卷　元倪士毅　每部四十文

丛书三集十四种　全部六千六百四十文

靖康要录十六卷　缺姓名　每部一千文

原本麟台故事四卷　宋程俱　每部一百四十文

宝刻丛编　宋陈思　每部一千二百文

至书　不分卷　宋蔡沆　每部一百二十文

宋徽宗圣济经注十卷　宋吴禔　每部三百二十文

卫生家宝产科备要八卷　宋朱（瑞）[端]章　每部三百四十文

续谈助五卷　宋晁载之　每部二百八十文

续考古图五卷释文一卷　宋赵九成　每部二百八十文

云烟过眼录二卷续录一卷　宋周密　元汤允谟　每部一百六十文

三历撮要　不分卷　缺姓名　每部一百文

墨薮　不分卷　唐韦续　每部一百二十文

玉管照神局三卷　缺姓名　每部一百六十文

分门古今类事二十卷　宋宋□　每部七百文

诗式五卷　（宋）〔唐〕释皎然　每部一百二十文

仿宋椠两种

尔雅疏十卷　宋邢昺　每部六百文

石林奏议十五卷　宋叶梦得　每部一千文

湖州丛书十种

周官故书考四卷论语鲁读考不分卷　德清徐养原　每部二百四十文

仪礼古今异同五卷　徐养原　每部二百二十文
尔雅匡名二十卷　严元照　每部六百四十文
娱亲雅言六卷　严元照　每部三百四十文
悔庵学文八卷　严元照　每部三百八十文
柯家山馆遗诗六卷词三卷　严元照　每部三百四十文
秋室集十卷　归安杨凤苞　每部五百文
礼耕堂丛说　史论五答　吉贝居暇唱不分卷　乌程施国祁　每部一百二十文
泽雅堂文集八卷　乌程施补华　每部四百二十文

潜园总集十五种　全部二十二千文

元祐党人传十卷　每部三百八十文
皕宋楼藏书志一百二十卷续志四卷　每部正四千文，续二百文
吴兴金石记十六卷　每部七百文
金石学录补四卷　每部一百八十文
千甓亭砖录六卷续录四卷　每部正二百四十文，续一百四十文
三续疑年录十卷　每部三百四十文
校正钱氏补疑年录四卷　每部二百文
群书校补一百卷　古文四声韵一卷、千金方七卷嗣出　每部二千六百文
唐文拾遗八十卷续拾十六卷　每部正二千六百文，续六百四十文
仪顾堂文集二十卷　新增重刻　每部七百文
仪顾堂题跋十六卷续跋十六卷　每部正六百文，续六百文
吴兴诗存四十卷　每部二千文
穰梨馆过眼录四十卷续录十六卷　每部正一千六百文，续七百文
宋诗纪事补遗一百卷　每部三千四百文
宋诗纪事小传补正四卷　每部一百八十文

别行

归安县志五十卷　每部二千二百文
古砖图释三十卷　石印　每部两元
教忠义庄规条进书始末　每部一百二十文
潜园友朋书问十二卷　每部一千文
湖州府志九十六卷　光绪癸未重校　每部五千文
穰梨馆历代名人法帖　每部四千文 藏

抗战期间金陵大学藏书保存史料一则

姜庆刚

日本帝国主义发动的侵华战争给中国人民带来了无尽的伤害，也严重摧残了中国文化事业。难以计数的书籍、文物或毁于战火或被劫掠至东瀛，以高校图书馆而言，南开大学图书馆毁于日军轰炸，中央大学、清华大学图书馆成为日军医院，损失严重。每一位有识之士无不为此扼腕叹息。与此同时，作为一个有着深厚藏书传统的民族，在此期间涌现了很多护书、救书的事迹，吴炼云冒险为金陵大学看护书籍的经历就是其中的一例。

金陵大学前身是成立于1888年的汇文书院，不过直到1927年在南京国民政府教育部注册之前，其有关中国文化的研究并不突出。但是在1930年中国文化研究所成立后，其“国学”研究得到快速发展。由于有美国霍尔基金的资助，文研所在购置书籍方面资金充足，历史系主任贝德士（Miner Searle Bates，1897—1978）负责西文书籍采购，图书馆学家李小缘（1897—1959）负责中文书籍采购。文研所在致力于国内丛书、地方志等书籍收藏外，还购置了多种欧美及日本汉学书籍、杂志。1937年抗战爆发前，其藏书初具规模，但日军的侵略打乱了它的发展。因对战事严重程度估计不足，金陵大学迟至1937年11月才停课西迁，经屯溪、汉口到达成都，至

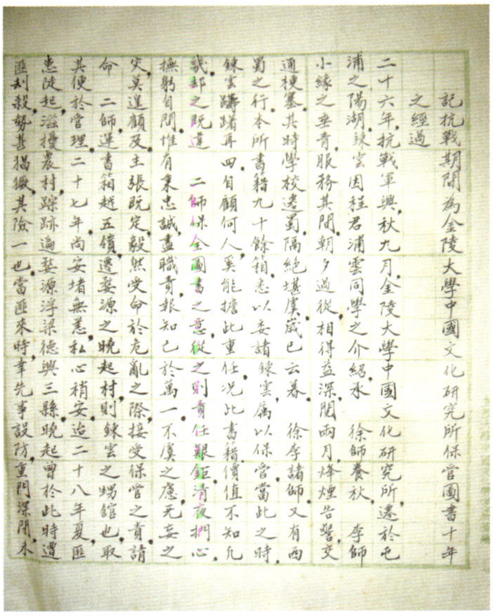
記抗戰期間為金陵大學中國文化研究所保管圖書十年
之經過
二十六年，抗戰軍興，秋九月，金陵大學中國文化研究所，遷於屯
浦之陽湖，鍊雲因程君浦雲同學之介紹，承　徐師養秋、李師
小緣之垂青，服務其間，朝夕過從，相得益深，閱兩月，烽煙告警，交
通梗塞，其時學校遷蜀，隔絕堪虞，歲已云暮，　徐李諸師又有西
蜀之行，本所書籍九十餘箱，悉以委諸鍊雲，屬以保管，當此之時，
鍊雲躊躇再四，自顧何人，奚能擔此重任，況此書籍價值不知凡
幾，卻之既違　二師保全圖書之意，從之則責任艱鉅，清夜捫心
撫躬自問，惟有秉忠誠，盡職責，報知己於萬一，不虞之慮，亢妄之
災，莫遑顧及，主張既定，毅然受命於危亂之際，接受保管之責，請
命　二師，運書箱越五嶺，還婺源之曉起村，則鍊雲之賜館也，取
其便於管理，二十七年尚安堵無恙，私心稍安，迨二十八年夏，匪
患陡起，滋擾農村，蹤跡遍婺源浮梁德興三縣，曉起曾於此時遭
匪劫殺，勢甚猖獗，其險一也，當匪來時，幸先事設防，重門深閉，本

1946年返回南京。由于运输力量有限，很多书籍、教学设备未能运出。1941年太平洋战争爆发后，金陵大学鼓楼校区被汪精卫政权的“中央大学”占据，直到抗战胜利后收回，这期间的损失情况难以详细统计。

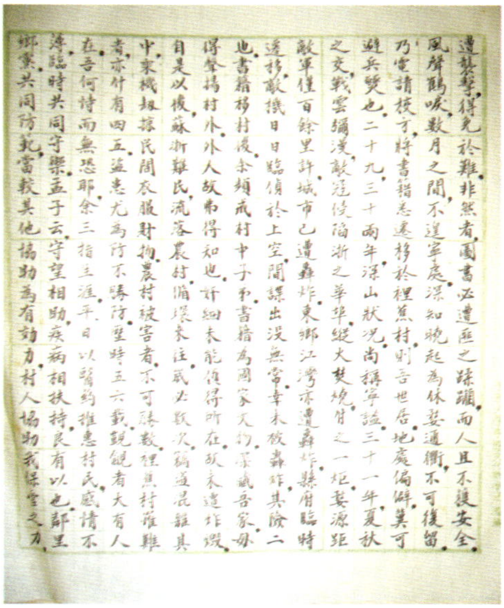
遭襲擊得免於難非然者圖書必遭匪之蹂躪而人且不獲安全
風聲鶴唳數月之間不遑寧處深知曉起為休婺通衢不可復留
乃電請校方將書籍悉遷移於里蕉村則吾世居地處偏僻冀可
避兵燹也二十九三十兩年深山狀況尚稱寧謐三十一年夏秋
之交戰雲彌漫敵寇侵陷浙之華埠縱火焚燒付之一炬婺源距
敵軍僅百餘里許城市已遭轟炸東鄉江灣亦遭轟炸縣府臨時
遷移敵機日日臨偵於上空間諜出沒無常幸未被轟炸其險二
也書籍移村後余頻戒村中子弟書籍為國家文物暫藏吾家毋
得聲揚村外外人故弗得知也奸細未能偵得所在故未遭炸毀
自是以後蘇浙難民流落農村循環來往歲必數次禍益混雜其
中衆機擄掠民間衣服財物農村被害者不可勝數里蕉村雖
者亦僅有四五盜患尤為防不勝防且時五六黨覬覦者大有人
在吾何恃而無恐耶余三指主涯平日以醫藥推惠村民感情不
薄臨時共同守禦孟子云守望相助疾病相扶持良有以也鄰里
鄉黨共同防範當較其他協助為有効力村人協助我保管之力

值得庆幸的是，金陵大学中国文化研究所藏书基本上得到保存。这些珍贵的藏书是如何躲过日军炮火，比较完整地保存下来，有关校史记载较为简略。南京大学图书馆保存有吴炼云的《记抗战期间为金陵大学中国文化研究所保管图书十年之经过》，为我们了解这一历史提供了重要参考，原文如下：

二十六年，抗战军兴，秋九月，金陵大学中国文化研究所迁于屯浦之阳湖。炼云因程君浦云同学之介绍，承徐师养秋、李师小缘之垂青，服务期间，朝夕过从，相得益深，阅两月，烽烟告警，交通梗塞。其时学校迁蜀，隔绝堪虞，岁已云暮。徐、李诸师，又有西蜀之行，本所书籍九十馀箱，悉以委诸炼云，属以保管。当此之时，炼云踌躇再四，自顾何人，悉能担此重任，况此书籍，价值不知凡几。却之即违二师保全图书之意，从之则责任艰巨，清夜扪心，抚躬自问，惟有秉忠诚，尽职责，报知己于万一。不虞之虑，无妄之灾，莫遑顾及。主张既定，毅然受命于危乱之际，接受保管之责。请命二师，运书箱越五岭，迁婺源之晓起村，则炼云之甥馆也，取其便于管理。二十七年，尚安堵无恙，私心稍安。迨二十八年夏，匪患陡起，滋扰农村，踪迹遍婺源、浮梁、德兴三县。晓起曾于此时遭匪劫杀，势甚猖獗，其险一也。当匪来时，幸先事设防，重门深闭，未遭袭击，得免于难。非然者，图书必遭匪之蹂躏，而人且不获安全。风声鹤唳，数月之间，不遑宁处。深知晓起为休婺通衢，不可复留。乃电请校方，将书籍悉迁移于里蕉村，则吾世居。地处偏僻，冀可避兵燹也。二十九、三十两年，深山状况，尚称宁谧。三十一年夏秋之交，战云弥漫，敌寇侵陷浙江之华埠，纵火焚烧，付之一炬。婺源距敌军仅百馀里许，城市已遭轰炸。东乡江湾亦遭轰炸，县府临时迁移。敌机日日临侦于上空，间谍出没无常，幸

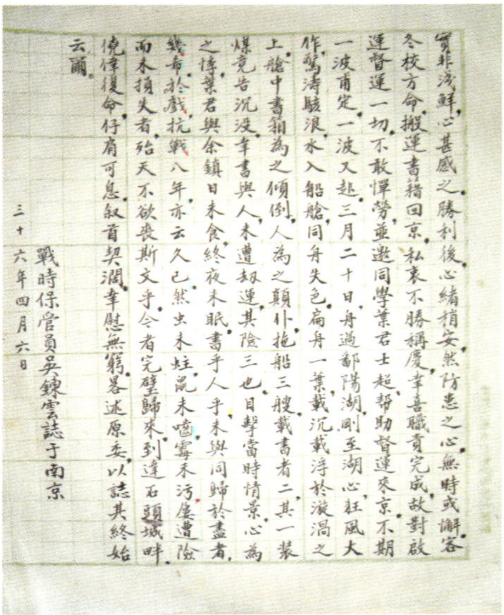
實非淺鮮，心甚感之。勝利後，心緒稍安，然防患之心，無時或懈。客
冬校方命搬運書籍回京，私衷不勝稱慶，幸喜職責完成，故對啟
運督運一切，不敢憚勞，並邀同學葉君士超幫助督運來京。不期
一波甫定，一波又起。三月二十日舟過鄱陽湖，剛至湖心，狂風大
作，驚濤駭浪，水入船艙，同舟失色。扁舟一葉，載沉載浮於漩渦之
上，艙中書箱為之傾倒，人為之顛仆。拖船三艘，載書者二，其一裝
煤竟告沉沒。幸書與人未遭劫運，其險三也。目擊當時情景，心為
之悸。葉君與余鎮日未食，終夜未眠。書乎人乎，未與同歸於盡者，
幾希。於戲，抗戰八年，亦云久已。然虫未蛀，鼠未嚙，霉未污，屢遭險
而未損失者，殆天不欲喪斯文乎？今者完璧歸來，到達石頭城畔，
僥倖復命，仔肩可息，叙首契闊，幸慰無窮。畧述原委，以誌其終始
云爾。
戰時保管員吳鍊雲誌于南京
三十六年四月六日

未被轰炸，其险二也。书籍移村后，余频戒村中子弟，书籍为国家文物，深藏吾家，毋得声扬村外。外人故弗得知也，奸细未能侦得所在，故未遭炸毁。自是以后，苏浙难民，流落农村，循环来往，岁必数次，窃盗混杂其中，乘机劫掠民间衣服、财物。农村被害者，不可胜数。里蕉村罹难者，亦十有四五。盗患尤为防不胜防，历时五六载，觊觎者大有人在。吾何恃而无恐耶？余三指生涯，平日以医药推惠村民，感情不薄，临时共同守御。孟子云：守望相助，疾病相扶持，良有以也。邻里乡党，共同防范，当较其他协助为有效力。村人协助我保管之力，实非浅鲜，心甚感之。胜利后，心绪稍安，然防患之心，无时或懈。客冬校方命搬运书籍回京，私衷不胜称庆，幸喜职责完成，故对启运、督运一切，不敢惮劳，并邀同学叶君士超，帮助督运来京。不期一波甫定，一波又起。三月二十日，舟过鄱阳湖，刚至湖心，狂风大作，惊涛骇浪，水入船舱，同舟失色。扁舟一叶，载沉载浮于漩涡之上，舱中书箱为之倾倒，人为之颠仆，拖船三艘，载书者二，其一装煤竟告沉没。幸书与人未遭劫运，其险三也。目击当时情景，心为之悸，叶君与余，镇日未食，终夜未眠。书乎人乎，未与同归于尽者几希。於戏，抗战八年，亦云久已。然虫未蛀，鼠未啮，霉未污，屡遭险而未损失者，殆天不欲丧斯文乎？今者完璧归来，到达石头城畔。侥幸复命，仔肩可息，叙首契阔，幸慰无穷，略述原委，以志其终始云尔。

战时保管员吴炼云志于南京。三十六年四月六日。

此文作于1947年，内容不长，但是生动地记述了作者为金陵大学保管图书的经历，同时也提供了一些抗战期间的历史细节，如当时日军军事行动、农村生活情况等。1952年金陵大学与南京大学合并，中国文化研究所书籍并入南京大学图书馆，这些文献得到妥善保存，为今天的学术研究发挥着不可替代的作用。当翻阅这些经历了战火而幸存的书籍时，我们更加深刻地感到前人冒险护书、爱书事迹的深远意义。藏

北京师范大学图书馆五种陈垣藏书述略

马鸿雁　葛瑞华

陈垣（1880—1971）先生作为近现代历史学家和教育家，自 1926 年至 1952 年间担任辅仁大学校长，1952 年至 1971 年间担任北京师范大学校长。陈垣先生挚爱读书和藏书，主张藏以致用，其生前四万余册藏书及手稿先后归入国家图书馆。北京师范大学图书馆藏古籍中有陈垣旧藏五种，索书号皆为辅仁大学馆藏排架号，这五种书应在陈垣先生任职辅仁大学期间入藏辅仁大学图书馆。1952 年全国高等学校院系调整，辅仁大学并入北京师范大学，原两校的图书馆合二为一。这五种书因此成为北京师范大学图书馆所藏古籍，其中两种有陈垣题跋，另外三种为陈氏励耘书屋抄本。现分别介绍如下，希望有助于学界研究陈垣先生治学及其藏书。

一、《建康实录》

唐许嵩撰。清光绪二十八年（1902）江宁甘氏桑泊草堂刻本。六册。

内封有民国三十一年（1942）陈垣手书跋文：

> 本书卷十一二载裴子野《宋略》论凡十六首，皆严铁桥《全梁文》所未收。卷十四末载《宋略·总论》，《全梁文》维据《文苑英华》收之，亦可以本书校其同异。严氏盖未见此书也。原书目录不备，因属尹君敬坊补之，中华民国卅一年九月陈垣。

按：此书每册护页有补写的目录，乃学生尹敬坊手书。刘乃和《陈垣的励耘书屋》一文中说："我第一次看见这个书斋名的文字记载，是刚上辅仁大学读书的时候。那时陈垣老师给我们上课，有时有借书、抄稿等事，常常让我和比我高一班的尹敬坊学长替他办。"[1] 刘乃和先生 1939 年至 1943 年在辅仁大

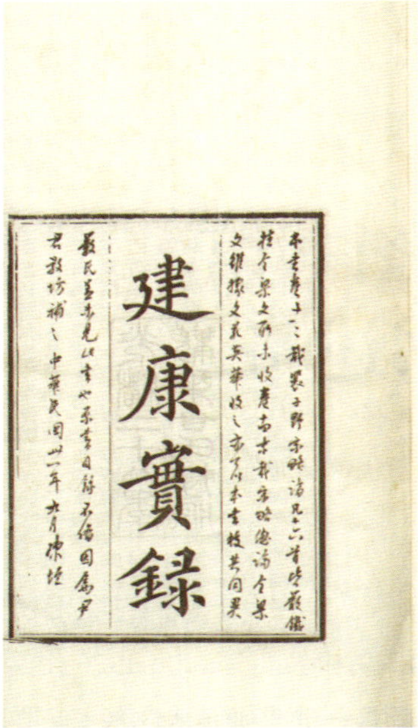

《建康实录》陈垣跋

学历史系读书，尹敬坊作为高一届的学长，1942年与刘乃和同在历史系学习，后为北京师范大学历史学院教授。补写目录和抄写书稿一样，都是陈垣先生在引导学生走入问学之途。

《建康实录》为编年体史书，记载了定都建康（今南京）的三国吴、东晋、宋、齐、梁、陈六朝史事。在正史以外广征博引，参考了多已亡佚的典籍《吴书》《吴录》《晋中兴书》《宋略》《三十国春秋》等五十余种，订补正史遗阙及讹误。陈垣跋文指出了《建康实录》对于辑录裴子野《宋略》的史料价值。《宋略》是南朝宋史专著，全书已于宋、元散佚，仅散见于唐杜佑《通典》、唐许嵩《建康实录》、宋李昉《文苑英华》以及宋司马光《资治通鉴》等著述中。清人严可均《全上古三代秦汉三国六朝文》卷五十三《全梁文》辑录了《宋略》中的《总论》《泰始三叛论》《明帝诛诸弟论》《选举论》《乐志叙》五篇。[2]

今检《建康实录》，卷十一、十二确实有"裴子野曰"共十六则，皆《全梁文》所未收，卷十四末有《宋略·总论》，这些与陈垣跋文中所言相合。[3]除此以外，卷十三有《宋略》佚文四条，标以"原案《宋略》"小字夹注，这是陈垣跋文中未提及的。小字夹注，即"注记"，许嵩《建康实录序》云："嵩述而不作，窃思好古，今质正传，旁采遗文……其有异事别闻，辞不相属，则皆注记，以益见知，使周览而不烦，约而无失者也。"

陈垣跋文写于民国三十一年（1942），民国二十三年（1934）蒙文通发表于《国立北平图书馆馆刊》的文章《〈宋略〉存于〈建康实录〉考——附〈宋略总论〉校记》，辩驳了王鸣盛《十七史商榷》和《四库提要》所言《建康实录》中刘宋之事皆据《宋略》的说法，考证出十三卷以上从《宋略》、十四卷以下皆从《南史》。和陈垣跋文相同的是，该文同样指出严可均《全梁文》未收《建康实录》所存裴子野论十六事。同时进一步指出《全梁文》仅录《资治通鉴》所引裴子野论十一事中的五事。陈垣跋文中提及的《宋略·总论》，该文直接附录校记，以两种版本的《文苑英华》《梁文纪》《广广文选》《古论玄著》《全梁文》、五种版本的《建康实录》相校勘。如此看来，两位学者在民国时期先后研究了《建康实录》和《宋略》的关系问题。当然，蒙文通先生进一步公开发表了研究成果。

二、《永乐大典》（卷二六一〇—卷二六一一）

明解缙等编，南台备要、乌台笔补。民国十五年（1926）江安傅增湘影印本。一册。

卷末护页有民国十六年（1927）陈垣手书跋文：

> 《乌台笔补》十卷，王恽撰，附刻《秋涧大全集》八十三至九十二卷中。今所录者只第一卷且自“主簿例”以下忽夹入碑记五篇。其一为虞集撰《御史台记》，悉《道园学古录》廿二；其二、三为马祖常撰《察院题名记》及《殿中司题名记》，见《石田集》八；其四、五为许有壬撰《上都分台题名记》见《至正集》卅六，《陕西诸道行御史台碑》见《至正集》四十五。后又续录“五使例”数行，其《中书堂事纪》以下，则《秋涧集》八三卷末之文也，与《秋涧集》卷八十之《中堂事记》名相仿而实异，盖编纂时编者随意去取略不经心也。丁卯六月陈垣识。

按：此册《永乐大典》卷末有民国十五年（1926）傅增湘跋文一篇随书影印出版。1960年，傅增湘影印本被收入中华书局汇印本《永乐大典》。1963年，陈垣先生在《北京师范大学学报》（社科版）第一期发表了《书傅藏〈永乐大典〉本〈南台备要〉后》一文。文章就《南台备要》和《乌台笔补》指出了傅增湘影印跋文中失考之处，认为傅跋抬高了此册《永乐大典》的价值。其中《乌台笔补》考论部分，使用了此篇跋文内容，现录出此段以兹对照：

傅跋又谓：“《乌台笔补》前有序文，亦失撰人。”不知此序系王恽自撰，见《秋涧集》八三，何谓“亦失撰人”？

又谓：“《乌台笔补》所载例文，并附题名记碑文诸篇，亦他书所未见。”不知诸文散见王恽、虞集、马祖常、许有壬等文集，可以一一考出。如所录《乌台笔补》，自“主簿例”以下，忽夹入碑记五篇，其一篇缺前半，幸有“臣集承诏再拜稽首

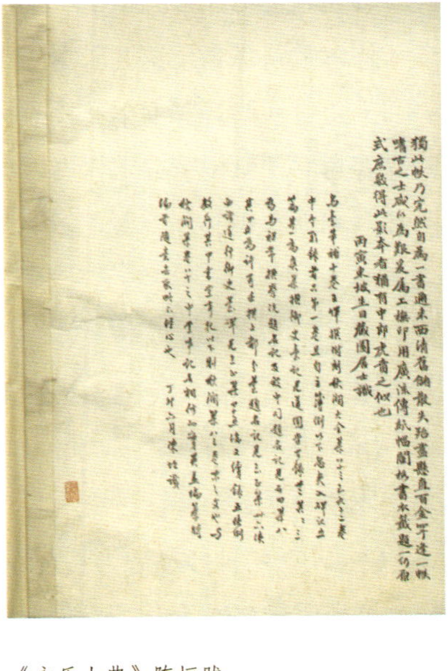

《永乐大典》陈垣跋

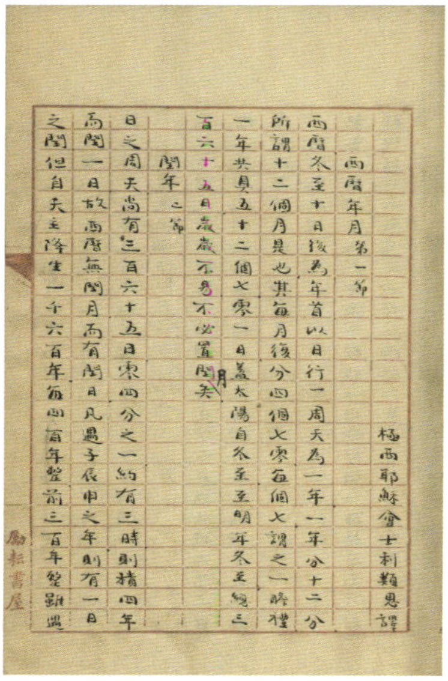
極西耶穌會士利類思譯

西曆年月第一節

西曆冬至十日後為年首以日行一周天為一年一年分十二分所謂十二個月是也其每月後分四個七零每個七謂之一瞻禮一年共有五十二個七零一日蓋太陽自冬至至明年冬至纔三百六十五日歲歲不易不必置閏月矣

閏年之節

日之周天尚有三百六十五日零四分之一約有三時刻積四年而閏一日故西曆無閏月而有閏日凡遇子辰申之年則有一日之閏但自天主降生一千六百年每四百年暨前三百年暨雖遇

勵耘書屋

《弥撒经典》内文

而言”等字，知为虞集撰《御史台记》，是《道园学古录》廿二；其二、三为马祖常撰《察院题名记》及《殿中司题名记》，见《石田集》八；其四、五为许有壬撰《上都分台题名记》，见《至正集》卅六，《陕西诸道行御史台碑》，见《至正集》四十五。后又续录“五使例”数行，其《中书堂事纪》以下，则《秋涧集》八三卷末之文也，何谓“亦他书所未见”？

至谓“所覩《大典》残本，皆从记琐文，此帙独完然自为一书”，以是称为秘籍。不知《南台备纪》原书二十九卷，此止二卷，《乌台笔补》原书十卷，此止一卷，何谓“完然自为一书？”

两相对比可以看出，民国时期的这段跋文中已经明确考证出《乌台笔补》的作者、卷数和《永乐大典》辑录部分的出处，佐证了傅跋中的三个失考之处。陈垣先生不仅关注了当时的最新影印出版成果，而且进行了相关研究，研究所得以跋文的形式书于卷末，促成了以后此篇论文的公开发表。

三、《弥撒经典》不分卷

泰西利类思译。民国十八年（1929）陈氏励耘书屋抄本。五册。

陈垣亲题书名，第五册内封题：“自十七年十二月卅一日起抄，至十八年一月十六日抄毕。”书中有校改之处。第一册书内夹有一张双钩影摹封面。第四册内封书“已校”二字，书内夹有三张抄校手稿，以辅仁大学信函纸抄写，所校内容为本册前三页文字。

四、《司铎日课概要》不分卷

泰西利类思译。民国十八年（1929）陈氏励耘书屋抄本。三册。

第一册内封题：“十八年一月十一日抄起，同月卅一日校毕。”书中有校改之处。

按：以上两种抄本皆为基督教典籍，由意大利人利类思（1606—1682）翻译。利类思是耶稣会传教士，清初在中国进行传教活动，汉语造诣极高，为培养中国本土神职人员，译有多部典籍。《弥撒经典》1670年译成，有清康熙九年（1670）

刻本。《司铎日课概要》1674 年译成，有清康熙十三年（1674）刻本。

民国初年，陈垣先生即开始研究宗教史，涉及范围非常广泛，包括古代外来宗教、世界三大宗教以及中国本土的道教。1917 年，陈垣先生发愿研究中国基督教史，“丁巳春（1917），居京师，发愿著《中国基督教史》，于是搜求明季基督教遗籍益亟，更拟仿朱彝尊《经义考》、谢启昆《小学考》之例，为《乾隆基督教录》，以补《四库总目》之阙，未有当也”[4]。同年五月撰写了第一篇史学论文《元也里可温教考》，研究元代基督教情形。此后有《基督教入华史略》《雍乾间奉天主教之宗室》《从教外典籍见明末清初之天主教》、“基督教人物四传”（金声、李之藻、王征、许缵曾）等论著问世。

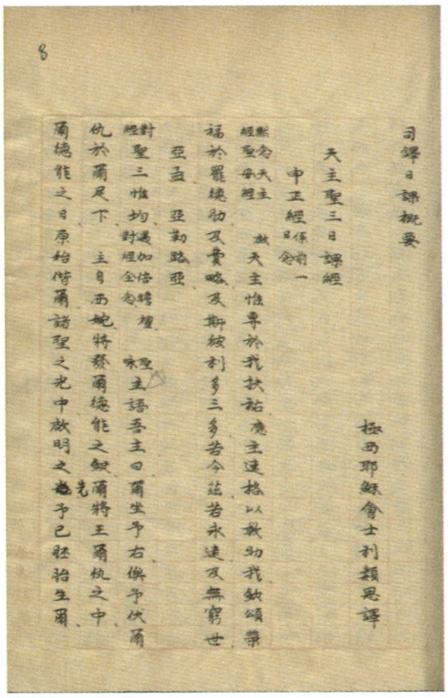
8
司鐸日課概要
極西耶穌會士利類思譯
天主聖三日課經
中正經 一
默念天主聖母經 然天主惟尊於我扶祐 應主速格以救助我欽頌榮
福於罷德助及費略及斯彼利多三多若今茲若永遠及無窮世
亞孟 亞勒路亞
對經 聖三惟均 對經加倍 聖詠 主語吾主曰爾坐予右俟予伏爾
仇於爾足下 主自西域將發爾德能之鉞 爾將王爾仇之中
爾德能之日原始偕爾諸聖之光中啟明之先予已生爾

《司铎日课概要》内文

这两部励耘书屋抄本应是陈垣先生为研究基督教所置备。作为近代藏书大家，“陈垣藏书多为教书、写书的需要添置，因此他藏书部类多与其科研课题有关。研究天主教史时，存藏了大量基督教史书籍，研究伊斯兰教史……佛教、道教资料也都大体完备，有整部的大藏经、续藏经、频伽藏。他也买过道藏，只因有一年为给家人治病，经济困难，不得不忍痛卖掉。”[5]

这两部书之所以是抄本，当与刻本留存稀少有关。康熙以后，基督教在清朝的传播大不如前，直接影响了相关书籍的刊刻流传。“康雍之间，教案迭起，疆吏奏禁天主教者纷至沓来。加以乾隆三十八年（1773）罗马解散耶稣会，耶稣会士绝迹。所有从前利玛窦等著述，他派会士之不谙汉学者，多疑其中含有异端之道，不甚愿意刊行，而教务遂一蹶不振。”[6] 在陈垣先生所著《基督教入华史略》后附录的《明末清初教士译著现存目录》中，“现有刊本通行者”有 72 种，“现无刊本通行者”则有 80 种，附录 5 种。在“现无刊本通行者”中，小字标注“抄本”者有 37 种。这份目录是作者在北京师范大学讲授宗教史时印发的讲义，1930 年 6 月在《青年会季刊》第二卷第二期登载。《弥撒经典》和《司铎日课概要》皆不在此目录名单中，有可能作者授课印发讲义时两书尚未完成抄写工作。

这两部书国内图书馆现存刻本较少，《弥撒经典》国家图书馆现存两部清康熙九年刻本，《司铎日课概要》国家图书馆现存一部抄本。通过比对，北师大图书馆所藏《弥撒经典》抄自清康熙九年刻本，北师大图书馆和国家图书馆所藏《司铎日课概要》皆抄自清康熙十三年刻本。在国家图书馆藏《司铎日课概要》抄本中，首尾部分（包括内封、卷前“周年各等瞻礼日”和卷末“已忘者日课经”）为清康熙十三年刻本，其余部分为清末民国间红格纸所抄。

陈垣先生生前藏书捐入国家图书馆，其中励耘书屋抄本有12种13册，并无宗教类抄本。在其学术成就中，宗教史的研究成果比重却很大。因此，北师大图书馆所藏这两部抄本弥足珍贵。

另外，《北京师范大学图书馆古籍善本书目》将《司铎日课概要》著录为《圣事礼典》，书名著录有误。《圣事礼典》（即《七圣事礼典》）是利类思清康熙十四年（1675）所译另一部著作。此抄本第一册内封题“圣事礼典·司铎日课”，函套题“圣事礼典”，但是书中抄写内容实为《司铎日课概要》，卷端和目录皆题“司铎日课概要”。卷前“周年各等瞻礼日”是《圣事礼典》和《司铎日课》都有的内容，导致有此著录错误。国家图书馆所藏《司铎日课概要》的“周年各等瞻礼日”为刊刻部分，版心也刻有“圣事礼典目录”，书名仍应著录为《司铎日课概要》。

五、《明实录辽事汇钞》不分卷

民国间陈氏励耘书屋抄本。十六册。

按：此种励耘书屋抄本从《明实录》中辑录了明代辽东政治军事史料。辽东作为明代的东北边防，被列为九边重镇之首。明末辽东女真入侵带来了明清统治的交替，辽事问题关乎有明一代的存亡。明末王在晋《三朝辽事实录》中叙列了从万历四十六年（1618）四月到天启七年（1627）十二月三朝的辽东战事。此《明实录辽事汇钞》则从十三朝实录中辑录了更多政治经济军事史料可供参考，时间上从永乐元年（1403）十月到天启七年（1627）八月。

《明实录辽事汇钞》所辑史料按时间顺序逐条胪列，经过与《明实录》比勘，发现汇钞本并非按照原文全部照录，有些条目为简略抄写，如“三年十月己卯，建州等卫指挥等来朝”条，《明实录·太宗永乐实录》卷三十八“永乐三年十月”此条原本为：“己卯……泰宁、朵颜、福余、建州、兀者等卫指挥章乞帖木儿等五十二人，及恺腊儿鞑靼、把秃九山鞑靼、野麻哈等四十五人来朝贡马，赐钞币有差。” 有些条目则存在着抄写错误，例如“永乐元年十月辛丑，女真野人头目阿哈出等来朝，设建州卫军民指挥使司，以阿哈出为指挥使，馀为千百户、镇抚，赐诰印、冠带、袭衣及钞币有差。设建州经历司，置经历一员”条，经查《明实录·太宗永乐实录》卷二十四“永乐元年十一月至闰十一月”，其中“十月”为“十一月”之误，“镇抚”上《明实录》有“所”字，“设建州经历司”《明实录》作“设建州卫经历司”。“十一月甲戌，毛怜等处野人头目把儿逊六十四人来朝，命设毛怜卫，以把儿逊等为指挥、千百户等官”条，经查《明实录·太宗永乐实录》卷三十九“永乐三年十一月至十二月”，其中“十一月”为“十二月”之误。

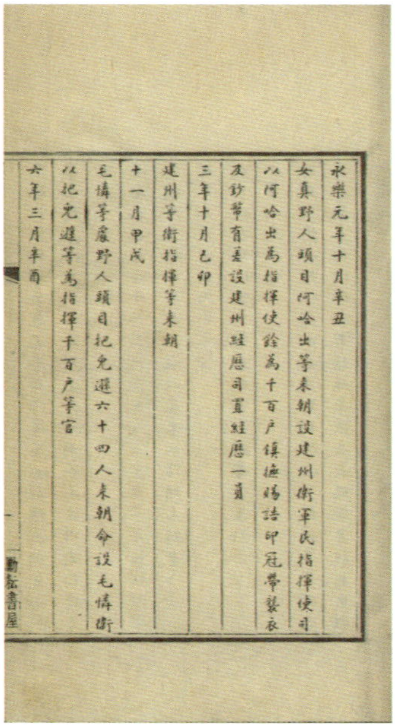
永樂元年十月辛丑
女真野人頭目阿哈出等來朝設建州衛軍民指揮使司
以阿哈出為指揮使餘為千百户鎮撫賜誥印冠帶襲衣
及鈔幣有差設建州經歷司置經歷一員
三年十月己卯
建州等衛指揮等來朝
十一月甲戌
毛憐等處野人頭目把兒遜六十四人來朝命設毛憐衛
以把兒遜等為指揮千百户等官
六年三月辛酉
勵耘書屋

《明实录辽事汇钞》内文

《明实录辽事汇钞》一方面为陈垣先生的史学研究搜集了必备素材，另一方面也推动了对《明实录》中各种史料的辑录整理工作。以解放后公开出版的著作为例，已有《明实录北京史料》《明实录藏族史料》《明实录长城史料》《明实录经济资料选编》《明实录类纂》等二十余种专著问世。

注释：

1. 刘乃和：《陈垣的励耘书屋》，《文史知识》1995 年第 2 期。

2.《宋略总论》辑自《文苑英华》卷七百五十四，《宋略泰始三叛论》辑自《资治通鉴》卷一百三十二，《又明帝诛诸弟论》辑自《资治通鉴》卷一百三十三，《宋略选举论》辑自《通典》卷十四、卷十六和《资治通鉴》卷一百二十八，《宋略乐志叙》辑自《通典》卷一百四十一。

3. 十六则中，其中卷十一引裴论六则，卷十二引裴论十则。

4. 陈垣：《万松野人言善录跋》，陈垣著、陈智超主编《陈垣全集》第二册，安徽大学出版社 2009 年版，第 404 页。

5. 刘乃和：《藏书最好的归宿——陈垣书的捐献与徐坊书的散失》，《北京图书馆馆刊》1997 年第 3 期。

6. 陈垣：《基督教入华史略》，陈垣著、陈智超主编《陈垣全集》第二册，安徽大学出版社 2009 年版，第 463 页。

奎虚鲁壁翰墨缘

——一则书跋背后的故事

杜云虹

在泉城济南大明湖畔风景绝佳的西南一隅，有一座具有江南风格的园林。园内古木葱茏，山石嶙峋，游廊迂回，亭台巧置，这就是素有“济南第一园林”之称的遐园，也是山东省图书馆的创建地。我刚参加工作时，就在大明湖畔的鲁图老馆工作。图书馆的一切，对我来说都是那么新鲜，尤其让我好奇的是建于20世纪30年代的一座名叫“奎虚书藏”的老楼。听老同志说，那里藏的都是馆里的宝贝，最早的还是唐代的呢。不过，这些宝贝一般人是看不到的，好多在馆里工作了一辈子的老同志都没有见过。听了这些，我更加觉得这座建筑是那么的神秘，幻想着有一天自己能进到里面一睹那些珍奇的宝贝。

后来，由于工作需要，我调到历史文献部工作。不过这时已经不在大明湖畔的“奎虚书藏”了，而是搬到了新馆。还记得第一次随同事进入善本书库，看到两名同事缓缓打开书库沉重的大门时，那种兴奋的心情。在这里，终于看到了秘不示人让我一直心念的宝贝：唐人写经卷子，乾隆皇帝赏玩的天禄琳琅旧藏宋刻本《万卷菁华》，清末四大藏书楼之一聊城杨氏海源阁旧藏：海源阁藏印、藏砚、阮元赠杨以增的大理石屏风（据老同事说这个屏风具有天气预报的功能，在阴雨天会渗出水滴），以及王士禛、刘墉、桂馥、李鸿章、曾国藩等人的墨宝……作为一个刚刚接触古籍的新人，我感到格外新奇的同时，也敬佩同事的博学多识，暗自下定决心要从头学起，争取不久以后也能对这些宝物如数家珍。

不久，开始了善本书库的清点工作。由于善本古籍从老馆搬迁至新馆已三四年，保存环境有了改变，馆里要求清点时不仅要核对书名、卷数、册函数，还要打开每一册翻看是否有老化、霉蚀等破损情况。我和另一名老同志一组，他手持账本，我翻看古籍。对我来说，这是一个很难得的将善本古籍从头翻看一遍的学习机会。于是，在查看破损情况的同时，我也留心每一部古籍的版本情况，不时地询问同组的老同志某书是何版本。说对了，他以“嗯”作答；说错了，他就慢悠悠地说账本作何版本。遇到他心情好的时候，则会详细告诉我为什么是这个版本而不是我说的那样。我就留心再多看几眼，记住他说的一些特征。渐渐地，对古籍由好奇转为痴迷，甚至夜里做梦都在点库，讨论古籍版本；如果哪天因事不能入库，就感到没着没落的，好像少了什么似的。

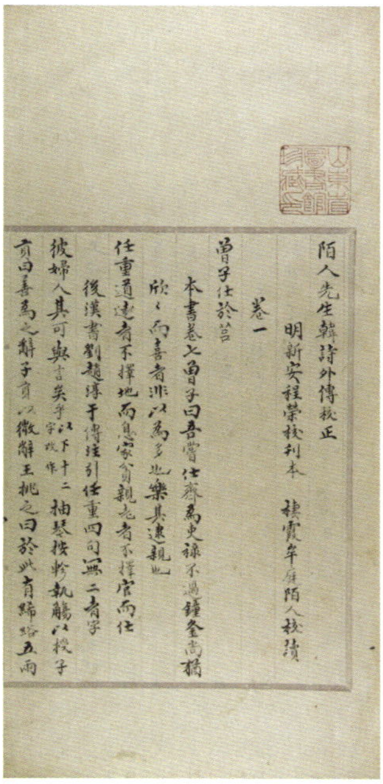
陌人先生韓詩外傳校正
明新安程榮校刊本　棲霞牟庭陌人校讀
卷一
曾子仕於莒
本書卷七曾子曰吾嘗仕齊為吏祿不過鍾釜尚猶
欣欣而喜者非以為多也樂其逮親也
任重道遠者不擇地而息家貧親老者不擇官而仕
後漢書劉趙淳于傳注引任重四句無二者字
彼婦人其可與言矣乎以下十二字改作 抽琴撥軫孰觴以授子
貢曰善為之辭子貢以微辭王挑之曰於此有絺綌五兩

《陌人先生韩诗外传校正》内文

随着对古籍了解的深入，我也逐渐意识到自己身上的担子有多重：我守护的不仅仅是老祖宗留下的宝物，更是中华数千年文明的浓厚积淀；我们要做的不仅仅是守护，更重要的是传承！于是，在整理古籍时，我会格外细致，不放过任何细枝末节，力争把古籍本身的特征详细地揭示出来，以便于人们利用。在这个过程中，以书籍为介，结交了一些素未谋面的朋友。

记得2013年2月的一个上午，整理善本古籍时看到《雪泥书屋遗著》一书。此书共四册，为清代栖霞牟庭所作。牟庭，生于清乾隆二十四年（1759），卒于道光十二年（1832），是山东著名经学家，有“山左第一秀才”的美誉，所作《周公年表》被梁启超列为三百年来学术名著之一。原书并无总书名，1963年登记入账，当时负责整理登记的前辈自拟书名为《雪泥书屋遗著》。全书由《陌人先生淮南子校正》《陌人先生韩诗外传校正》《毛诗韵聿》三种组成，其中《淮南子校正》为二卷，其余皆为一卷。此书为抄本，半叶十行二十二字，黑口，左右双边或四周单边。《淮南子校正》卷端题“武进庄逵吉校刊本，栖霞牟庭陌人校读”，《韩诗外传校正》卷端题“明新安程荣校刊本，栖霞牟庭陌人校读”，可知牟庭《淮南子校正》所据底本为清乾隆五十三年（1788）庄逵吉刻本，《韩诗外传校正》所据底本为明万历二十年（1592）新安程氏刻《汉魏丛书》本。

《淮南子校正》卷上前有墨笔跋语一则，云：“《登州府志》：《淮南子校正》，栖霞牟庭著。庭，初名廷相，字陌人，乾隆六十年优贡，此书多所添注涂乙，然并有证据，不为武断，足证校勘之勤。”卷下末有墨笔跋语二则，云：“右《淮南子校正》二卷，自陌人先生手教本录出，即《雪泥书屋遗书目录》《登州府志》著录之《校正淮南子》也。今案：原本校语墨书眉上，间或著于下方。其正文高注讹误脱衍者，悉如所校点减补改；而庄校误失，亦加以墨勒或更正其字，则《遗目》《府志》谓之‘校正’固宜。兹依所校，录其正文，而注补改之字于本文下，并附其校语于后。分作二卷，改题《淮南子校正》，庶可不失先生校正是书之意也。甲戌秋七月九日刁瑞义记。”“案，原本册首题记云甲子秋购于济南，又云丁亥春重装。甲子为清嘉庆九年，丁亥为清道光七年，前后相去二十馀年，疑先生之于是书已不下三四校，虽卷中无题识可考，然以校笔行字疏密次第参差，固可据以证之。又册首有府志总局采录印记，乃清光绪七年重修《登州府志》开局时之钤记，亦足以证《府志》著录即此本也。”

据跋语可知，《淮南子校正》书名原为《校正淮南子》，是牟庭校正《淮南子》高诱注及庄逵吉注讹误的专著。牟庭之子牟房编纂的《雪泥书屋遗书目录》及《〔光绪〕登州府志》予以著录，原书校语或书于书眉，或著于正文下方，抄写者据稿本抄录时，在正文下注明补改之字，并将校语附在其后。原书不分卷，抄写者分为二卷，并改书名为《淮南子校正》。

此书正文与跋语前后字迹一致，系一人所为。《毛诗韵聿》纸笺下印有“齐鲁大学文学院国学研究所稿本”字样，所以前辈将版本定为民国齐鲁大学抄本。

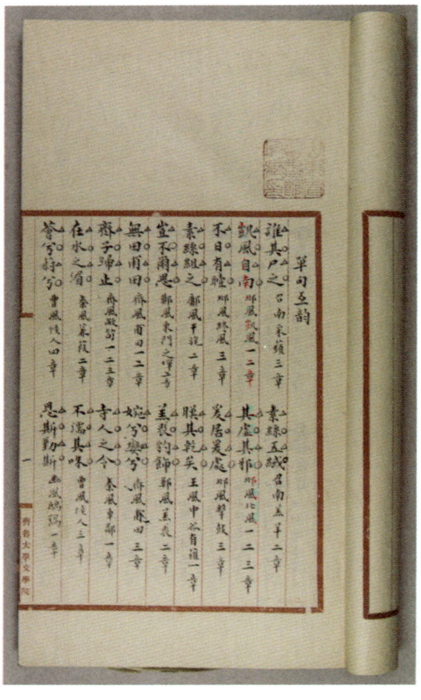

《毛诗韵聿》内文

刁瑞义撰写跋语的甲戌年可能是同治十三年（1874）或民国二十三年（1934），若能确定为民国二十三年，加之《毛诗韵聿》所用齐鲁大学文学院国学研究所稿纸，就可推断出此书是刁瑞义所抄。

为此，我着手查找刁瑞义的相关材料。1933年9月25日《齐大旬刊》第3卷第3期有两则记录，云：“据《国学系师生联欢》云：国学系于本月15日假物理楼435号开师生联欢会。……该系于开会之先特请同学中之善中国旧剧者刁瑞义君，及董云骥君，及善玩胡琴者李瑞生君，善弹三弦者朱宝琛君，四人合唱《别窑》一出。刁君瑞义临时因事他往，不克如愿，遂由董君一人独唱。……”“据《文理两学院欢迎大会志盛》云：本月16日，文理两学院学生自治会开欢迎新旧师生大会于校园之草地上。会场用翠柏扎成大门一座，上悬‘欢迎大会’四字；主席台用葵席彩绸搭成，上悬‘同乐大会’四字，盖示以入门欢迎，既入则彼此同乐之境焉。钟鸣七句，场周遍燃煤气灯，光明不啻白昼。路上行人如织，而新旧男女同学及来宾齐集焉。首由司仪星君兆钧报告鸣锣开会，一时全场静寂无哗；次末则游艺开始，由李瑞生君拉胡琴，董云骥、刁瑞义二君各唱拿手戏一二出以助兴；次由老舍先生担任笑林，并读《论语》第8期自作《一天》一文。……”（以上转引于张桂兴《老舍与第二故乡》，青岛海洋大学出版社2000年版，第35页。）

由此可以确定，此书的抄写者就是当时就读于齐鲁大学文学院的刁瑞义。

后又在网上找到刁学庸先生为其父刁瑞义开设的纪念馆，云其父刁季平，原名刁瑞义，山东龙口人，1911年出生于山东黄县丰仪乡枣林村，1965年12月27日卒于青岛。然不知此刁瑞义是否即抄写《雪泥书屋遗著》的刁瑞义？所幸纪念馆留有创建者刁学庸的电子邮箱，遂抱着侥幸心理去函告知《雪泥书屋遗著》抄写情况及所掌握的刁瑞义的相关资料，询问其父的生平事迹。

第二天，刁学庸先生即回函，告知其父曾于1933年至1941年12月在齐鲁大学国学研究所等任书记、助理员、文书员等职，1942年离开齐鲁大学，1957年退休后定居青岛，精于古籍鉴定、收藏，亦善书法。可以肯定，其父刁瑞义就是《雪泥书屋遗著》的抄写者。

刁学庸先生又介绍，著名墨学家栾调甫先生是其二姑父。栾调甫20世纪二三十年代曾在山东省图书馆任职，经其介绍，刁瑞义得以在鲁图工作过，估计为借调或临时任职。

得知图书馆藏有其父手迹，刁学庸先生希望能得一二张书影，以资纪念。遂拍摄其父手跋及正文数叶，通过电子邮件寄给他。刁先生十分感谢，并寄赠礼品以示谢意。对此，我颇有受之有愧之感：从刁先生处得知有关线索，对解决《雪泥书屋遗著》一书抄写者不明这一问题有极大帮助；提供其父手迹书影既是分内之事，又是举手之劳，实在不敢承谢。

通过此事，亦提醒自己在以后的古籍整理中当把工作做细，以便让更多的人了解古籍，利用古籍，把优秀的传统文化更好地传承下去。藏

编后记

《藏书家》第21辑顺利出版了，基本上实现了半年出一辑的初衷。在这里衷心感谢本辑各位作者与编委的大力支持，以及广大读者的关心与厚爱。

本辑共刊载了26篇文章。陈灿峰先生的《印谱：余事见文心》一文重点介绍了沪上著名印人、藏谱大家王哲言先生收藏的印谱。读罢此文，我们深切地感受到印谱之美，正如作者所云“冶印拓谱与印谱收藏……是文人艺术的精华所在……印谱之美自外而内”。胡桂林先生的《这柬儿权作言儿代》分享了自己收藏的旧笺纸片与老信封，尽显中国的生活的细腻、雅致。周叔弢先生是清末民初以来的藏书大家，藏品佳。爱书之人必富爱书之事。沈津先生以经周氏藏、批、校的《前尘梦影新录》为例，展示了周氏的藏书之好。周叔弢先生是藏书大家，更在于其“书藏天下”之识。周氏所刻之书颇多，均可谓嘉善之本，其中明纸印本《宣和宫词》即为一代表，详述俱见胡艳杰女史一文。谢其章先生钟情于民国期刊，大作《沦陷时期文艺期刊经眼录（上海篇）》即描绘了沦陷时期上海的期刊出版概况，文中还谈及作者自己对期刊的分类标准及收藏历程。柯卫东先生的《散了的宴席》，笔触轻松诙谐，通畅易晓，别具风趣。关永礼先生的《一瓻之借鉴高风》讲述了三则“借书、还书雅事”，以飨后学。潜江甘鹏云长于理财，热衷于收藏古籍，于其居息园藏书万卷。惜少闻其详。《回首息园》乃甘先生次女甘世珊女士旧作，文章以朴实的笔调回忆了“息园”的历史，可补学林之憾。文后又附甘铁生先生的《读后感》，是对息园历史描述的有益补充。韦力先生“寻访藏书家墓地”系列是很多书友的最爱，本辑记述了韦力先生寻访冯桂芬墓、范钦墓、陆心源墓的故事。郑伟章先生在修订《文献家通考》的过程中，利用亲见的各种新史料，详细谱绘了振绮堂汪氏家族六代的传承脉络，并就各代代表人物的藏书、刻书情况一一作了统计。岭南文化别树一帜，然其地藏书家鲜有记载，肖卓先生的《岭南藏书家唐岳》一文即为学林之补遗拾阙。严晓星先生的《富冈铁斋重刊本〈孙吴约说〉递藏记》将目光投向一衣带水的邻邦日本，发掘尚存其间的中华传统文化涓流。云从龙、王令策先生的对话录，以亲切、轻松的谈话方式展现了一位当代藏书家的所思所想。这种内容及形式也是《藏书家》以后用稿的重要一面。子岳先生独辟蹊径，介绍并整理了一则关于清晚期图书售价的旧文献——《吴兴陆氏十万卷楼丛书价目》，内容独特，具有较高学术价值。本辑其余文章亦各具特色，在此不再赘述。

本辑文章的编选，因稿源所限，兼之来稿时间不一，故久未成书，还请诸位作者、读者包涵。再次感谢本辑文章各位作者及其他来稿者的鼎力支持，感谢将优秀稿件转发过来的王振良先生、李国庆先生。

《藏书家》的后续编辑出版，仍需各位作者、读者的关注，翘盼诸位赐稿。来稿内容以记述访书的苦辛、读书的痴情和藏书的乐趣为主，要求内容鲜活充实，行文轻松简练，辞句严谨规范，有思想，有新意，有趣味，不拘题材，不拘形式，不限文体，字数以 3000 字至 6000 字为宜（特别约稿除外）。纸质稿、电子稿均可，并请写明姓名、详细地址和通讯方式。来稿一律不退，请作者自留底稿。自收到稿件起一个月内，无论采用与否，均以邮件或短信方式告知作者。稿件请勿一稿多投，不接收已公开发表于其他纸质文献的文稿。来稿一经采用，酌付稿酬，并赠送当期《藏书家》平装本 2 册及毛边本 1 册。藏

来稿请寄：山东省济南市英雄山路 189 号齐鲁书社

邮政编码：250002

电子邮箱：cangshujia_qlss@163.com

图书在版编目（CIP）数据

藏书家．第21辑／眘亮主编．—济南：齐鲁书社，2016.8

ISBN 978－7－5333－3516－8

Ⅰ．①藏…　Ⅱ．①眘…　Ⅲ．①藏书—文集　Ⅳ．①G253－53

中国版本图书馆CIP数据核字（2016）第191230号

封面题签　顾廷龙
责任编辑　陈修亮　武良成
装帧设计　郭　觐

藏书家　第21辑

眘亮　主编

主管单位	山东出版传媒股份有限公司
出版发行	齊鲁書社
社　　址	济南市英雄山路189号
邮　　编	250002
网　　址	www.qlss.com.cn
电子邮箱	qilupress@126.com
营销中心	（0531）82098521　82098519
印　　刷	山东德州新华印务有限责任公司
开　　本	787mm×1092mm　1/16
印　　张	12
字　　数	221千
版　　次	2016年8月第1版
印　　次	2016年8月第1次印刷
印　　数	1–2400
标准书号	ISBN 978-7-5333-3516-8
定　　价	**28.00元**